本书由浙江省哲学社会科学发展规划办公室全额资助出版，特此致谢！

浙江省哲学社会科学规划后期资助课题（项目编号：14HQZZ007）

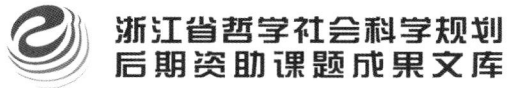

浙江省哲学社会科学规划
后期资助课题成果文库

中国经济高速增长的利贫性与利群性研究

Zhongguo Jingji Gaosu Zengzhang De
Lipinxing Yu Liqunxing Yanjiu

王生云 著

中国社会科学出版社

图书在版编目(CIP)数据

中国经济高速增长的利贫性与利群性研究／王生云著．—北京：中国社会科学出版社，2016.4

ISBN 978 – 7 – 5161 – 7754 – 9

Ⅰ.①中… Ⅱ.①王… Ⅲ.①中国经济–经济增长–研究 Ⅳ.①F124

中国版本图书馆 CIP 数据核字(2016)第 051485 号

出 版 人	赵剑英
责任编辑	宫京蕾
特约编辑	大　乔
责任校对	王佳玉
责任印制	何　艳

出　　版	中国社会科学出版社
社　　址	北京鼓楼西大街甲 158 号
邮　　编	100720
网　　址	http：//www.csspw.cn
发 行 部	010 – 84083685
门 市 部	010 – 84029450
经　　销	新华书店及其他书店

印刷装订	北京市兴怀印刷厂
版　　次	2016 年 4 月第 1 版
印　　次	2016 年 4 月第 1 次印刷

开　　本	710×1000　1/16
印　　张	16.75
插　　页	2
字　　数	288 千字
定　　价	65.00 元

凡购买中国社会科学出版社图书，如有质量问题请与本社营销中心联系调换
电话：010 – 84083683
版权所有　侵权必究

目 录

第一章 导论 (1)
 第一节 研究背景与研究意义 (1)
  一 研究背景 (1)
  二 问题提出 (2)
  三 研究意义 (4)
 第二节 研究框架与研究内容 (6)
  一 研究框架 (6)
  二 研究内容 (6)
 第三节 研究方法与数据来源 (9)
  一 研究方法 (9)
  二 数据来源 (10)
 第四节 研究特色与不足 (12)
  一 研究特色 (12)
  二 研究不足 (13)

第二章 相关理论与文献综述 (15)
 第一节 贫困理论 (15)
  一 贫困定义及其测度 (15)
  二 贫困线定义及其测度 (20)
  三 本书贫困线的选择 (24)
 第二节 利贫增长理论 (27)
  一 利贫增长的定义 (27)
  二 利贫增长的测度 (29)
 第三节 不平等理论 (37)
  一 不平等测度基本公理 (37)

二　不平等的测度……（39）
  三　不平等的分解……（41）
 第四节　社会分层理论……（49）
  一　社会分层的含义……（49）
  二　社会分层的方法……（50）
 第五节　本章小结……（53）

第三章　中国动态贫困与收入转移……（55）
 第一节　中国动态贫困评估……（55）
  一　贫困发生率……（55）
  二　长期贫困与暂时贫困……（58）
 第二节　脱贫与返贫……（60）
  一　富人入贫与穷人脱贫……（60）
  二　脱贫后返贫与返贫后脱贫……（63）
 第三节　贫困人口收入转移……（65）
  一　短期收入转移……（65）
  二　长期收入转移……（68）
 第四节　本章小结……（70）

第四章　中国利贫增长测度与效应分解……（72）
 第一节　非匿名利贫增长测度方法……（72）
  一　贫困发生率曲线……（72）
  二　利贫增长指数……（74）
 第二节　1989—2009年中国利贫增长测度……（75）
  一　全国利贫增长……（75）
  二　城乡利贫增长……（78）
  三　省际利贫增长……（83）
 第三节　利贫增长效应分解原理……（87）
  一　匿名增长效应分解……（88）
  二　非匿名增长效应分解……（89）
 第四节　1989—2009年中国利贫增长效应分解……（91）
  一　全国利贫增长效应……（91）
  二　城镇利贫增长效应……（95）

  三 农村利贫增长效应 …………………………………………… (99)
 第五节 本章小结 ………………………………………………… (103)

第五章 中国利群增长测度与效应分解 ……………………………… (106)
 第一节 群体划分 ………………………………………………… (106)
 第二节 利群增长测度方法 ……………………………………… (109)
  一 利群增长率 …………………………………………………… (109)
  二 群体增长曲线 ………………………………………………… (110)
  三 利群增长指数 ………………………………………………… (111)
 第三节 1989—2009 年中国利群增长测度 …………………… (113)
  一 群体收入变动 ………………………………………………… (113)
  二 利群增长测度 ………………………………………………… (118)
 第四节 1989—2009 年中国利群增长效应与其分解 ………… (121)
  一 增长效应分解原理 …………………………………………… (121)
  二 增长效应分解结果 …………………………………………… (123)
 第五节 本章小结 ………………………………………………… (126)

第六章 中国利贫增长与利群增长趋同 ……………………………… (128)
 第一节 利贫增长趋同 …………………………………………… (128)
  一 计量模型与方法 ……………………………………………… (130)
  二 绝对 β 趋同截面回归 ……………………………………… (134)
  三 绝对 β 趋同动态收入分布 ………………………………… (136)
 第二节 利群增长趋同 …………………………………………… (149)
  一 绝对 β 趋同截面回归 ……………………………………… (149)
  二 绝对 β 趋同动态收入分布 ………………………………… (149)
 第三节 本章小结 ………………………………………………… (152)

第七章 基于面板分位数回归利贫增长与利群增长影响因素
    研究 …………………………………………………………… (154)
 第一节 研究因素 ………………………………………………… (154)
 第二节 计量模型 ………………………………………………… (159)
  一 模型参数估计 ………………………………………………… (161)
  二 参数估计渐进性 ……………………………………………… (162)
 第三节 变量选取与描述性分析 ………………………………… (164)

一　家庭层面收入增长影响变量与描述性分析……………（164）
　　二　个体层面收入增长影响变量与描述性分析……………（169）
第四节　面板与截面分位数回归估计…………………………（173）
　　一　家庭人均收入增长影响因素回归估计…………………（173）
　　二　个体收入增长影响因素回归估计………………………（178）
第五节　本章小结………………………………………………（183）

第八章　中国利贫与利群增长差异影响因素的公平性……………（187）
第一节　资本公平性……………………………………………（187）
　　一　公平性测度方法…………………………………………（187）
　　二　家庭资本公平性度量与分解……………………………（189）
　　三　个体资本公平性度量与分解……………………………（197）
第二节　机会公平性……………………………………………（205）
　　一　机会公平测度方法………………………………………（205）
　　二　机会公平测度结果………………………………………（210）
第三节　本章小结………………………………………………（216）

第九章　结论与政策启示……………………………………………（218）
第一节　主要结论………………………………………………（218）
第二节　政策启示………………………………………………（225）

附录……………………………………………………………………（230）

参考文献………………………………………………………………（246）

第一章

导　　论

第一节　研究背景与研究意义

一　研究背景

人类发展史，是贫穷与富裕交织的历史，财富成为生命质量的重要构成，不平等也成为一条人类难以逾越的鸿沟，贫穷与富裕这两条平行线也一直延续至今。早期的人类社会，物质贫困往往以生命为代价，唐代诗人李绅的《悯农》有"春种一粒粟，秋收万颗子。四海无闲田，农夫犹饿死"之句。随着社会经济发展，贫困的代价虽已减轻，不再以饥饿的形式威胁生命延续，但仍以疾病等其他形式对人类生命构成威胁。经济增长也并未彻底消灭贫困，普世物质的丰富，并不意味着贫困的消失，贫穷与富裕依然平行没有交点，二者渐行渐远。2012年7月1日，世界银行第十二任行长金墉履新指出，世界银行致力于人类发展、最贫困国家经济增长驱动以及全世界人民的福祉，其愿景是建立"一个没有贫困的世界"。可见，世行的目标也仅限于消灭贫困，但经济发展并不意味着物质财富的增加就万事大吉，我们在关注财富数量增加的同时，更应将财富分布或不平等纳入人类视野，纳入到人类福祉的范畴之中。

对于发展中国家的政策制定者而言，最紧迫的现实问题是如何在严重的资源约束情况下，提高本国人民的生活质量。而以预期寿命、健康状况、营养水平、婴儿和产妇死亡率等衡量的生活质量指标与一个国家的收入水平高度相关。国家政治不稳定、经济低增长以及贫穷等因素都导致低发展水平，这些因素的乘法效应又使得发展中国家难以摆脱贫困陷阱，贫困的现实促使发展中国家纷纷进行政治或经济改革，以实现经济高增长，并期望贫困状况由此得到实质性改善。事实上，经济增长与减少贫困之间确实存在着强有力的联系，改革也因此被各个国家广泛接受，并将经济改革作为促使经济增长和反贫困战略的理想措施。然而，经济增长经常伴随贫困减少这种结果并不总是表现出一致性，二者之间的联系也可以表现出一种弱联系状况，即经济增长并不一定总是导致贫困大幅度下降。此外，同一个国家的不同时期，其经济增长对贫困的影响也会有很大差异（Kimenyi，2006）。

改革开放以来，在允许一部分人先富起来的政策推动下，中国经济取得快速发展。GDP 由 1980 年的 4545.6 亿元增加到 2011 年的 472881.6 亿元，年均增长 16.2%，人均 GDP 也由 463 元增加到 35181 元，年均增长 15.0%①。与此同时，中国的贫困状况发生了巨大变化。依据 2010 年 1274 元的农村贫困标准，2010 年全国农村贫困人口数下降到 2688 万人，贫困发生率为 2.8%（国家统计局，2011）②。在绝对贫困人口数下降的同时，诸多研究表明，中国的相对贫困人口比例却在上升（冯素杰，2006；王卓，2000；陈鸣，2000；等等）。相对贫困人口比例上升，通常意味着收入分配不平等程度的加深。2013 年 1 月 18 日，国家统计局首次公布了 2003—2012 年的基尼系数，数据显示，2012 年中国的基尼系数为 0.474，基尼系数不仅超过国际上基尼系数 0.4 的警戒线水平，并且较 2000 年公布的基尼系数 0.412 又有所提高。显而易见，中国经济在取得巨大发展，绝对贫困人口大为下降的同时，相对贫困程度却在加深，这意味着中国仍有为数不少的人群并没有充分享受经济发展带来的益处。

二 问题提出

对于发展中国家而言，绝对贫困下降与相对贫困上升这一现象，促使政策制定者在寻求经济发展以面对贫困问题时，必须思考两个关键的政策问题：一是确保经济改革能促进经济增长；二是确保这种经济增长是利贫增长。这意味着政策制定者必须仔细评估经济改革的建议，他们优先考虑的改革应该是有利于穷人的，否则经济增长将导致相对贫困增加。

---

① 依据 2012 年《中国统计年鉴》计算所得。
② 2010 年西部地区农村贫困人口为 1751 万人，中部地区农村贫困人口为 813 万人，东部地区农村贫困人口为 124 万人。西部地区包括内蒙古、广西、重庆、四川、贵州、云南、西藏、陕西、甘肃、青海、宁夏、新疆。中部地区包括山西、吉林、黑龙江、安徽、江西、河南、湖北、湖南。东部地区包括北京、天津、河北、辽宁、上海、江苏、浙江、福建、山东、广东、海南。

以此而论，改革开放以来中国的经济增长尽管使得绝对贫困发生率得到极大下降，但在经济增长过程中，穷人与富人在享受经济增长益处时是否同步？不同阶层在经济增长过程中其经济地位有怎样的变迁？由此引申出以下一系列需要我们回答的问题。

1. 经济增长的利贫问题。在中国的经济发展中，经济增长是否有利于贫困人群？或者说经济增长是否属于利贫增长，自然成为本书所关注的第一个问题。对于这一问题的回答，有助于我们对于中国经济增长有个清醒的认知，也许经济的增长使得绝对贫困人口数快速下降，但相对贫困人口数却反而在上升。

2. 贫困的变化中，纯经济增长和收入分配变动的影响程度问题。自Kuznets于1955年首次就经济增长与不平等相互关系进行实证以后，迄今为止，经济增长与不平等的关系依然是社会发展经济学者所争论的话题，二者之间的相互关系也依然没有定论。经济增长、不平等与贫困三者之间的关系也相当复杂，经济的增长可以使得贫困上升或下降，同样，通过收入分配改变也可以使得贫困程度上升或下降。因此，对于中国经济增长而言，贫困的变化中，如果相对贫困的上升是由于收入分配恶化的结果，那么，由于收入分配恶化而给中国的贫困变化带来怎样的影响？如果在经济发展中，能保持收入分配的改善，或至少使得收入分配不得以恶化，那么中国的贫困状况又会发生怎样的变化？此外，中国的城乡人口在分享经济增长益处时是否存在差异，对于城镇贫困与非贫困人口或农村贫困与非贫困人口而言，经济增长是否有利于所有人群？对于这些问题的回答有助于我们对中国经济增长是否利贫有更深入的认知。

3. 经济增长的利群问题。通过对中国经济增长利贫程度的判断，我们能明确经济增长究竟是有利于富人，抑或有利于穷人。那么，倘若经济增长是利富的，则在现实社会中，这种经济增长性质投射于各社会阶层中又有怎样的具体体现，即各社会阶层在经济增长中的受益程度如何？哪些阶层更受益于经济增长？已有研究也显示，中国不同阶层之间存在较大的收入不平等现象（张翼，2009），少数人占有较高比例的全社会财富。然而现有研究仅局限于截面数据分析，缺乏动态研究。中国经济取得巨大发展的同时，阶层之间的鸿沟是否更加明显，各阶层在经济发展中是否存在俱乐部现象，经济发展是否有利于所有的阶层，哪些阶层在经济发展中处于更为有利的地位？这些都是本书所思考和力求回答的问题。

4. 经济增长的趋同性问题。利贫增长的实质是收入增速问题,已有研究对于不同国家或地区间的收入趋同问题作了丰富的研究,但本书更为关注的是贫困与非贫困群体之间或不同阶层之间的收入水平是否存在趋同。具体而言,不同地区的贫困人口之间、非贫困人口之间、贫困人口与非贫困人口之间是否存在收入趋同?不考虑地区属性,不同的社会阶层是否存在单一收入趋同或是俱乐部趋同?如果存在俱乐部趋同,哪些群体属于同一个俱乐部?

5. 利贫增长或利群增长的影响因素及其公平性问题。尽管有丰富的研究文献对于收入增长问题进行了研究,但在研究方法上以截面回归、分类回归或协整分析为主,这只是收入均值的影响因素研究,其刻画的信息有限,难以反映高低收入水平的真实影响因素。因此本书选择面板分位数回归的形式,并从各种资本角度进行收入增长影响因素研究。

关于不平等问题,已有文献更多地从收入角度研究收入不平等,但从资本不平等角度的研究则相当缺乏。本书在对收入增长影响因素研究的基础上,试图对贫困人口与非贫困人口以及不同社会阶层在各类资本的占有不平等程度问题进行回答。此外,除了不平等问题为社会所关注外,机会不平等研究也正引起社会和政治学者的关注,近年来,经济学者也展开了机会不公平的定量研究。很自然,本书试图在贫困与非贫困人群或不同社会阶层之间的资本不平等研究基础上,对于不同阶层或贫困与非贫困群体之间的机会不平等问题进行研究。

三 研究意义

对于发展中国家而言,通过经济发展来实现减贫战略似乎是唯一选择,经济发展固然可以使得物质产品得到极大丰富,饥饿、营养不良等绝对贫困现象也可以得到减轻或消除,然而如果将这一思维模式固定,认为分配上的不合理是可接受的,则走入了减贫的单一思维模式。从消除绝对贫困角度而言,经济增长伴随不平等的加深似乎应该为社会所接受。诸多研究也表明,绝对贫困的下降往往伴随着收入分配的恶化。然而,我们不能就此认为,这种经济增长模式是最优的。事实上,通过收入分配调整依然可以达到同样的减贫效果。对于经济增长体而言,需要实现的是收入分配改善(至少不能恶化)下的经济增长减贫战略,Atkinson(1970)也认为,在一定的假设前提下,更低的收入不平等意味着一个更优的社会形态。

事实上，收入平等恶化使得相对贫困状况加剧，也可能对经济增长本身构成负面影响（Persson, T. 和 Tabeilini, G., 1994），造成更多的社会问题（李炯，2004）。Ravallion（2001）通过对发展中国家减贫与收入分配变化的关系研究也表明，以每天1美元为贫困标准，那些伴随不平等程度下降的国家在经济增长过程中，贫困发生率以每年10%的比例下降，而在经济增长伴随不平等程度恶化的国家中，贫困发生率仅仅以每年1%的比例下降。此外，收入不平等更多的是其他要素资源不平等综合影响的结果，因此，从某种程度上看，收入不平等的恶化更多的是由于资源占有的不平等所引起的。从这个角度看，研究经济增长中的相对贫困变化，进而判断经济增长的性质究竟是属于利贫抑或利富具有重要的现实意义。

改革开放以来，中国社会结构正经历大的社会变迁，阶层开始分化，不同的阶层在收入、声望、权力等社会资源占有及分配上也有所不同。由于中国社会阶层的分化更多地与身份制、单位制、性质制这三种次级制度有关（张宛丽，2000）。再加上城乡分割等因素，导致社会资源当前在以权力关系、市场交换关系、社会关系网络这三种主要配置模式中（张宛丽，2000），不同阶层对于社会资源的占有也存在一定的不平等。那么，在中国的经济增长中，各阶层的经济地位有无发生根本变化，分享经济增长成果程度有无不同，哪些阶层更得益于经济的增长，各阶层对资源占有是否存在不平等，从这个角度看，以阶层视角研究经济增长的利群性具有重要的社会学意义。

收入不平等作为经济不平等的度量，已得到学者的广泛研究。然而影响收入水平的主要有客观环境和主观努力水平两类因素，因此，由于主观努力水平差异而造成的收入不平等，不应成为政策关注的重点。Dworkin（1981）和 Arneson（1989）等社会学者均认为，经济社会政策应该只需促进机会平等，这相当于补偿那些个人责任以外的非个人责任因素（如环境等）的不平等。社会学者的机会平等思想得到 Roemer（1993、1998、2003）等经济学者的重视，收入不平等往往伴随着机会不平等（Hild & Voorhoeve，2004）。Checchi 等（1999）研究也认为，收入不平等的增加往往能够促进代际流动，从而降低机会不平等程度。对于中国而言，改革开放后的经济增长是否有利于穷人以及有利于哪些阶层，各社会群体的机会是否均等，对于社会发展而言，具有重要的政策指导意义。

第二节 研究框架与研究内容

一 研究框架

本书的研究思路，主要按以下脉络思路展开：首先，通过动态贫困研究，分析经济增长的减贫绩效，初步认知贫困与非贫困群体在享受经济发展成果上存在的差异性，认识到对于经济增长的性质，即利富增长或利贫增长判断的重要性。其次，通过计算利贫增长指数，对经济增长的利贫程度作出判断。之后，以现实中的职业阶层视角研究经济增长有利于哪些阶层，深化利贫增长研究。通过趋同研究，把握不同群体之间收入差距的长期趋势，进而研究收入增长影响因素。再之后，通过对收入增长影响因素分布的不平等和机会不平等的测度与分解，认识到不平等在利贫增长中的重要性。最后，根据上述实证研究，得出研究结论和相应的政策启示。

具体的研究思路和框架如图 1-1 所示。

二 研究内容

依据研究思路和研究框架，本书主要研究内容及结构安排如下：

第一章，导论。主要在介绍研究背景基础上，提出需要研究的问题以及研究意义，并给出主要的研究思路和框架，阐述主要的研究方法。在此基础上，对研究数据来源和数据处理作整体说明，进一步指出本书研究的可能创新之处和不足之处。

第二章，相关理论与文献综述。主要就本研究的有关理论基础进行文献综述，依据第一章提出的研究逻辑，对贫困理论、利贫增长理论、不平等理论和社会分层理论进行文献综述。其中贫困理论围绕贫困的定义及其测度、贫困线的定义及其测度两方面来进行阐述，并在此基础上给出本书的贫困线选择。利贫增长是研究的核心，对这一理论阐述主要围绕利贫增长的定义、利贫增长的测度与分解来进行。不平等理论的研究则为利贫或利群增长的影响因素公平性测度提供理论基础，主要涉及不平等测度基本公理、不平等测度方法和不平等分解。社会分层理论主要介绍有关社会分层的方法，涉及职业分层、收入分层、消费分层和多元分层，目的在于为本书的阶层划分提供理论依据。

第一章 导论 7

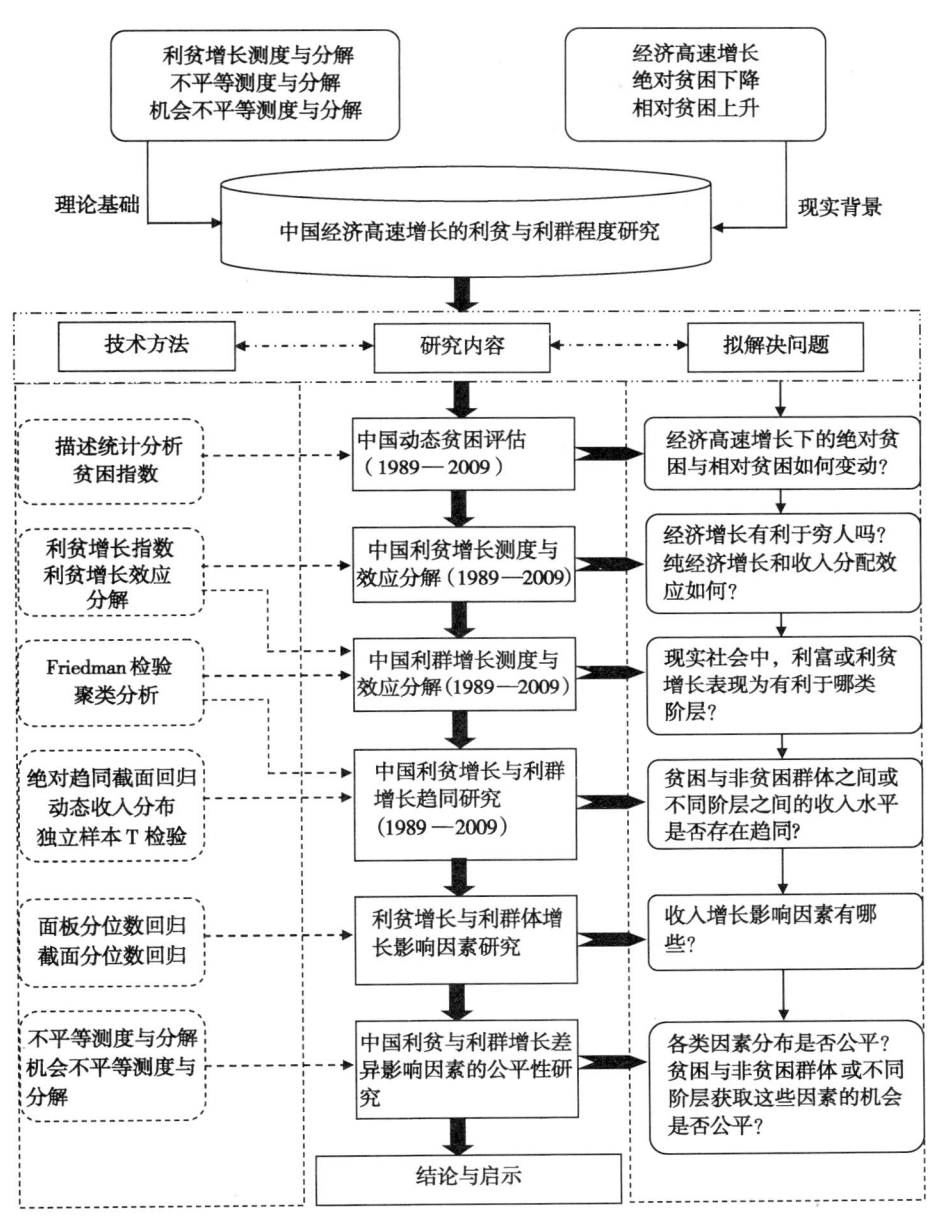

图1-1 本书研究框架

第三章，中国动态贫困与收入转移。对于贫困状况的整体认知是利贫研究的基础，通过对中国的贫困发生率、长期贫困与暂时性贫困状况的分析，可以认识中国贫困状况的趋势与变动。通过入贫与返贫的深入分析，可以对贫困人口在脱贫后维持非贫困的能力状况有一定认知。而从收入转移角度对穷人在脱贫后在社会中经济地位的分析，可以粗略地认识到穷人收入增长与富人收入增长的差异。

第四章，中国利贫增长测度与效应分解。本章在依据第二章中有关利贫增长测度文献综述的基础上，基于非匿名性方法，依据动态贫困线，对利贫增长指数和减贫等值增长率两个指数进行了改造。并以此对全国利贫增长情况、城乡利贫增长情况和省际利贫增长情况进行考察，对经济增长是否利贫增长做出全国层面、城乡层面和省际层面的判断。在利贫增长测度基础上，依据纯经济增长效应、收入分配效应和贫困线变动效应对利贫增长进行效应分解。

第五章，中国利群增长测度与效应分解。本章在回顾社会分层理论基础上，借鉴第四章利贫增长测度及效应分解思路，依据职业分层，首先对1989—2009年中国各社会阶层的收入增长情况进行分析。其次，通过构建利群增长率、群体增长曲线和利群增长指数，对中国经济增长中各阶层获益程度进行分析，测度经济增长的利群程度。借鉴贫困缺口比率的思路，构建群体收入缺口比率，并据此给出利群增长指数的计算方法。同时，遵循利贫增长效应的分解方法，将群体收入缺口比率变动分解为纯经济增长效应、收入分配效应和贫困线变动效应，进而按各阶层分享经济增长益处的程度进行层次划分。

第六章，中国利贫增长与利群增长趋同。本章采取截面回归方法和动态收入分布方法进行两类对象收入的绝对 β 趋同研究。在绝对趋同的截面回归方法上采用 Barro 简约回归方程，通过省际空间相关性检验决定是否考虑空间效应，在此基础上，对贫困人口与非贫困人口之间、省际贫困人口之间、省际非贫困人口之间以及各阶层之间的收入水平和收入增长率趋同进行研究。之后，依据收入分布动态学方法，研究省际穷人与富人的收入趋同以及不同社会阶层的收入趋同。

第七章，基于面板分位数回归利贫增长与利群增长影响因素研究。本章主要从家庭层面和个体层面对收入增长的主要影响因素进行研究，影响因素的选择主要以家庭财产、人力资本、社会资本和自然资本因素为主。在计量模型上，鉴于截面回归或协整分析对于收入水平影响因素的刻画信息有限，本章转而以面板分位数回归和截面分位数回归模型相结合的方式，深入刻画不同分位收入水平的影响因素的显著性，二者的结合又能对时变性因素和非时变性因素的显著性作出科学判断。

第八章,中国利贫与利群增长差异影响因素的公平性。本章在第七章收入增长显著性影响因素研究的基础上,对于各种资本在贫困人口与非贫困人口以及不同社会阶层之间的分布状况进行研究。通过对人力资本、政治资本、自然资本和医疗保障不公平程度的度量与分解,可以更深入地了解有关资本的不公平程度,深化对社会不平等的内容认知。在不公平测度基础上,进而对高等教育机会的公平性、进入政府或事业单位工作机会的公平性以及享受社会保障机会的公平性进行研究。

第九章,结论及政策启示。本章从整体上总结全文的主要研究结论,在此基础上,回归利贫增长本意,结合不平等现实和机会不平等分析,阐述若干启示。

第三节 研究方法与数据来源

一 研究方法

采用文献研究法,首先综合国内外关于贫困线的研究,结合中国实际,对贫困线的标准进行研究,依据购买力平价法,明确本研究的绝对贫困线标准,并利用中国健康与营养调查数据,明确相对贫困线标准。其次,通过对国内外有关利贫增长测度与效应分解的文献综述,为本研究的非匿名性利贫增长测度提供理论基础。最后,通过对不平等测度与分解的文献综述,为本研究的资本不平等衡量以及机会不平等度量提供方法论基础。

利用数理统计方法,在借鉴国内外关于利贫增长研究基础上,采用非匿名性方法,对中国利贫增长进行测度;采用匿名性方法对利群增长进行测度,并进行相应的效应分解。

利用趋同检验的截面回归和收入动态分布方法,对贫困与非贫困人口、不同省际贫困人口之间、不同省际非贫困人口之间以及不同社会阶层之间的收入水平和收入增长率的差异进行研究。

利用计量经济方法,采用面板分位数回归模型和截面分位数回归模型,从人力资本、家庭财产、社会资本和自然资本角度对影响中国利贫增长和利群增长的影响因素进行研究。

比较分析法，通过对影响中国利贫增长关键因素的不平等状况比较，分析其家庭层面和群体层面的差异，并在此基础上提出政策启示。

二 数据来源

本书采用美国北卡大学罗莱纳州人口中心与中国疾病预防控制中心国家营养和食品安全所自1989年开始的中国健康与营养调查（CHNS），数据调查年份为1989年、1991年、1993年、1997年、2000年、2004年、2006年、2009年共8次，时间跨度约20年。

CHNS最初1989年的调查范围为辽宁、江苏、山东、河南、湖北、湖南、广西、贵州8个省份。在1989—2009年的这8次调查中，只有辽宁在1997年未列入调查，之后恢复对该省份调查，从1997年开始增加对黑龙江省的调查。

表1-1　　　　　　　　　　CHNS历次调查范围

年份		1989	1991	1993	1997	2000	2004	2006	2009
省份		21=辽宁 32=江苏 37=山东 41=河南 42=湖北 43=湖南 45=广西 52=贵州	21=辽宁 32=江苏 37=山东 41=河南 42=湖北 43=湖南 45=广西 52=贵州	21=辽宁 32=江苏 37=山东 41=河南 42=湖北 43=湖南 45=广西 52=贵州	23=黑龙江 32=江苏 37=山东 41=河南 42=湖北 43=湖南 45=广西 52=贵州	21=辽宁 23=黑龙江 32=江苏 37=山东 41=河南 42=湖北 43=湖南 45=广西 52=贵州	21=辽宁 23=黑龙江 32=江苏 37=山东 41=河南 42=湖北 43=湖南 45=广西 52=贵州	21=辽宁 23=黑龙江 32=江苏 37=山东 41=河南 42=湖北 43=湖南 45=广西 52=贵州	21=辽宁 23=黑龙江 32=江苏 37=山东 41=河南 42=湖北 43=湖南 45=广西 52=贵州
调查点数	城市	2	2	2	2	2	2	2	2
	农村	4	4	4	4	4	4	4	4
居委会数	城市	2	2	4	8	9	12	12	
	农村	4	4	4	8	8	12	12	

资料来源：根据CHNS历年问卷整理。

从1989年到2009年，各年份调查的家庭户数见表1-2，从1989年到2009年，平均年调查家庭户数为4018户，其中1993年调查户数最少，当年调查户数为3428户，之后调查户数逐年有所增加。

表1-2　　　　　　　　　历年调查家庭户数

年份	1989	1991	1993	1997	2000	2004	2006	2009
辽宁	479	434	394		468	476	484	486
黑龙江				476	469	477	476	488
江苏	440	427	421	481	494	490	484	494
山东	478	452	410	464	478	454	480	473
河南	477	453	428	487	469	492	479	489
湖北	478	464	433	479	477	484	461	484
湖南	479	439	438	457	475	466	501	492
广西	480	463	451	499	501	490	491	522
贵州	480	475	453	495	498	510	518	513
合计	3791	3607	3428	3838	4329	4339	4374	4441

资料来源：根据CHNS整理。

由于本书在利群增长测度中以社会阶层作为研究对象，并且以收入作为利群增长测度指标，因此选择18—60岁的劳动力作为社会阶层研究的数据来源。1989—2009年各年的成年劳动力调查数量如表1-3所示，自2004年开始，被调查的成年劳动力人数有所下降，但各省当年被调查的成年劳动力人数依然达到500人以上。

表1-3　　　　　　　历年个体样本量（18—60岁）

年份	1989	1991	1993	1997	2000	2004	2006	2009
辽宁	960	908	786		799	666	639	619
黑龙江				937	880	665	662	678
江苏	961	940	892	961	979	684	637	635
山东	879	865	804	809	725	572	554	624
河南	967	1040	924	955	788	599	503	584
湖北	1017	1025	938	926	854	640	588	615
湖南	900	878	808	748	667	543	559	537
广西	1091	989	917	964	927	668	588	730
贵州	999	1031	1011	1009	918	686	621	521
合计	7774	7676	7080	7309	7537	5723	5351	5543

资料来源：根据CHNS整理。

此外，在数据处理方面，本书主要涉及家庭总收入和人均收入的计算，其中：

1. 家庭总收入。家庭总收入由个人工资性收入和家庭收入构成，CHNS 提供了个人层面的工资性收入和家庭层面的家庭收入。其中，个人收入（工资性收入）包括：（1）第一、第二职业的工资收入；（2）补贴收入，包括副食补贴、保健津贴、洗理费、书报费、房屋补贴和其他补贴；（3）奖金收入，包括月奖、季度奖、节日奖和其他奖。家庭收入包括：（1）家庭菜园及果园收入；（2）家庭农业及农场收入；（3）家庭养殖收入；（4）家庭渔业收入；（5）家庭手工业及商业收入；（6）其他经济来源，包括独生子女补助费、煤气燃料补贴、煤贴、用电补贴、单位节假日的免费或便宜食品的价值、家庭财产租金收入、寄宿和食宿费收入、退休工资或养老金、困难补助、子女所给的钱、父母所给的钱、亲朋所给的钱、其他现金收入、子女给的非现金收入、父母给的非现金收入、亲朋给的非现金收入、单位给的钱或礼品的价值。

在数据处理时，有些收入项目不同年份提供的时间跨度不同，有的以月来衡量，有的以日来衡量，对此，都统一转换为年度数据，然后再进行加总，最终得到家庭总收入。

2. 人均收入。要转换为人均收入必须以家庭总收入除以家庭规模，由于住房、水电、交通等消费品具有准公共产品性质，即家庭消费中可能存在规模经济效应（万广华、张茵，2006）。因此家庭的等价规模为 $n' = n^\theta$，当 $\theta = 1$ 时不存在规模经济，考虑到中国家庭小孩的消费支出不亚于成人，因而假定中国家庭消费不存在规模经济，本书由此采用家庭收入除以家庭人口数来获得人均收入数据。

第四节 研究特色与不足

一 研究特色

本研究在借鉴国内外有关利贫增长的研究成果基础上，在以下几个方面可能存在一定程度的创新。

（1）研究视角有所不同。国内外诸多学者已在中国贫困问题上有过深入研究，然而在利贫增长方面尤其是中国经济增长利贫方面的研究还有所欠缺。本书虽与贫困问题研究一脉相承，但研究视角从贫困研究转向了利贫增长研究。贫困问题研究主要关注的是穷人收入水平与贫困线的比较问题，其主要度量指标有贫困发生率、贫困深度和贫困强度。尽管也有诸多文献关注到了穷人与富人的收入差距问题，但也仅停留在二者收入水平的比较上。而利贫增长则更为关注收入增长的快慢问题，即穷人与富人收入增长率的比较问题。中国经济增长成就举世瞩目，绝对贫困程度得到极大下降，但相对贫困程度是否同样得到极大下降，还需深入研究，从而以利贫增长视角来研究中国的相对贫困变动具有重要的现实意义。

（2）研究对象有所不同。有关利贫增长的研究主要以贫困人口与非贫困人口作为研究对象，在本书中，不仅以贫困与非贫困人口作为研究对象，研究中国经济增长的利贫问题，并且以社会阶层作为研究对象，研究改革开放以来中国经济增长的利群情况。就经济增长而言，贫困人口与非贫困人口之间的收入增长率比较，固然对于反贫困政策推进具有重要的指导意义，但如能从社会阶层角度研究经济增长的利群性，分析不同社会阶层在分享经济增长成果方面的差异，从社会学角度而言，具有重要的社会意义。

（3）研究方法有所不同。首先，本书在利贫增长测度上利用国外已有的研究方法对中国经济增长的利贫情况做了研究，但在以社会阶层作为研究对象时，由于研究对象与已有研究不同，为此，本书创新地提出了利群增长的测度与效应分解，主要包括群体增长曲线、利群增长指数及其效应分解。其次，在有关收入增长影响因素研究的计量方法上，本书采用了面板分位数回归与截面分位数回归相结合的方法，深入细致地刻画了不同因素对于不同收入水平增长影响的显著程度，克服了以往截面回归、分类回归和协整分析只对于均值回归的局限性。

二 研究不足

由于笔者个人研究能力有限，加之文献查阅的有限性以及研究数据所限，本书在整体上可能存在如下几点不足之处：

（1）收入数据的准确性对于利贫增长研究的重要性不言而喻，但用CHNS数据计算的人均收入与国家统计年鉴上公布的收入数据存在一定的差异。由于利贫研究需要个体或家庭层面的微观数据，而国家统计局并不公布这些数据，因此这种局限性可能会削弱本书的有关研究结论。但我们认为，在缺乏全国样本的情况下，采用CHNS数据是一个比较容易为人接受的折中选择，并仍能获得一些有价值的研究结果。

（2）本书所采用的数据在地理覆盖范围上存在较大的局限性。尽管CHNS调查具有时间跨度长的优点，但由于辽宁在1997年未列入调查，黑龙江省也只是从1997年开始列入调查范围。为保持调查数据的连贯性，本书的研究只采用了江苏、山东、河南、湖北、湖南、广西、贵州七个省份的调查数据。从而使得样本中省份数量缺乏一定的代表性，并且，由于各个省份之间几乎不相邻，使得本研究中未发现这些省份之间的空间相关性，从而导致本书在趋同性研究中未从空间计量模型角度去研究收入和收入增长的趋同性。事实上，随着调查省份数量的增加，空间相关性影响也许存在，因为已有研究中也都表明中国各省之间的经济增长存在一定的空间相关性。但在本书，由于数据所限，未能发现空间相关性，因此难以估计空间相关性对于收入和收入增长趋同的研究结论是否会产生较大影响。

（3）本书在研究利群增长测度中，通过构建群体收入缺口比率的方法来测度利群增长指数，其目的是为了保持与利贫增长测度的一致思路。但利贫增长中的贫困收入缺口比率为一个取值非负的指标，而在利群增长中构建的群体收入缺口比率是一个可正可负的指标，从而导致在利群增长测度的判定中需要考虑群体收入缺口比率的正负性，不如利贫增长测度判定那样简洁，这是一个比较大的缺憾，也是今后在利群增长研究中需要进一步努力改进的方向。

（4）首先，在收入增长影响因素的选择上，虽然本书试图从资本角度研究其对家庭层面和个体层面收入增长的影响，但由于研究数据中有关自然资本、人力资本、社会资本和政治资本等方面指标的欠缺，使得在测度相关资本影响的显著性时不能选择一些更为合理的代理变量，进而影响了资本的不平等测度和机会不平等测度的准确性。其次，由于家庭财产中缺乏股票、债券和现金存款等金融资产以及房屋价值等调查数据，使得本书在家庭财产公平性测度中不能作出明确结论。

第二章

相关理论与文献综述

第一节 贫困理论

一 贫困定义及其测度

1. 贫困的定义

贫困一词，在《辞海》中释义为"贫苦穷困"。由此可见，贫困是一种非自愿选择的状态。学者对于贫困的研究工作开展较早，并从不同角度进行了有关贫困的定义。

（1）能力贫困与收入贫困

世界银行（1990）认为，贫困是指缺失达到最低生活水准的能力。瓦茨（Watts）认为，贫困是指一个人的财产状况，而非个人特征或行为方式。也就是说个人消费的预算线是受到严格约束的，即实物、服务或各种资源购买能力的缺失（Goedhart 等，1997）。在国内，韩明谟（2002）认为，贫困是指家庭生活水平低于所在地区的平均生活水平，并且经常缺乏生活必需品，生活困苦、悲惨。康晓光（1995）认为，贫困是人不能合法获得社会活动机会，不能维持生理和社会文化可接受的生活水准。

周彬彬（1991）则从收入贫困角度定义贫困，将贫困定义为经济收入低于社会可接受生活标准的生活状况。樊怀玉等（2002）则认为，贫困是因缺乏收入而无法维持基本生活的一种社会状况。

格德哈特（Goedhart，1997）认为，经济上的贫困并非指的福利水平上的某种商品组合。因为不同的人、不同的偏好会选择不同的商品组合。例如 A 偏好低收入而多休闲，B 偏好高收入而少休闲，则并不能说 A 比 B 要贫困，因为 A 也可以有机会选择 B 的组合，因此从福利角度看，两者具有相同的福利。也就是说那些懒惰之人并不属于贫困范畴，但在实际中这很难甄别，即能力贫困是很难区别的。为此，我们这里只研究收入贫困。

收入贫困可分为两种，即绝对贫困和相对贫困。

绝对贫困是从生存角度去定义贫困状况的，即生存性贫困，其意是指个人或家庭获得的收入不能满足其生存的最低要求（刘福成，1998），这里的最低要求主要包括吃、穿、住等最基本的生存和生活需要。绝对贫困在大多数发展中国家中普遍存在，所谓的消除贫困，更多的是指消除绝对贫困。

相对贫困则是从与社会的一般福利水平比较这个角度去定义的，即在满足最低生存要求后，与社会的平均生活水平相比，其生活状况所处的水平。

从绝对贫困和相对贫困看，绝对贫困更多地与最低生活条件相联系，其客观成分居多。而相对贫困由于是从社会平均水平去考量，因此与生产和生活方式密切相关，其在地理上和社会群体间表现出较大差异。

（2）单维贫困与多维贫困

从贫困维度看，贫困可以分为单维贫困和多维贫困。

单维贫困，是从某一方面或某一特征去衡量贫困，常见的如收入贫困、消费贫困、教育贫困等。在贫困研究中，最早关注的就是收入贫困或消费贫困。随着研究深入，教育贫困、健康贫困等其他贫困开始进入学者视野。

多维贫困，是从多个社会福利特征指标来衡量贫困，其理论主要创始人为诺贝尔经济学奖获得者阿马蒂亚·森。森（Sen，1999）认为经济发展是人们的基本可行能力的扩展，如饥饿、住房、卫生设施、营养不良、教育、健康等。多维贫困的本质是能力剥夺，其表现是福利的缺失。有些福利与收入有关，而有些福利与收入无关。收入贫困的减少只能增加与收入有关的福利，而不能增加与收入无关的福利，即福利是多维的、综合的，由此贫困也是多维的。尽管学者注意到了多维贫困，但在实际的研究中，却碰到了较大的难题。主要存在两个难题，一是多维度的处理问题，二是多维贫困标准的确定问题。目前主要有两种处理方式：

第一种处理方式是将多维度贫困综合处理成一维贫困，如联合国开发计划署的人文发展指数，美国宾夕法尼亚大学埃斯蒂斯（R. J. Estes）提出的社会进步指数等。其中人文发展指数（HDI）以出生时预期寿命、受教育程度、人均实际GDP合成为一个综合指数，以此反映一个国家或地区的生活质量。社会进步指数（ISP）则是以 10 个社会经济领域中的 36 项指标浓缩成一个综合指数，借此来评价一个国家和地区的社会发展。

尽管综合指数能从整体上反映社会贫困状况，但由于从多指标处理为综合指数，因此处理后也丢失了诸多原始信息，产生了被平均现象，此外多指标处理为单一综合指数的方法多样，缺乏权威和统一性，因此存在诸多争议。

第二种处理方式是给衡量社会福利特征的指标分别设置贫困标准，并将各指标与各自的贫困标准比较，如果某一指标低于贫困标准，则该个体属于贫困对象，由此来构造总体贫困。由于不同的福利指标其内涵不同，其在量上不能"平均"（尚卫平，2005），显然第二种处理方式更为科学。但第二种处理方式也存在一定的问题，即贫困程度与两个人为因素极为有关：第一个因素是维度数量的确定问题，从敏感性角度看，第二种处理方式对维度数量的敏感性更强，例如有三个人，第一个人是收入贫困、教育贫困、健康非贫困；第二个人是收入非贫困、教育贫困、健康贫困；第三个人是收入非贫困、教育非贫困、健康贫困。如果按一维收入贫困来衡量，则贫困发生率为 1/3，如果按收入和教育二维贫困来衡量，则贫困发生率为 2/3，如果按收入、教育、健康三个维度来衡量贫困，则贫困发生率为 100%，显然，选择的维数越多，其估计出的贫困发生率就越高，其主要原因是，随着维度数量的增多，某一个个体落入某一个维度贫困的概率就越高，从而整体的贫困发生率就越高。因此如何确定合理的维度数量是第二种处理方式的关键。第二个因素是，随着维度数量的增多，显而易见的是，其确定各个维度贫困标准的难度也相应提高。例如，王小林（2009）利用 Alkireand Foster 多维贫困测量方法，结合 2006 年 CHNS 调查数据，对中国城镇和农村的多维贫困程度进行了度量，研究表明，中国城镇和农村均存在多维贫困现象，并且有近 20% 的家庭处于收入之外的任意三维贫困，多维贫困发生率远高于收入贫困发生率。

2. 贫困的测度

贫困的测度一般以构造某种形式的指数来体现，在这里，我们只简单介绍收入贫困的测度方法，常见的贫困指数有贫困发生率、收入缺口比率、森贫困指数以及 FGT 贫困指数。

（1）贫困发生率 H（Head – count Ration）

贫困发生率是最易理解、最简单的，也是最早出现和最被常用的贫困测度指数。目前在世界上大多数国家和一些跨国机构中仍为广泛使用。贫困发生率是指一个国家或地区贫困人口占总人口的比例，即：

$$H = \frac{q}{n} \tag{2.1}$$

其中，q 为贫困人口数，n 为总人口数。

贫困发生率信息含量较少，只提供了贫困人口的比例，贫困发生率对穷人的收入分布不敏感（Sen，1976）。在反贫困政策上具有误导性，易导致对处于贫困线附近的穷人实行优先扶贫（张建华，2006），不适合采用以家庭为调查对象的数据（世界银行，2005）。另外，当贫困人口出现可防止死亡或未成年死亡，会出现贫困发生率下降而实际上贫困在恶化的假象（Kanbur，2003）。

但贫困发生率由于计算简单，只需要收入或消费数据，因此能避免一些不必要的测量误差，因而更具统计可靠性（Zheng，1997）。另外，只要让贫困线可以随时间变动，那么贫困发生率是一个很好的贫困测度工具（Foster & Shorrocks，1988）。

（2）收入缺口比率 I（Income – gap Ratio）

由于贫困发生率只考虑了贫困人口所占的比例，因此其在计算过程中忽略了贫困程度。美国社会安全局于 1971 年提出了贫困缺口（poverty gaps）的概念，所谓的贫困缺口即指穷人的收入与贫困线之间的收入缺口。Sen（1976）在此概念基础上，构造了收入缺口比率：

$$I = \frac{1}{q}\sum_{i=1}^{q} \frac{z - y_i}{z} \tag{2.2}$$

式中，q 为贫困人口数，y_i 为第 i 个贫困人口的收入，z 为贫困线。

收入缺口比率即穷人的平均收入缺口与贫困线之比，在一定程度上衡量了穷人的整体贫困程度，但其还存在两个缺点：一是还不能完全反映穷人内部的收入差异，只要穷人的平均收入固定，则收入缺口比率与穷人的收入分布无关；二是给予不同的收入缺口以等同的权重，不能反映收入对贫困程度的边际贡献递减效应。事实上，随着收入增加，其对贫困程度的边际贡献是递减的。对于一个身无分文的穷人而言，其收入增加 1 块钱，与一个距贫困线只差一块钱的穷人收入增加 1 块钱，两者虽然贫困缺口都下降了 1 块钱，但其减贫程度显然是不同的，而这在收入缺口比率中显然得不到反映。

（3）森贫困指数

森（1976）指出，贫困测度的难点在于两个方面：一是贫困的识别，二是贫困的加总,即如何将个体贫困加总为一个综合指数。对于贫困的识别,可以通过指定的标准如收入贫困线或消费贫困线的方法来确定。对于贫困的加总,森认为贫困发生率和收入缺口比率这两个指标相当粗糙,因为其对于穷人的收入分布不敏感。尤其是贫困发生率,有可能当穷人的生活境况恶化时,而贫困发生率却仍然保持不变。为此,森指出,一个合理的贫困指数应满足 12 个基本公理,即相关性公理(focus axiom)、弱单调性公理(weak monotonicity axiom)、强单调性公理(strong monotonicity axiom)、弱转移性公理(weak transfer axiom)、强转移性公理(strong transfer axiom)、弱转移敏感性公理(weak transfer sensitivity axiom)、连续性公理(continuity axiom)、复制不变性公理(replication invariance axiom)、对称性公理(symmetry axiom)、人口子群一致性公理(subgroup consistency axiom)、可分解性公理(decomposability axiom)、贫困线上升性公理(increasing poverty line axiom)[①]。在提出基本公理的基础上,森构造了一个新的贫困指数,即森贫困指数,以弥补收入缺口比率所存在的缺陷,即通过对贫困缺口赋予相应的权重来体现收入缺口对不同层次贫困人群的重要性。森以穷人在收入中的排序为权重构造了相应的森贫困指数:

$$S = HI[1 + (1 - I)G_p] \qquad (2.3)$$

这里,G_p 为贫困人口收入分布的基尼系数。森贫困指数以收入位序作为收入缺口的权重,具有一定的随意性,权重的选择缺乏理论依据。其他学者依据其设计思路,在改变不同的权重取法后也相应地构造了不同的贫困指数,如 T 指数(Thon Index)、K 指数(Kakwani Index)、Ta 指数(Takayama Index)、SST 指数(Sen - Shorrocks - Thon Index)、FGT 指数(Foster - Greer - Thorbecke Index)(张建华,2006)。

(4) FGT 贫困指数

FGT 贫困指数是由 Foster、Greer 和 Thorbecke (1984) 提出的,其定义为:

$$FGT = \frac{1}{n}\sum_{i=1}^{q}\left(\frac{z - x_i}{z}\right)^{\alpha} \qquad (2.4)$$

其中 x_i 代表个体消费支出或者收入水平,z 是贫困线,α 为贫困厌恶系数,取值为非负,α 分别取 0,1,2 得三个贫困指标即 H、PG 和 SPG:

---

① 详见张建华、陈立中《总量贫困测度研究述评》,《经济学》(季刊) 2006 年第 5 卷第 3 期。

$$H = \frac{q}{n} \quad PG = \frac{1}{n}\sum_{i=1}^{q}\frac{z-x_i}{z} \quad SPG = \frac{1}{n}\sum_{i=1}^{q}\left[\frac{z-x_i}{z}\right]^2 \quad (2.5)$$

式中，q 为贫困人口，n 为总人口，x_i 表示第 i 个贫困人口的收入。H 为贫困发生率，即指贫困人口所占比例，衡量的是贫困的广度；PG 为贫困深度指数，即收入缺口比率；SPG 为贫困强度指数，也称加权收入缺口率，计算方法上是给越穷的人以越大的权重。

二 贫困线定义及其测度

1. 贫困线的定义

格瓦林（Ravallion，2008）是从福利水平来定义贫困线的，他认为贫困线是指个体在既定的生活环境下，为了获取不至于被认为贫困而必须获得的最低水平的福利所需要的货币数量。可以看出，如果按照瓦茨关于贫困的定义，则格瓦林从福利角度去定义贫困线是值得商榷的。从个人收入上看，这是劳动与休闲组合的结果，因此格德哈特认为，用年收入来看待贫困是一个很粗糙的指标。加芬克尔和哈夫曼（Garfinkel and Haveman，1974）也认为，家庭收入就反映了劳动与休闲的偏好。尽管因贫困定义而造成了贫困线定义的困难和争议，在此，我们暂且舍去这些难点，还是从家庭收入的角度去考虑。

按贫困线的确定方式，贫困线有主观贫困线和客观贫困线之分。

（1）主观贫困线

由于所谓的基本需求或营养需求具有内在的主观性，因此心理学家和社会学家以及其他学者均认为，贫困实质上是社会对于什么是最低生活标准的一个主观判断。而不同的人对于必需品和非必需品的划分界限是主观的，是难以表达清楚的，是与特定的社会相关并被当时社会所认可接受的，并且是经常变化的（Scitovsky，1978）。主观贫困线基于个人对于最小收入问题的回答，因此是个人的主观判断。主观贫困线在欧洲经合组织（OECD）国家中得到采纳，但在发展中国家还鲜有运用。

（2）客观贫困线

客观贫困线从能力角度去定义贫困，其中的一个能力是一个人或家庭维持其健康的必要营养的能力，另一个能力是个人或家庭参与基本的社会活动的能力。由于要维持这两种能力，需要一定的食物支出或非食物支出。

客观贫困线可分为绝对贫困线和相对贫困线两种。

绝对贫困线是指在既定的生活水平下，定义一个收入水平，并以此收入水平来衡量各个国家或地区的贫困状况。例如以美国的中等收入的20%作为绝对贫困线来衡量各国的贫困状况（Michael 和 Gugerty，1997）。

相对贫困线则是与社会一般水平相比较而定义的贫困线，其更多地注重个人收入与社会一般水平相比所处的地位。

2. 绝对贫困线的测度

（1）食物能量摄入法

食物能量摄入法是一种出现较早的贫困线测算方法，该方法以每人每日需摄入的2250大卡热量为基础，将人均支出按摄入热量分组，找出摄入量为2250大卡这一组人群的人均支出，以此作为绝对贫困线。这种方法比较粗糙，由于人体所需的并不仅是热量，还需要相应的营养成分如蛋白质、维生素等。因此仅以热量的需要来确定贫困线难以真正反映实际的生活需要。

（2）食品支出份额法

食品支出份额法通过首先确定食物贫困线，然后以恰好位于食物贫困线上的穷人的食品支出占消费支出的份额来计算贫困线（恩格尔系数法），或者以恰好位于食物贫困线上的穷人的食品支出占收入的份额来计算贫困线（可观察恩格尔系数法）。

恩格尔系数法。美国学者奥珊斯基（Orshansky）依据恩格尔定律，首先设定所有收入水平居民的食物支出占其全部支出比例的1/3作为贫困水平的恩格尔系数。然后依据营养学会提供的最低营养标准，结合当地的饮食、风俗习惯等计算出最低的食品支出（食物贫困线），再利用这一最低食品支出除以上述的恩格尔系数即得到绝对贫困线（Fisher，1992；马新文，2005）。

可观察恩格尔系数法。普拉格等人（Bernard，M. S.，van Praag 等，1982；池振合，2012）基于可观测的恩格尔函数，采用食品支出占收入的比重来确定贫困线，其中食品支出与家庭规模和收入有关。通过计算出恰好处于绝对贫困线上家庭的食品支出占收入的比重，依据食物贫困线，计算出绝对贫困线。

可以看出，食品支出份额法较热量支出法更为合理，其考虑到了人体的营养需求。但仅仅是从食物支出角度去考虑，尚未考虑到非食物支出方面的最低需求。

(3) 基本生活需求成本法

该法从基本生活需求出发，分为基本的食物需求和基本的非食物需求，依据基本生活所必需的各类消费项目对居民生活的重要程度，确定相应食品消费组合和非食品消费组合，再确定这两类消费组合中的每项消费的最低需求量，然后估计各个子群在此消费组合上支出，再在每个子群中选取一定比例的家庭（如每个子群最穷的5%家庭）作为最有可能是贫困的家庭组，据此测算食品贫困线和非食品贫困线，两者之和即为贫困线（刘建平，2003）。该方法要求确定非食品消费组合，但缺乏严格的选定标准，因此在实际应用中存在一定的困难（李静等，2006）。

(4) 马丁法

马丁法由世界银行的贫困问题专家 Ravallion 提出并以其名字命名，马丁法认为贫困线由食物贫困线和非食物贫困线构成，由该法可以确定极度贫困线（低贫困线）和一般贫困线（高贫困线）（Ravallion，2012），方法步骤如下：

第一步，计算食物贫困线 L_1^*。通过确定维持基本生存的能量摄入标准，选定食物组合，确定各类食物的最低消费量。一般做法是按照收入或消费对家庭进行排序，按照一定比例（如收入或支出最低的5%—10%的家庭）选取相应的家庭。再以当地的食物价格及这些家庭的食物消费量计算出食物贫困线，然后依据食物贫困线计算贫困率，确定贫困率也落在5%—10%的区间内，如果贫困率不在该区间内，则需重新选定新的比例区间，直到贫困率也落在相应的区间内为止。

第二步，计算非实物贫困线 L_2^*。以所有家庭为样本，作下面式子的回归：

$$F = a_1 + b_1 \ln(\frac{\mu}{L_1^*}) + \varepsilon_1 \tag{2.6}$$

式中，F 为食物消费支出占消费支出的比重，L_1^* 为食物贫困线，μ 为家庭的人均消费支出，b_1 为斜率系数，ε_1 为随机扰动项，a_1 为截距项，即人均消费支出等于食物贫困线的家庭的食品支出比重，则非食物贫困线为：

$$L_2^* = (1 - a_1)L_1^* \tag{2.7}$$

第三步，计算极度贫困线 z_1（低贫困线）。由食物贫困线和非食物贫困线加总即得极度贫困线：
$$z_1 = L_1^* + L_2^* \quad (2.8)$$
第四步，计算一般贫困线 z_2（高贫困线）。

一般贫困线为食品支出等于食物贫困线上的家庭的消费支出，为此需要估计这些家庭用于非食物支出的比重。一般是以这些家庭为样本，作下面式子的回归：
$$\ln\mu = a_2 + b_2\ln m + \varepsilon_2 \quad (2.9)$$
式中，μ 为家庭的人均消费支出，m 为人均食品支出额。估计出方程的参数后，将食物贫困线代入方程，并求反对数，即得一般贫困线 $z_2 = e^{a_2 + b_2\ln L_1^*}$。

3. 相对贫困线的测度

（1）收入比例法

欧洲经合组织（OECD）采取相对贫困线的做法，依据社会平均收入来确定贫困线。社会平均收入反映了当时社会基本生活需要的平均消费价格，由此，最低消费水平可以据此依照一定的比例进行下调来确定。常用的下调比例为50%或60%，在实际研究中常用社会收入的中位数的50%来作为某个地区的相对贫困线。Fuchs（1969）提出采用中值的50%作为相对贫困线，Michael 和 Jenkins（1990）则建议采用收入均值的50%作为相对贫困线。当然，相对贫困线也可以采用收入的某个分位数来确定（Foster 和 James, E., 1998）。

（2）可扩展线性支出模型法（ELES）

利用各种消费支出对收入建立线性支出模型，从而求出各类消费的基本需求支出及总的基本需求支出，进而确定贫困线。可扩展线性支出模型如下：
$$p_i q_i = p_i r_i + \beta_i (y - \sum_{i=1}^{n} p_i r_i) \quad (2.10)$$
式中，$p_i q_i$、p_i、q_i 为第 i 类消费的消费支出额、消费价格和消费量。其中，$p_i r_i$ 即为第 i 类消费基本支出；$1 - \sum_{i=1}^{n} \beta_i$ 为除去基本生活需求后，剩余的收入中用于分配给储蓄和超额需求的比重。对上式展开得：
$$p_i q_i = p_i r_i - \beta_i \sum_{i=1}^{n} p_i r_i + \beta_i y = a_i + \beta_i y \quad (2.11)$$
估计 a_i 和 β_i 后，可求出贫困线：

$$PL = \sum_{i=1}^{n} a_i / (1 - \sum_{i=1}^{n} \beta_i) \qquad (2.12)$$

4. 几种贫困线测度方法的比较

国内学者对贫困线的几种测量方法作了比较研究，唐运舒（2009）认为，食品支出份额法中的恩格尔系数法、收入比例法、可扩展线性支出模型法这三种方法各有优劣，但总体上可扩展线性支出模型法要优于其他两种。因为恩格尔系数法只能保障最低基本生活的食品需求，不能保障居住、医疗、穿着等非食品需求，其本质是测算绝对贫困线。收入比例法是将穷人的收入水平与其他社会成员的生活水平比较，是一种相对贫困线的测算。可扩展线性支出模型法由于按照消费类别来测算支出，既包含了食品需求，又包含了非食品需求，是绝对贫困与相对贫困的统一。此外，恩格尔系数法的主观性要大于可扩展线性支出模型法。

刘建平（2003）认为，恩格尔系数法要求值比较稳定，而我国各地区间消费差异性大，以恩格尔系数法来测定我国的贫困线受主观影响较大。可扩展线性支出法受空间和时间的限制较大，该法测算的各类消费品都包括了基本生活需求和超额需求部分，其估计的贫困线会偏高。基本生活需求成本法则缺乏生活必需项目和数量的确定标准，从时序上难以统一标准。收入比例法存在主观和经验因素，缺乏科学性和客观性。马丁法则吸收了各种方法的优点，其理论基础、测算依据、可操作性均较好，更为科学实用。

但骆祚炎（2006）认为，马丁法尽管比较客观，但计算复杂，需要大量的住户调查数据。他认为，可扩展线性支出法把需求区分为基本消费需求和超额需求，实用性强，对样本没要求。

可见，部分学者对于可扩展线性支出法是否能区别基本需求和超额需求还是存在争论的，如果从前面的方程推导看，我们认为可扩展线性支出法能将基本需求和超额需求区分开来，并且能依据估计出的系数来求出绝对贫困线。有了估计出来的参数 β_i 和 a_i，依据 $p_i r_i - \beta_i \sum_{i=1}^{n} p_i r_i = a_i$，通过方程组还是可以求出基本需求 r_i，进而求出超额需求 $q_i - r_i$ 的。

三 本书贫困线的选择

为了考察贫困线变动对研究结论的影响，本书采用绝对贫困线和相对贫困线两种贫困线分别进行研究。

1. 绝对贫困线的选择

(1) 中国官方绝对贫困线

中国国家统计局发布的贫困标准有两个,一个为农村贫困标准,另一个为农村低收入标准。由国家统计局农村社会经济调查总队在农村居民家庭消费支出调查的基础上计算而来。

1985年,我国根据当时最低收入农户的食品消费和食品价格,以货币的形式测算了达到人体最低营养标准(每天摄入2100卡路里)所需的最低食物支出,其中食品消费占60%,非食品消费占40%。1985年测算的贫困标准为206元。1998年开始测算的新的贫困标准为635元,同时公布了低收入线为880元。2009年又将新标准提高至1196元,以低收入名义向社会公布,取消了绝对贫困标准和低收入标准的区分,并以此作为新的扶贫标准。

表2-1　　　　　　1983—2010年中国农村绝对贫困线

年　份	1983	1984	1985	1986	1987	1988	1989
贫困线	179	200	206	213	227	236	259
年　份	1990	1991	1992	1993	1994	1995	1996
贫困线	300	307	317	350	440	530	580
年　份	1997	1998	1999	2000	2001	2002	2003
贫困线	640	635	625	625	630	627	637
年　份	2004	2005	2006	2007	2008	2009	2010
贫困线	668	683	693	785	1196	1196	1274

资料来源:《贫困监测报告》和《中国农村住户调查年鉴》,各年版。我国没有公布1993年和1996年的贫困线标准,该两年数据为计算所得。

(2) 世界银行的国际贫困线

世界银行在1990年选用1美元/天(按1985年美元购买力平价计算)作为贫困线,并用购买力平价(Purchasing Power Parities, PPP)换算为各国的贫困线。2008年8月27日,世界银行宣布,为更加准确地反映发展中国家的生活成本,世界银行把国际贫困标准提高到每天生活费不足1.25美元。

采用购买力平价将世界银行的国际贫困线标准换算为我国的贫困线标准,需要确定人民币与美元的购买力平价。由于2005年以前中国未参加世界银行等国际组织的购买力平价测算,因此世界银行对于2005年以前的人民币购买力平价测算采用我国学者任若恩的研究结果。2005年中国开始参加国际比较项目（ICP），世界银行据此在2008年2月底发布了2005年全球国际比较项目的最终报告。重新评估了2005年的人民币购买力平价，并按消费价格指数对前后各年的人民币购买力平价作了调整（张全红，2010），本书依据世界银行 Penn World Table 7.1，得到有关人民币购买力数据见表2-2。

表2-2　　　　世界银行关于人民币和美元的购买力平价标准

年 份	1988	1989	1990	1991	1992	1993	1994	1995	1996	1997	1998	1999
旧标准	1.16	1.25	1.30	1.39	1.55	1.88	2.26	2.40	2.67	2.67	2.85	2.83
新标准	1.77	1.95	1.95	2.02	2.13	2.40	2.85	3.18	3.35	3.38	3.36	3.26
年 份	2000	2001	2002	2003	2004	2005	2006	2007	2008	2009	2010	
旧标准	2.84	2.88	2.78	2.85	2.93	3.00	3.06	3.15	3.33	3.27	3.37	
新标准	3.20	3.19	3.17	3.22	3.34	3.33	3.35	3.39	3.58	3.53	3.65	

资料来源：Penn World Table 7.1 (http://pwt.econ.upenn.edu/php_site/pwt_index.php)。

然而，由于世界银行依据的是我国的11个城市（北京、上海、重庆、大连、宁波、厦门、青岛、哈尔滨、武汉、广州、西安）调查资料，因此，余芳东（2008）指出，PPP数据存在不匹配性，按PPP测算，我国居民的医疗、教育支出高于食品消费支出，说明PPP数据存在一定的不真实性。此外，我国农村居民的消费结构与这11个城市的消费结构也存在很大差异。但在国内，有学者如张全红（2010）在研究1981—2005年中国农村贫困变动则采用的是 Penn World Table 7.0 的新标准。尽管购买力平价的新标准可能存在缺陷，但为了考虑不同贫困线对研究结论的影响，也便于与已有的文献研究结果比较，在这里还是决定采用新标准。

本书选取的绝对贫困线为国际贫困线的每人每天1美元和每人每天1.25美元（按购买力平价的新标准换算为当年值），同时将官方贫困线一并列于表中，具体数据见表2-3。

表2-3　　　　　　本书采用的绝对贫困线

年 份	1988	1989	1990	1991	1992	1993	1994	1995	1996	1997	1998	1999
官方标准	236	259	300	307	317	350	440	530	580	640	635	625
1美元	646	712	712	737	777	876	1040	1161	1223	1234	1226	1190
1.25美元	808	890	890	922	972	1095	1300	1451	1528	1542	1533	1487

续表

年　份	2000	2001	2002	2003	2004	2005	2006	2007	2008	2009	2010
官方标准	625	630	627	637	668	683	693	785	1196	1196	1274
1美元	1168	1164	1157	1175	1219	1215	1223	1237	1307	1288	1332
1.25美元	1460	1455	1446	1469	1524	1519	1528	1547	1633	1611	1665

可以看出，采用每人每天1美元或每人每天1.25美元计算出的绝对贫困线均高于中国官方公布的绝对贫困线。

2. 相对贫困线的选择

相对贫困线的确定比较容易，一般定在收入均值（或中位数或众值）的1/2，本书采用中位数收入的50%作为相对贫困线，计算出的中位数和相对贫困线见表2-4。

表2-4　　　　　　　　本书采用的相对贫困线

年　份	1989	1991	1993	1997	2000	2004	2006	2009
中位数（元）	1038	1094	1388	2908	3400	4467	5040	8113
相对贫困线（元）	519	547	694	1454	1700	2234	2520	4057

资料来源：根据CHNS整理。

由表2-4可见，1989—1993年，相对贫困线要低于1美元贫困线和1.25美元贫困线；1997年，1美元贫困线低于相对贫困线，但1.25美元贫困线要高于相对贫困线；2000—2009年，相对贫困线均高于1美元贫困线和1.25美元贫困线。可见，从1997年以后，如果以国际标准的1美元和1.25美元贫困线估计的贫困发生率会低于相对贫困线的贫困发生率。

第二节　利贫增长理论

一　利贫增长的定义

一般来说，利贫增长（pro-poor growth）意指经济增长有利于穷人，对有利于这个字面上的解释有两种：第一种观点认为当穷人的收入增长快于富人收入增长时，经济增长是利贫的（Kakwani & Pernia, 2000）；第二种观点认为，如以某种方法度量贫困，经济增长导致贫困指数减少，则经济增长是利贫的（Kraay, 2004），典型的如保持贫困线不变，若贫困发生率（最常见一种贫困指数）下降，则经济增长就是利贫的。

Duclos 和 Wodon（2004）以及欧洲经合组织（2006）将利贫增长定义的争论分为两个阵营，即"相对利贫增长"和"绝对利贫增长"。

相对利贫增长认为，只要穷人的收入增长率高于全社会平均收入的增长率，则经济增长就是利贫的。该观点的主要理由有二：一是如果保持平均收入增长不变，则相对利贫增长将更快地减少贫困（Ravallion 和 Datt，2002）；二是不平等的下降对穷人来说具有内在价值，穷人的福利不仅取决于他们自身的收入水平，还取决于穷人与富人的收入差距（Klasen，2007）。相对利贫更注重相对不平等的下降，而非绝对不平等的下降。

绝对利贫既注重相对不平等的下降，更注重绝对不平等的下降，绝对利贫增长的含义有两种：

第一种含义是强绝对利贫增长（strong absolute pro – poor growth）。即穷人的收入增长额大于富人收入增长额，Kakwani 和 Son（2003）也把这种经济增长称为超级利贫增长。强绝对利贫增长很难达到，因为收入增长率受初始的富人与穷人收入比的影响很大，要实现强绝对利贫增长，则经济增长要极端地有利于穷人。尽管这种经济增长难以获得，但仍有众多学者倾向于此类观点，他们认为，如果过分注意收入上的相对不平等，则容易忽视相对不平等减少但绝对不平等仍在扩大的事实（Amiel 和 Cowell，1999；Atkinson 和 Brandolini，2004；Duclos 和 Wodon，2004；Klasen，2004；Ravallion，2005）。

第二种含义是弱绝对利贫增长（weak absolute pro – poor growth）。该含义是从政策角度考虑的，即只要穷人的收入增长率大于零，则经济增长就是利贫的（OECD，2006）。该观点认为所有的减贫问题都是穷人的收入增长问题，而不是穷人与富人收入增长的比较问题（Klasen，2008）。

综上所述，利贫增长概念的争论主要关注于穷人与富人收入增长绝对额和增长速度上的差异，按照穷人和富人的收入增长额和增长率的比较情况，经济增长可分为三种情况：第一种情况是穷人收入增长额大于富人收入增长额，则穷人的收入增长率自然大于富人，经济增长导致穷人生活水平改善，并且伴随不平等状况下降，这种经济增长就是强绝对利贫式增长；第二种情况是穷人收入增长额小于富人收入增长额，但收入增长率却大于富人，则经济增长将导致社会收入差距呈现先扩大、后缩小的倒 U 形走势，这种经济增长就是相对利贫式增长；第三种情况是穷人收入增长额小于富人收入增长额,同时收入增长率也小于富人,则经济增长是利富式增长,经济发展导致社会收入差距拉大和不平等程度加深。从政策意义和现实意义上看,相对利贫更为合理,关键是穷人与富人收入差距何时开始缩小,这才应该成为相对利贫增长关注的焦点。

我们认为,收入增长存在一个横向比较和纵向比较的问题,纵向比较是与自身相比,收入是否较以前提高,即前后两期收入的比较。横向比较则是收入分配的比较,一是与他人相比,收入增长额是否更高,二是收入增长率是否更高。由此经济增长可以划分为三类:

第一类增长:绝对利贫增长。穷人收入增长额大于富人收入增长额。此种经济增长伴随贫困人数和贫困深度和强度的减少,即贫困减少,收入不平等程度下降,实际当中很少出现。

第二类增长:相对利贫增长。其特点是贫困减少,不平等程度下降。即穷人的收入增长额低于富人收入增长额,但穷人的收入增长率高于富人收入增长率。

第三类增长:利富式增长。其特点是贫困减少或增加,收入不平等程度加深,即穷人的收入增长率小于富人的收入增长率。

二 利贫增长的测度

遵循利贫增长的定义,有关利贫增长的测度基本上也是从收入增长率或贫困指数的变动上来构造。结合国内外研究,有关利贫增长测度的方法基本上有七种。其中,基于收入增长率来测度的指标有两个,分别为利贫增长率和贫困增长曲线;基于贫困指数变动来测度的指标有五个,分别为贫困增长弹性、利贫增长指数、减贫等值增长率、不平等——增长权衡指数、改进的不平等——增长权衡指数。

1. 基于收入增长率变动的利贫增长测度

(1) 利贫增长率(PPGR,Pro – Poor Growth Rate)

2003 年,Ravallion 和 Chen 提出用贫困发生率曲线(GIC,Growth Incidence Curve)来度量经济增长是否有利于穷人。设 $y_t(p) = L'_t(p)\mu_t$ 为 t 时期位于第 p 个百分位的收入(收入由低到高排序),其中,$L'_t(p)$ 为 Lorenz 曲线的一阶导数,μ_t 为 t 时期的平均收入。则第 p 个百分位的收入增长率为:

$$g_t(p) = \frac{y_t(p)}{y_{t-1}(p)} - 1 = \frac{L'_t(p)}{L'_{t-1}(p)}(\frac{\mu_t}{\mu_{t-1}} - 1 + 1) - 1$$

$$= \frac{L'_t(p)}{L'_{t-1}(p)}(GRIM + 1) - 1 \tag{2.13}$$

式中，$GRIM = \frac{\mu_t}{\mu_{t-1}} - 1$，为平均收入增长率。如果 Lorenz 曲线没有变化，即不平等状况没有改变，则任何人的收入增长率等于平均收入增长率，即 $g_t(p) = GRIM$。如果 $g_t(p)$ 是 p 的减函数，即收入越高人群的收入增长率越低，则经济发展将导致不平等下降。Ravallion 和 Chen 证明，贫困发生率曲线在贫困率以下所围成的面积即为 Watts 贫困指数的变化率。Watts (1993) 贫困指数表示为：

$$W_t = \int_0^{H_t} \log[z/y_t(p)] dp \tag{2.14}$$

其中 H_t 为 t 时期贫困人口所占比例，即贫困发生率。相应地，Watts 贫困指数的变化率为：

$$-\frac{dW_t}{dt} = \int_0^{H_t} g_t(p) dp \tag{2.15}$$

因此 Ravallion 和 Chen 提出利贫增长率（PPGR）来测度经济增长是否利贫，计算公式为：

$$PPGR = \frac{\int_0^{H_t} g_t(p) dp}{H_t} \tag{2.16}$$

PPGR 以穷人收入的平均增长率来衡量利贫增长，如果 PPGR > 0，则经济增长为弱绝对利贫，如果 PPGR < 0，则经济增长不是利贫的（Grimm，2006）。若 PPGR > GRIM，则经济增长是相对利贫的，收入不平等下降；若 PPGR < GRIM，则经济增长不是相对利贫的，收入不平等加深；若 PPGR = GRIM，则收入不平等不变；（Grossse, Harttgen 和 Klasen，2008）。

利贫增长率（PPGR）是以穷人收入增长率的平均数来测度经济增长是否有利于穷人，是一种基于收入增长率角度构造的利贫增长测度指标。该指标可以反映穷人收入的平均增长速度，易于理解，但缺点有二：一是忽略了穷人的收入分布，在计算时给予每个穷人的收入增长率以相同的权重，实际上应该赋予低收入穷人的收入增长率以更大的权重；二是忽略了富人收入的增长情况。有可能穷人收入的平均增长率为正，但富人的收入增长率和增长额都有可能大于穷人,即经济发展可能导致不平等状况恶化。

(2) 贫困增长曲线 (PGC, Poverty Growth Curve)

Son (2004) 提出另一种测度利贫增长的方法,即贫困增长曲线。其思想是基于贫困人口受益比例大于富人。贫困增长曲线 PGC 类似于贫困发生率曲线 GIC,二者的共同点在于考察了收入与消费在以百分位数划分的不同比例人群中的增长率,其明显区别在于前者是处于总人口百分之 p 以内的人的平均收入与消费的份额,而后者是处于第 p 个百分位数的个体的收入与消费增长率(纪宏,2007)。

设 $L(p)$ 为 Lorenz 曲线:

$$L(p) = \frac{1}{\mu}\int_0^x yf(y)dy \tag{2.17}$$

式中, $p = \int_0^x f(y)dy$ 为低于收入 x 的人口比例, μ 为人均收入, y 为个人收入, $f(y)$ 为收入分布密度函数。显然,如果 Lorenz 曲线上移,对任意 p,有 $\Delta L(p) \geq 0$,则经济增长伴随不平等程度下降,经济增长是利贫的。由 Atkinson (1987) 提出的二阶占优与减贫的关系,则对任意的 p,只要 $\Delta[\mu L(p)] \geq 0$,则对于一般可加性的贫困测度方法,贫困指数都是下降的。由 Lorenz 曲线定义可知:

$$L(p) = \frac{\mu_p p}{\mu} \tag{2.18}$$

式中 p 为累计人口比例(收入由低到高排序), μ_p 为相应比例人口的平均收入。两边取对数得:

$$L(\mu_p) = \ln[\mu L(p)] - \ln(p) \tag{2.19}$$

差分后得到:

$$g(p) = \Delta \ln[\mu L(p)] \tag{2.20}$$

式中 $g(p) = \Delta \ln(\mu_p)$ 为相应人口比例对应的收入增长率,当 p 从 0 增加到 100% 时, $g(p)$ 即为贫困增长曲线 PGC。根据 Atkinson (1987) 的公理,如果对任意的 p,有 $g(p) > 0$ 或 $g(p) < 0$,则在经济发展的两个时期内,贫困是减少的(或增加的)。由此可得到:

$$PGC = g(p) = g + \Delta \ln[L(p)] \tag{2.21}$$

式中 $g = \Delta \ln(\mu)$ 为全社会平均收入增长率,当 $p = 100\%$ 时, $g(p) = g$,此时有 $\Delta L(p) = 0$。

由此 Son 指出,当 $p<100\%$ 时,如果 $g(p)>g$,则经济增长是利贫的,同时不平等程度降低,因为 Lorenz 曲线是整体上移的[对任意 p 有 $\Delta L(p) \geq 0$];当 $p<100\%$ 时,如果 $0<g(p)<g$,则经济增长降低了贫困,但伴随不平等程度上升[对任意 p 有 $\Delta L(p)<0$],此时经济可称为涓滴式增长(trickle-down growth);如果 $g(p)<0$,而 $g>0$,则经济增长导致贫困程度增加(Bhagwati,1988)。

PGC 曲线与 GIC 曲线的区别:设 $x_p = \mu L'(p)$ 为位于第 p 个百分位的收入,其中,$L'(p)$ 为 Lorenz 曲线的一阶导数,μ 为全部人口的平均收入,则第 p 个百分位的收入增长率为:

$$r(p) = \Delta\ln(x_p) = g + \Delta\ln[L'(p)] \qquad (2.22)$$

可见,PGC 曲线与 GIC 曲线的区别在于计算方法不同:PGC 曲线是以位于百分比 p 以下人口收入总额的增长率来表示,而 GIC 曲线则是以每个百分位的收入增长率的平均数来表示(权重相等)。设前、后两期位于百分比 p 以下人口的收入为:$[x_1^{(1)}, x_2^{(1)}, \ldots, x_p^{(1)}]$ 和 $[x_1^{(2)}, x_2^{(2)}, \ldots, x_p^{(2)}]$,则有:

$$GIC = \frac{\frac{x_1^{(2)}}{x_1^{(1)}} + \frac{x_2^{(2)}}{x_2^{(1)}} + \ldots + \frac{x_p^{(2)}}{x_p^{(1)}}}{p} - 1 \qquad (2.23)$$

$$PGC = \frac{x_1^{(2)} + x_2^{(2)} + \ldots + x_p^{(2)}}{x_1^{(1)} + x_2^{(1)} + \ldots + x_p^{(1)}} - 1 \qquad (2.24)$$

相对 GIC 曲线而言,PGC 曲线具有明显优势,PGC 曲线注重穷人总体收入的增长情况,PGC 曲线能将经济增长区分为不平等下降的利贫、不平等增加的利贫、不平等不变的利贫和利富式增长四种类型。其缺点是给予每个人的收入以相等的权重,导致该指标对于高收入人群的收入增长率更敏感,不能完全反映社会不平等状况的变化情况。

2. 基于贫困指数变动的利贫增长测度

利贫增长测度的另一个视角就是从贫困指数的变动来判断经济增长是否有利于穷人,该方法与贫困的测度形式密切相关,Sen(1976)指出一个优良的贫困指数应该符合十二个公理,其中核心的公理有相关性公理、弱转移敏感性公理、连续性公理、复制不变性公理、对称性公理、人口子群一致性公理和贫困线上升性公理(张建华,2006),但目前学者提出的诸多贫困指数均不能完全符合所有的公理。因此,各种贫困指标中存在的缺陷也体现在利贫增长的测度当中，本书对以下五个有关利贫增长的测度指标作逐一阐述。

(1) 贫困增长弹性 (GEP, Growth Elasticity of Poverty)

贫困增长弹性由平均收入增长1%所导致的贫困率变化表示，即 $GEP = \dfrac{dH/H}{du/u}$，式中 H 为贫困率，u 为平均收入。当 GEP 大于 1 时，经济增长是利贫的。该方法计算简单，且对数据不敏感。但该方法也容易产生误导，因为，贫困对收入增长的响应与初始收入水平和收入分布状况有关。该弹性对低收入的变化更敏感，相同的弹性在低收入国家来说经济增长是利贫的，而在中等收入国家则未必。同样，在高度不平等情况下，贫困增长弹性对收入的增加会变得不敏感。贫困增长弹性对收入分布中贫困线的位置也相当敏感 (Bourguignon, 2002、2003; Ravalion, 1997)。此外，贫困率指标本身存在的缺陷如信息量少、违背单调性和转移性公理、在反贫困政策上具有误导性 (Watts, 1968; Sen, 1976)，不能用于以家庭为对象的调查 (世界银行，2005) 等。

(2) 利贫增长指数 (PPGI, Pro-poor Growth Index)

该指数由 Kakwani 和 Pernia 于 2000 年提出，考虑了经济增长对收入分布和贫困的影响。该指数的设计前提是贫困的减少是经济增长和收入分布变化同时作用的结果。即如果不平等程度增加，即使经济增长，则减贫幅度是有限的；如果不平等程度增加的幅度小，则经济增长的减贫效应是显著的。因此利贫增长的测度必须考虑不平等状况对减贫效应的估算偏差 (在不平等增加情况下高估减贫效应)。

设 $\theta = \theta[z, \mu, L(p)]$ 为某种贫困测度，其中，z 为贫困线，μ 为人均收入，$L(p)$ 为 Lorenz 曲线。则贫困的变化可表示为：

$$P_{12} = \ln\{\theta[z, \mu_2, L_2(p)]\} - \ln\{\theta[z, \mu_1, L_1(p)]\} \qquad (2.25)$$

令：

$$G_{12} = 1/2\{\ln\{\theta[z, \mu_2, L_1(p)]\} - \ln\{\theta[z, \mu_1, L_1(p)]\} \\ + \ln\{\theta[z, \mu_2, L_2(p)]\} - \ln\{\theta[z, \mu_1, L_2(p)]\}\} \qquad (2.26)$$

$$I_{12} = 1/2\{\ln\{\theta[z, \mu_1, L_2(p)]\} - \ln\{\theta[z, \mu_1, L_1(p)]\} \\ + \ln\{\theta[z, \mu_2, L_2(p)]\} - \ln\{\theta[z, \mu_2, L_1(p)]\}\} \qquad (2.27)$$

则 G_{12} 表示的是纯经济增长效应 (收入分布不变，人均收入改变)，I_{12} 表示的是收入分配效应 (人均收入不变，收入分布改变)。由此，Kakwani

和 Pernia（2000）将经济增长 1% 所导致的贫困的变化 P_{12} 分解为两部分：收入分布不变下的经济增长效应（纯增长效应 G_{12}），人均收入不变下的收入分配效应（纯不平等效应 I_{12}），即：$P_{12} = G_{12} + I_{12}$。

经济增长效应是负数，收入分配效应则可正（不平等增加）、可负（不平等减少），当平均收入增长率为 $GRIM = \dfrac{\mu_2}{\mu_1} - 1$，则总贫困增长弹性为：

$$\eta = \frac{P_{12}}{\dfrac{\mu_2}{\mu_1} - 1} = \frac{P_{12}}{GRIM} \quad (2.28)$$

即 1% 的社会平均收入增长所引起的贫困变化的百分点。

纯经济增长贫困弹性为：

$$\eta_g = \frac{G_{12}}{\dfrac{\mu_2}{\mu_1} - 1} = \frac{G_{12}}{GRIM} \quad (2.29)$$

即假定不平等不变，1% 的社会平均收入增长所引起的贫困变化的百分点。

纯收入分配贫困弹性为：

$$\eta_I = \frac{I_{12}}{\dfrac{\mu_2}{\mu_1} - 1} = \frac{I_{12}}{GRIM} \quad (2.30)$$

即假定社会平均收入不变，1% 的社会平均收入增长所引起的贫困变化的百分点。

Kakwani 和 Pernia 定义利贫增长指数：

$$PPGI = \frac{\eta}{\eta_g} \quad (2.31)$$

如果 $PPGI < 0$，则经济增长是利富的；$0 < PPGI \leqslant 0.33$，则经济增长是轻度利贫的；$0.33 < PPGI \leqslant 0.66$，则经济增长是中度利贫的；$0.66 < PPGI \leqslant 1$，则经济增长是利贫的；$PPGI > 1$，则经济增长是高度利贫的。

因此，如果 $0 < PPGI \leqslant 1$，则尽管经济增长能减少贫困，但经济增长的不平等效应是负的，穷人受益的幅度小于富人，故而经济增长为相对利贫，即富人在经济增长中享受的好处大于穷人在经济增长中享受的好处，虽然贫困在减少，但不平等程度在增加。只有 $PPGI > 1$ 这种情况才是绝对利贫的,经济的增长既伴随贫困的减少,也伴随不平等程度的下降。

(3) 减贫等值增长率(PEGR, Poverty - Equivalent Growth Rate)

由于经济增长引起贫困程度和不平等状况的双重变化,Kakwani 和 Son(2003)对 PPGI 指数作了拓展,创建了减贫等值增长率(PEGR)这一测度方法,即考虑不平等不变情况下的减贫等值增长率。虽然利贫增长指数(PPGI)注意到了穷人和富人获益的分布状况,但其忽略了实际增长率。注意到收入增加则贫困减少,不平等上升则贫困增加。那么,只要总贫困增长弹性大于(或小于)贫困增长弹性,则经济增长就是利贫(或非利贫)的(Kakwani 和 Son 2003)。如果经济增长,而不平等没有变化,则减贫等值增长率就是平均收入增长率 $GRIM = \frac{\mu_t}{\mu_{t-1}} - 1$。减贫等值增长率 PEGR 可表示为:

$$PEGR = PPGI * GRIM \tag{2.32}$$

该指数的特点是,贫困减少的比例是 PEGR 的单调递增函数,如果 $PEGR > GRIM$,则经济增长是利贫的;如果 $0 < PEGR < GRIM$,则经济增长伴随着不平等增加和贫困减少;如果 $PEGR < 0$,则经济增长意味着贫困化,经济增长带来的好处被不平等增加所抵消。Kakwani 和 Son 认为,一个国家的减贫绩效应该以 PEGR 而非以经济增长率来衡量。

(4) 不平等——增长权衡指数(IGTI, Inequality - Growth - Tradeoff Index)

Kakwani(2000)指出,贫困程度取决于两个因素:一个是平均收入水平,另一个是收入分布的不平等程度。贫困程度可表示为: $\theta = \theta(\mu, G)$,其中 μ 为全社会平均收入,G 为基尼系数,则

$$\frac{d\theta}{\theta} = \frac{\partial \theta}{\partial \mu} \cdot \frac{\mu}{\theta} \cdot \frac{d\mu}{\mu} + \frac{\partial \theta}{\partial G} \cdot \frac{G}{\theta} \cdot \frac{dG}{G} \tag{2.33}$$

因此,经济增长对贫困的影响可分解为增长效应和分配效应,即

$$\frac{d\theta}{\theta} = \eta_\theta \cdot \frac{d\mu}{\mu} + \varepsilon_\theta \cdot \frac{dG}{G} \tag{2.34}$$

其中,增长效应 $\eta_\theta = \frac{\partial \theta}{\partial \mu} \cdot \frac{\mu}{\theta}$,分配效应 $\varepsilon_\theta = \frac{\partial \theta}{\partial G} \cdot \frac{G}{\theta}$。

在此基础上,Kakwani(2000)构建了不平等——增长权衡指数(IGTI):

$$IGIT = \frac{\partial \mu}{\partial G} \times \frac{G}{\mu} = -\frac{\varepsilon_\theta}{\eta_\theta} \tag{2.35}$$

该指数的含义是基尼系数增长 1% 所导致的贫困增加需要多少的经济增长率来弥补。例如，IGIT 等于 3，则表示基尼系数增长 1% 导致的贫困增加需要全社会平均收入增长 3 个百分点来弥补。

利贫增长指数和不平等——增长权衡指数都是把贫困指数表示为经济发展水平（人均收入）和不平等状况的函数，不同的是利贫增长指数以 Lorenz 曲线来表示不平等状况，而不平等——增长权衡指数则是以基尼系数来表示，其蕴含的理论基础是，在不考虑贫困线变动情况下，贫困程度仅以人均收入和不平等状况来衡量，但不平等——增长权衡指数更具有政策指导意义。

（5）改进的不平等——增长权衡指数（IIGTI，Improved Inequality – Growth – Tradeoff Index）

纪宏（2007）等人对不平等——增长权衡指数作了较大改进，经济增长表现为收入分布曲线的变化（曲线平移和形状变异），即收入中心和收入方差的变化。因此测算经济增长对贫困的影响需要测算收入增长、分配效应变化、贫困线变化及交互作用。假设前后两期收入分布情况如图 2 – 1 所示。

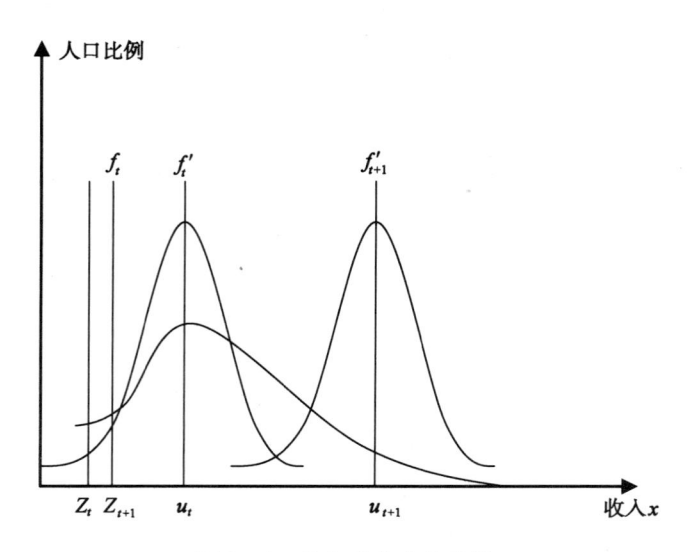

图 2 – 1　收入分布变化曲线

由图可知，前后两期贫困群体的总福利变化可表示为由收入分布和贫困线所围面积的变化，即：

$$\Delta S = \int_0^{Z_{t+1}} f_{t+1} dx - \int_0^{Z_t} f_t dx \qquad (2.36)$$

设利贫增长判定系数为:

$$\varphi = \frac{\int_0^{Z_{t+1}} f_{t+1} dx}{\int_0^{Z_t} f_t dx} \qquad (2.37)$$

则当 $\varphi > 1$ 时为利贫增长,当 $\varphi < 1$ 时为利富增长。进一步可分解为增长效应和分配效应,其中,增长效应为:

$$\Delta G = \int_0^{Z_{t+1}} f_t dx - \int_0^{Z_t} f'_{t+1} dx \qquad (2.38)$$

分配效应为:

$$\Delta I = \int_0^{Z_{t+1}} f_t dx - \int_0^{Z_t} f'_t dx \qquad (2.39)$$

式中,f'_{t+1} 与 f_t 分布形态相同,只是中心位置不同,f_t 与 f'_t 为同中心的不同分布。则改进的不平等——增长权衡指数如下:

$$IIGIT = -\frac{\Delta I}{\Delta G} \qquad (2.40)$$

改进的不平等——增长权衡指数本质上是把贫困人口比例(贫困发生率)的变动进行分解,分解为增长效应和分配效应对贫困发生率的影响,即纯经济增长导致贫困发生率的变动和由于收入分布变化而导致的贫困发生率的变动,因此指标具有一定的政策意义,也比较直观。

第三节 不平等理论

一 不平等测度基本公理

社会学者长期以来就关心社会不平等现象,事实上,不平等反映的是社会中个体对于各类资源占有的均等程度。假如个体对某种资源的占有量不均等,则这种资源在分配上是不平等的。尽管不公平的含义显而易见,但在具体的测度上迄今还没有一个十分完美的方法。其主因在于,这些测度方法总存在某一方面的缺憾,不能完全满足不公平测度的所有基本公理性标准。自从 Cowell 于 1985 年首次对不公平测度的公理性进行探讨后,许多学者对各种公理进行了问卷实验测试(Amiel,1998;Amiel 和 Cowell,1998;Harrison 和 Seidl,1994),在此基础上,Cowell(2000)又发

展并提出了福利角度的公理性标准,有关基本公理如下:

1. 庇古—多尔顿(Pigou – Dalton)转移性公理

以收入不平等为例,该公理表明,任何收入的均匀化变动都将使得不平等程度下降。即收入从穷人向富人转移,不平等程度上升,收入从富人向穷人转移,则不平等程度下降(Atkinson,1970,1983;Cowell,1985;Sen,1973)。设有从低至高排序的收入向量:

$$y = (y_1, y_2, \cdots, y_i, \cdots, y_j, \cdots, y_n) \quad (2.41)$$

若发生了从低收入者 y_i 向高收入者 y_j 转移了收入量 δ,转移后的收入向量为:

$$y* = (y_1, y_2, \cdots, y_i - \delta, \cdots, y_j + \delta, \cdots, y_n) \quad (2.42)$$

则有不平等程度的上升,即有 $I(y*) \geq I(y)$,从而不平等测度满足转移性公理。常见的广义熵指数(Generalized Entropy)、Atkinson 指数、基尼系数均满足这一性质。

2. 量纲无关原则(Scale Invariance)

即齐次性原则,不平等测度与指标的量纲无关,指标数值的等比例变化不影响不平等测度结果。也就是说对于任意的 $\lambda > 0$,有 $I(y) = I(\lambda y)$。除了方差之外,大多数的不平等测度方法均满足齐次性。但需要指出的是,如果发生等额变化,即如果所有指标数值增加或减少一个正数,则不平等程度应下降或上升。

3. 人口无关原则(Principle of Population)

这一公理由 Dalton(1920)在研究收入不平等时提出,该原则要求只要收入分布相同,则不同人口数量的群体的不平等程度是相同的。换句话说,将一个样本复制后,与原来的样本混合后,虽然样本容量增加一倍,但不平等程度是不变的。

4. 匿名性原则(Anonymity)

不平等程度只与收入(或用以度量分布的福利变量)有关,而与其他个体特征无关。广义而言,不平等程度只取决于所测度指标的分布状况,与那些独立于该测度指标的其他变量的分布状况无关。具体地说,任意调换样本中的个体位置,是不影响不平等程度的。

5. 可分解性(Decomposability)

即总体的不平等测度可以随着总体划分成不同的子群而进行相应的分解,也就是说,如果构成总体的各个子群的不平等程度上升,则总体的不平等程度也应随之上升。例如广义熵指数就满足可分解性原则，以广义熵指数测度的总体不平等可以按照子群不同，分解为群内的不平等和群间的不平等，并且二者之和等于总体不平等。Atkinson 指数尽管也可以分解为群内不平等和群间不平等，但二者之和并不等于总体不平等。基尼系数在如下情况下才可以进行分解，即划分后的各个子群在收入分布上没有重叠区间，即各个子群的收入区间没有交集，在实际中显然很难出现这种情况。

6. 标准化（Normalization）

即如果所有个体的收入相等，则不平等程度值为零。

7. 强洛伦茨一致性（Strongly Lorenz – Consistent）

即对于两条不同的 Lorenz 曲线而言，如果两条曲线重合，则不平等程度相同。如果两条曲线不重合且不交叉，则表明，其中一条 Lorenz 曲线的不平等程度要高于另一条 Lorenz 曲线的不平等程度。

Cowell（1995）发现，在常见的不平等测度方法中，广义熵指数能满足上述要求。

二 不平等的测度

关于不平等测度的方法种类繁多，这些方法都是基于数据变异角度来测度的，主要有绝对变异和相对变异两个角度。

绝对变异测度不平等常见的指标有方差、标准差、极差、平均差等，其表现形式为有名数，适用范围为当不同的群体在指标均值相同的前提下，如果某个群体的绝对变异指标更大，则该群体的不平等程度更大。

相对变异测度则考虑到绝对变异在群体一般水平（如均值）不同的情形下，绝对变异指标并不能指示出哪个群体的不平等程度更大，因此，为消除均值不同的影响，采用相对变异指标的不平等测度方法为学者所推崇，相对变异指标表现的形式为无名数。以下仅就常用的不平等测度方法进行阐述，这些指标均属于相对变异测度。

1. 基尼系数（Gini Coefficient）

1913 年，著名的经济学家基尼（Gini）提出了测量社会收入不平等程度的基尼系数这一概念，至今仍为广大学者和各级政府所采纳。基尼系数值介于 0 至 1 之间，是 Lorenz 曲线与 45°直线所围面积与直角三角形面积的比值。其中，Lorenz 曲线的横轴为累计人口比例，这里人口按收入由低

至高排序,纵轴为相对应比例人口的收入占总收入的比重。由于基尼系数是从 Lorenz 曲线中推导得出的,其计算公式为:

$$G = 1 - 2\int_0^1 L(p)dp = \frac{1}{2n^2\bar{y}}\sum_{i=1}^n\sum_{j=1}^n |y_i - y_j| \qquad (2.43)$$

由于 Lorenz 曲线向下凹,因此,基尼系数对于高收入水平的数值更为敏感,并且同样的收入转移,发生向中间阶层(众数附近)的收入转移造成的不平等下降程度,要比发生向底层的收入转移带来的不平等下降程度要大,这显然是不合理的(万广华,2008)。Dasgupta 等(1973)给出了一个在给定个体数据情况下计算基尼系数更为简洁的方法:

$$G = \frac{2}{n^2\bar{y}}\sum_{i=1}^n iy_i - \frac{n+1}{n} \qquad (2.44)$$

式中,i 为收入 y_i 在所有收入中的高低排名,其中 i 为自然数序列,即当有相同收入时,并不是取并列排名,例如假设第二、第三、第四位的收入相同,则排名为 2、3、4。

2. 广义熵指数(Generalized Entropy,GE)

广义熵指数由 Cowell(1977)提出,其表达式为:

$$GE = \begin{cases} \frac{1}{\alpha(\alpha-1)}[\frac{1}{n}\sum_{i=1}^n(\frac{y_i}{\bar{y}})^\alpha - 1], \alpha \neq 0,1 \\ \frac{1}{n}\sum_{i=1}^n[\frac{y_i}{\bar{y}}\ln(\frac{y_i}{\bar{y}})], \alpha = 1 \\ \frac{1}{n}\sum_{i=1}^n \ln(\frac{\bar{y}}{y_i}), \alpha = 0 \end{cases} \qquad (2.45)$$

式中,α 为厌恶不平等的程度,决定了不平等程度对于收入转移的敏感程度,当 $\alpha < 0$ 且越小时,不平等程度变化对于穷人的收入转移更为敏感,当 $\alpha > 0$ 且越大时,不平等程度变化对于富人的收入转移更为敏感(Bourguignon,1979;Cowell,1980;Cowell 和 Kuga,1981;Shorrocks,1980,1984;Shorrocks 和 Foster,1987;Ebert,1988)。当 $\alpha = 0$ 时,广义熵指数即为泰尔 - L 指数(Theilindex - L);当 $\alpha = 1$ 时,广义熵指数即为泰尔 - T 指数(Theilindex - T)。

3. 阿特金森指数(Atkinson index)

Atkinson 指数基于社会效用函数出发构建不平等指数,社会效用函数为所有个体的效用函数之和。Atkinson(1970)认为,社会不平等将会减少社会福利水平，就全社会而言，可以找到一个与实际收入分布的社会福利水平相等的均匀分布的等效收入水平（Equally distribution equivalent level of income），该收入水平可以低于实际收入分布的均值，但其所代表的社会福利水平与实际收入所代表的社会福利水平相同，即：

$$w(y_1, y_2, \cdots, y_n) = w(\tilde{y}, \tilde{y}, \cdots, \tilde{y}) \tag{2.46}$$

其中，$\tilde{y} \leq \bar{y}$，则 $w(\bar{y} - \tilde{y})$ 为由于社会分配不公而造成的全社会的福利损失。Atkinson（1970）由此定义了新的不平等测度方法：

$$I = 1 - \frac{\tilde{y}}{\bar{y}} \tag{2.47}$$

显然，$\tilde{y}$ 的大小与效用函数形式的选择密切相关，Atkinson（1970）给出了个人效用函数的一种形式：

$$U(y) = \begin{cases} A + B \dfrac{y^{1-\varepsilon}}{1-\varepsilon}, \varepsilon \neq 1 \\ \ln(y), \varepsilon = 1 \end{cases} \tag{2.48}$$

式中 $\varepsilon > 0$ 为不平等厌恶系数，则对应的 Atkinson 不平等指数为：

$$I = \begin{cases} 1 - \left[\dfrac{1}{n}\sum_i \left(\dfrac{y_i}{\bar{y}}\right)^{1-\varepsilon}\right]^{1/(1-\varepsilon)}, \varepsilon \neq 1 \\ 1 - \exp\left[\dfrac{1}{n}\sum_i \ln\left(\dfrac{y_i}{\bar{y}}\right)\right], \varepsilon = 1 \end{cases} \tag{2.49}$$

Shorrocks 和 Slottje（2002）的研究表明，Atkinson 指数与广义熵指数具有一一对应的转换关系，因此在实际中基尼系数和广义熵指数为大多数学者所采用。

三 不平等的分解

就收入不平等的分解而言，方法主要有三种，第一种是基于收入来源的不平等分解，第二种为基于收入群体的不平等分解，第三种则是基于回归方法的不平等分解。

1. 基于收入来源的不平等分解

（1）基尼系数的收入来源分解

Fei 和 Ranis（1978）和 Pyatt 和 Chen（1980）曾提出一个将基尼系数按收入来源分解为"拟基尼系数"的加权和进行分解的思路，设 $\tilde{G}_k$ 为第

$k(k=1,2,\cdots,m)$ 项收入源的拟基尼系数,或者称为分项收入 k 的集中率指数(Concentration Ratio), $\varphi_k = \dfrac{\sum_i y_i^k}{\sum_i y_i}$ 为该分项总收入在总收入中所占的比重,这里 $y_i = \sum_{k=1}^m y_i^k$ 为第 i 个个体的收入, y_i^k 为第 i 个个体的第 k 项收入,则基于收入来源的基尼系数可分解为:

$$G = \sum_{k=1}^m \varphi_k \tilde{G}_k \tag{2.50}$$

设 ρ 为所有个体按总收入 Y 的排名向量, ρ_k 为所有个体按分项收入 Y_k 的排名向量,Pyatt 和 Chen(1980)指出,拟基尼系数的表达式如下:

$$\tilde{G}_k(Y, Y_k) = G(Y_k) \frac{COV(Y_k, \rho)}{COV(Y_k, \rho_k)} \tag{2.51}$$

对于拟基尼系数,Shorrocks(1982)的分解显示,拟基尼系数为:

$$\tilde{G}_k(Y, Y_k) = \frac{2}{n^2 u_k} \sum_{i=1}^n \left[\left(i - \frac{n+1}{2}\right) y_i^k \right] \tag{2.52}$$

式中 u_k 为第 k 项收入的均值,则基尼系数的收入来源分解式如下:

$$G(Y) = \sum_{k=1}^m \left[\varphi_k \frac{COV(Y_k, \rho)}{COV(Y_k, \rho_k)} G(Y_k) \right] \tag{2.53}$$

从上述分解式可以看出,存在有的收入项对总收入基尼系数的贡献为负值,其原因在于该分项收入与总收入排名负相关,即该分项收入的分布导致总收入的基尼系数下降。

事实上,不平等指数可以表示为个体收入的加权和(Shorrocks,1982),即有 $I(y) = \sum w_i(y) y_i$,从而有:

$$I(y) = \sum w_i(y) y_i = \sum w_i(y) \sum_{k=1}^m y_i^k = \sum_{k=1}^m \sum_i w_i(y) y_i^k = \sum_{k=1}^m S^k \tag{2.54}$$

式中 S^k 为第 k 分项收入对于总收入不平等的贡献,且有:

$$S^k = \sum_{i=1}^n w_i(y) y_i^k \tag{2.55}$$

就基尼系数而言,不妨设 $y_1 \leq y_2 \leq \cdots \leq y_n$,则有:

$$G = \frac{2}{n^2 u} \sum_{i=1}^n \left[\left(i - \frac{n+1}{2}\right) y_i \right] \tag{2.56}$$

从而有：

$$S_{Gini}^k = \sum_{i=1}^{n}(i - \frac{n+1}{2})y_i^k \qquad (2.57)$$

上式与 Fei 和 Ranis（1978）的分解结果相同，Fei 和 Ranis（1978）的分解结果为：

$$S_{Gini}^k = \varphi_k \frac{COV(Y_k,\rho)}{COV(Y_k,\rho_k)} G(Y_k) = \frac{u_k}{u} \frac{Corr(Y_k,\rho)}{Corr(Y_k,\rho_k)} G(Y_k) \qquad (2.58)$$

式中 $Corr(.,.)$ 表示相关系数。

综上所述，基尼系数按收入来源可以分解为：

$$G(Y) = \sum_{k=1}^{m} S_{Gini}^k = \sum_{k=1}^{m}[\varphi_k \frac{COV(Y_k,\rho)}{COV(Y_k,\rho_k)} G(Y_k)]$$

$$= \sum_{k=1}^{m}[\frac{2}{n^2 u}\sum_{i=1}^{n}(i - \frac{n+1}{2})y_i^k] \qquad (2.59)$$

（2）广义熵指数的收入来源分解

遵循 Shorrocks（1982）的分解思路，我们可以对广义熵指数按收入来源作如下分解：

当 $\alpha \neq 0,1$ 时，

$$GE = \frac{1}{\alpha(\alpha-1)}[\frac{1}{n}\sum_{i=1}^{n}(\frac{y_i}{u})^\alpha - 1] = \frac{1}{\alpha(\alpha-1)}$$

$$[\frac{1}{n}\sum_{i=1}^{n}(\frac{y_i}{u})^\alpha - \frac{1}{n}\sum_{i=1}^{n}\frac{y_i}{u}] = \frac{1}{n\alpha(\alpha-1)}$$

$$\sum_{i=1}^{n}[(\frac{y_i}{u})^\alpha - \frac{y_i}{u}] = \sum_{i=1}^{n}\{\frac{1}{n\alpha(\alpha-1)}[\frac{1}{u}(\frac{y_i}{u})^{\alpha-1} - \frac{1}{u}]y_i\}$$

$$= \sum_{i=1}^{n}\{\frac{1}{nu\alpha(\alpha-1)}[(\frac{y_i}{u})^{\alpha-1} - 1]y_i\} \qquad (2.60)$$

因此有 $w_i(y) = \frac{1}{nu\alpha(\alpha-1)}[(\frac{y_i}{u})^{\alpha-1} - 1]$，则第 k 分项收入对于总收入不平等的贡献为：

$$S_{GE}^k = \sum_{i=1}^{n} w_i(y)y_i^k = \frac{1}{nu\alpha(\alpha-1)}\sum_{i=1}^{n}\{[(\frac{y_i}{u})^{\alpha-1} - 1]y_i^k\} \qquad (2.61)$$

则当 $\alpha \neq 0$、1 时，广义熵指数按收入来源可以分解为：

$$GE = \sum_{k=1}^{m} S_{GE}^k = \sum_{k=1}^{m}[\frac{1}{nu\alpha(\alpha-1)}\sum_{i=1}^{n}\{[(\frac{y_i}{u})^{\alpha-1} - 1]y_i^k\}]$$

$$= \frac{1}{nu\alpha(\alpha-1)} \sum_{k=1}^{m} \sum_{i=1}^{n} \{[(\frac{y_i}{u})^{\alpha-1} - 1] y_i^k\} \quad (2.62)$$

当 $\alpha = 1$ 时,

$$GE = \frac{1}{n} \sum_{i=1}^{n} [\frac{y_i}{u} \ln(\frac{y_i}{u})] = \sum_{i=1}^{n} [\frac{1}{nu} \ln(\frac{y_i}{u})] y_i \quad (2.63)$$

因此有 $w_i(y) = \frac{1}{nu} \ln(\frac{y_i}{u})$,则第 k 分项收入对于总收入不平等的贡献为:

$$S_{GE}^k = \sum_{i=1}^{n} w_i(y) y_i^k = \frac{1}{nu} \sum_{i=1}^{n} [\ln(\frac{y_i}{u}) y_i^k] \quad (2.64)$$

则当 $\alpha = 1$ 时,广义熵指数按收入来源可以分解为:

$$GE = \sum_{k=1}^{m} S_{GE}^k = \sum_{k=1}^{m} \{\frac{1}{nu} \sum_{i=1}^{n} [\ln(\frac{y_i}{u}) y_i^k]\}$$

$$= \frac{1}{nu} \sum_{k=1}^{m} \sum_{i=1}^{n} [\ln(\frac{y_i}{u}) y_i^k] \quad (2.65)$$

同样,当 $\alpha = 0$ 时,

$$GE = \frac{1}{n} \sum_{i=1}^{n} \ln(\frac{u}{y_i}) = \sum_{i=1}^{n} [\frac{1}{ny_i} \ln(\frac{u}{y_i})] y_i \quad (2.66)$$

因此有 $w_i(y) = \frac{1}{ny_i} \ln(\frac{u}{y_i})$,则第 k 分项收入对于总收入不平等的贡献为:

$$S_{GE}^k = \sum_{i=1}^{n} w_i(y) y_i^k = \frac{1}{n} \sum_{i=1}^{n} [\frac{1}{y_i} \ln(\frac{u}{y_i}) y_i^k] \quad (2.67)$$

则当 $\alpha = 0$ 时,广义熵指数按收入来源可以分解为:

$$GE = \sum_{k=1}^{m} S_{GE}^k = \sum_{k=1}^{m} \{\frac{1}{n} \sum_{i=1}^{n} [\frac{1}{y_i} \ln(\frac{u}{y_i}) y_i^k]\}$$

$$= \frac{1}{n} \sum_{k=1}^{m} \sum_{i=1}^{n} [\frac{1}{y_i} \ln(\frac{u}{y_i}) y_i^k] \quad (2.68)$$

综上所述,广义熵指数按收入来源可以分解为:

$$GE = \begin{cases} \frac{1}{nu\alpha(\alpha-1)} \sum_{k=1}^{m} \sum_{i=1}^{n} \{[(\frac{y_i}{u})^{\alpha-1} - 1] y_i^k\}, \alpha \neq 0,1 \\ \frac{1}{nu} \sum_{k=1}^{m} \sum_{i=1}^{n} [\ln(\frac{y_i}{u}) y_i^k], \alpha = 1 \\ \frac{1}{n} \sum_{k=1}^{m} \sum_{i=1}^{n} [\frac{1}{y_i} \ln(\frac{u}{y_i}) y_i^k], \alpha = 0 \end{cases} \quad (2.69)$$

2. 基于收入群体的不平等分解

（1）基尼系数的子群分解

基尼系数子群分解的总体思路是分解为组内不平等、组间不平等和交互项。Bhattacharya 和 Mahalanobis（1967）在研究印度家庭消费的地区不平等时，将基尼系数分解为组内不平等和组间不平等，即对基尼平均差分解：

$$\Delta = E|x^{(1)} - x^{(2)}| = \sum p_i^2 \Delta_i + \sum_{i \neq j} p_i p_j \{E|x_i^{(1)} - x_j^{(2)}| - |\mu_i - \mu_j|\}$$

(2.70)

式中，$x^{(1)}$ 为第一子群的收入向量，p_i 为各子群所占人口比重。通过对基尼平均差的分解，进而可以将基尼系数分解为组内不平等项和组间不平等项。Bhattacharya 和 Mahalanobis（1967）指出，在子群收入分布不存在层迭（overlapping）情况下，基尼平均差的第二项将演变为 $\sum_{i \neq j} p_i p_j \{E|x_i^{(1)} - x_j^{(2)}|\}$。Pyatt（1976）认为，基尼系数事实上可以分为三个部分，即组内不平等、组间不平等和层迭项（交互项），但该分解方法计算复杂。遵循这一思路，基尼系数的分解表达式可表示为 $G = \sum w_i G_i + G_B + R$，其中 G_i 为各组组内基尼系数，w_i 为权重，反映了某个子群不平等程度的重要性，一般取该子群的平均收入占全社会平均收入的比重作为权重值，G_B 为组间基尼系数，R 为交互项。在具体计算上，只要先计算出总基尼系数、组内基尼系数和组间基尼系数，则可以反求交互项。

设有总人口数 n，不考虑人口子群分组，而只考虑收入高低排序，则对所有个体收入进行由低至高排序后得到收入向量 $Y = (y_1, y_2, \cdots, y_n)$，则对应的基尼系数 $G(Y)$ 即为总体基尼系数，设相应的 Lorenz 曲线设为 $L_Y(q)$。

假设将总人口数 n 分为 K 个子群，每个子群人口数为 $n_i (i = 1, 2, \cdots, K)$，每个子群的平均收入为 $\mu_i (i = 1, 2, \cdots, K)$，不妨设 $\mu_1 \leq \mu_2 \leq \cdots \leq u_k$，则收入向量可表示为：

$$Y^* = [(y_1^*, y_2^*, \cdots, y_{n_1}^*), (y_{n_1+1}^*, y_{n_1+2}^*, \cdots, y_{n_1+n_2}^*), \cdots, (y_{n_{k-1}+1}^*, y_{n_{k-1}+2}^*, \cdots, y_n^*)]$$
$$= [Y_1^*, Y_2^*, \cdots, Y_k^*] \quad (2.71)$$

其中 y_i^* 表示第 i 个个体的收入，若各组内的收入由低至高排序，例如对于第一组，其收入 $(y_1^*, y_2^*, \cdots, y_{n_1}^*)$ 为由低至高排序（其他组亦然），对上述收入向量，绘制累计人口比例所占收入比例，则得到收入集中曲线 $C_{Y^*}(q)$，其中横轴为累计人口比例，纵轴为相应人口所占的收入比例。需要指出的是，该曲线与 Lorenz 曲线不同，为分段折线。但由于各组内的收入按低到高排序，可以得到 $G_i = G(Y_i^*)$，即为各组的组内基尼系数。

同样，将各组个体的收入用本组的平均收入替代后，得到如下收入向量：

$$B = [(b_1, b_2, \cdots, b_{n_1}), (b_{n_1+1}, b_{n_1+2}, \cdots, b_{n_1+n_2}), \cdots, (b_{n_{k-1}+1}, b_{n_{k-1}+2}, \cdots, b_n)]$$
$$= [(\mu_1, \mu_1, \cdots, \mu_1), (\mu_2, \mu_2, \cdots, \mu_2), \cdots, (\mu_k, \mu_k, \cdots, \mu_k)] \quad (2.72)$$

式中 μ_i 为第 i 组本组的平均收入，则 $G(B)$ 即为组间的基尼系数，其对应的 Lorenz 曲线设为 $L_B(q)$。

从三个收入向量可以看出，曲线 $C_{Y^*}(q)$ 位置在其余两条曲线之上，Lorenz 曲线 $L_Y(q)$ 位置最低，而曲线 $L_B(q)$ 则位于二者中间，且与曲线 $C_{Y^*}(q)$ 可以有多个交点（见图 2-2）。

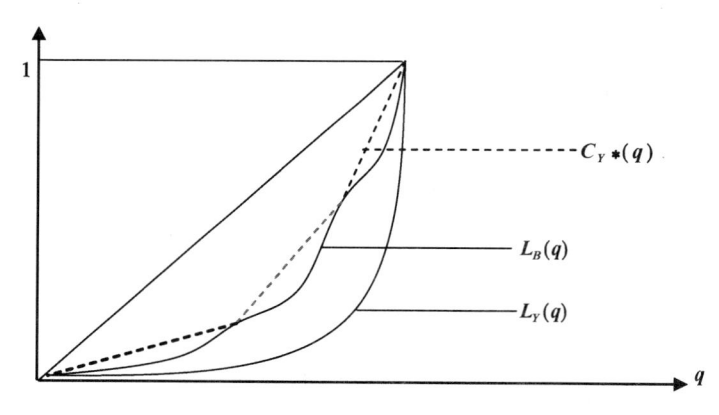

图 2-2 基于人口子群的基尼系数分解

设三个收入向量所对应的基尼系数如下：

曲线 $C_{Y^*}(q)$ 与平均线所围面积的 2 倍为 $G_C = 2\int_0^1 [q - C_{Y^*}(q)]dq$，

曲线 $L_B(q)$ 与平均线所围面积的 2 倍为 $G_B = 2\int_0^1 [q - L_B(q)]dq$，曲线

$L_Y(q)$ 与平均线所围面积的 2 倍为 $G = 2\int_0^1 [q - L_{Y^*}(q)]dq$，则上述曲线所围的 2 倍面积如下：

$$S_B = 2\int_0^1 [q - L_B(q)]dq = G_B \qquad (2.73)$$

$$S_w = 2\int_0^1 [C_{Y^*}(q) - L_B(q)]dq = G_C - G_B \qquad (2.74)$$

$$S_R = 2\int_0^1 [C_{Y^*}(q) - L_Y(q)]dq = G - G_C \qquad (2.75)$$

则有：
$$G = S_B + S_w + S_R = G_B + G_w + R = G_B + (G_C - G_B) + (G - G_C) \qquad (2.76)$$

Lambert 和 Aronson（1993）证明，$S_B = G_B$ 即为组间基尼系数，$S_w = \sum w_i G_i$ 即为组内基尼系数，$S_R = R$ 即为交叉项。事实上，在给出上述三个收入向量的情况下，我们可以进一步写出各基尼系数的表达式如下：

由收入向量 $Y = (y_1, y_2, \cdots, y_n)$，得到：

$$G = \frac{1}{2n^2 \bar{y}} \sum_{i=1}^n \sum_{j=1}^n |y_i - y_j| = \frac{2}{n^2 \bar{y}} \sum_{i=1}^n i y_i - \frac{n+1}{n} \qquad (2.77)$$

式中 i 为收入 y_i 在已排序收入向量 $(y_1, y_2, \cdots, y_n)$ 中的位序。

由收入向量：
$$B = [(b_1, b_2, \cdots, b_{n_1}), (b_{n_1+1}, b_{n_1+2}, \cdots, b_{n_1+n_2}), \cdots, (b_{n_{k-1}+1}, b_{n_{k-1}+2}, \cdots, b_n)]$$
$$= [(\mu_1, \mu_1, \cdots, \mu_1), (\mu_2, \mu_2, \cdots, \mu_2), \cdots, (\mu_k, \mu_k, \cdots, \mu_k)] \qquad (2.78)$$

得到：
$$G_B = \frac{1}{2n^2 \bar{y}} \sum_{j=1}^n \sum_{i=1}^n |b_i - b_j| = \frac{2}{n^2 \bar{y}} \sum_{i=1}^n \lambda b_i - \frac{n+1}{n} \qquad (2.79)$$

式中 λ 为收入 b_i 在所有收入，即以下收入向量中的位序：

$$[(b_1, b_2, \cdots, b_{n_1}), (b_{n_1+1}, b_{n_1+2}, \cdots, b_{n_1+n_2}), \cdots, (b_{n_{k-1}+1}, b_{n_{k-1}+2}, \cdots, b_n)] \qquad (2.80)$$

由收入向量：
$$Y^* = [(y_1^*, y_2^*, \cdots, y_{n_1}^*), (y_{n_1+1}^*, y_{n_1+2}^*, \cdots, y_{n_1+n_2}^*), \cdots, (y_{n_{k-1}+1}^*, y_{n_{k-1}+2}^*, \cdots, y_n^*)]$$
$$= [Y_1^*, Y_2^*, \cdots, Y_k^*] \qquad (2.81)$$

得到：
$$G_C = \frac{1}{2n^2 \bar{y}} \sum_{j=1}^n \sum_{i=1}^n |y_i^* - y_j^*| = \frac{2}{n^2 \bar{y}} \sum_{j=1}^n i^* y_i^* - \frac{n+1}{n} \qquad (2.82)$$

式中 i^* 为收入 y_i^* 在以下收入向量中的位序：

$$[(y_1^*, y_2^*, \cdots, y_{n_1}^*), (y_{n_i+1}^*, y_{n_i+2}^*, \cdots, y_{n_i+n_2}^*), \cdots (y_{n_{k-1}+1}^*, y_{n_{k-1}+2}^*, \cdots, y_n^*)]$$

(2.83)

由此得：

$$R = G - G_C = \left(\frac{2}{n^2 y} \sum_{i=1}^n i y_i - \frac{n+1}{n}\right) - \left(\frac{2}{n^2 y} \sum_{j=1}^n i^* y_i^* - \frac{n+1}{n}\right)$$

(2.84)

其含义为，各个体按照人口子群归类后因收入排序的变化而造成的基尼系数的变动。

(2) 广义熵指数的子群分解

Litchfield (1999) 给出了广义熵指数子群分解的一般公式如下：

$$GE = GE_w + GE_B = \sum_{j=1}^k w_j GE(\alpha)_j + \frac{1}{\alpha(\alpha-1)}\left[\sum_{j=1}^k f_i \left(\frac{u_j}{u}\right)^{\alpha-1} - 1\right]$$

(2.85)

式中，GE_w 为组内广义熵指数，GE_B 为组间广义熵指数，$w_j = s_j^\alpha f_j^{1-\alpha}$，$s_j$ 为子群 j 的收入占总收入的比重，f_j 为子群 j 所占人口比重，u_j 为子群 j 的平均收入，u 为全部人口的平均收入。对于广义熵指数，可以进一步分解为如下形式的组间熵指数 GE_B 和组内熵指数 GE_w：

$$GE = \begin{cases} GE_w + GE_B = \sum_{j=1}^k [s_j^\alpha f_j^{1-\alpha} GE_j] + \frac{1}{\alpha(\alpha-1)} \sum_{j=1}^k \left\{f_j\left[\left(\frac{u_j}{u}\right)^{\alpha-1} - 1\right]\right\}, \alpha \neq 0,1 \\ GE_w + GE_B = \sum_{j=1}^k [s_j f_j GE_j] + \sum_{j=1}^k \left[s_j f_j \ln \frac{u_j}{u}\right], \alpha = 1 \\ GE_w + GE_B = \sum_{j=1}^k [f_j GE_j] + \sum_{j=1}^k \left[f_i \ln \frac{u}{u_j}\right], \alpha = 0 \end{cases}$$

(2.86)

3. 基于回归的不平等分解

通过基于收入来源或人口子群的不平等分解可以了解组间的不平等和组内不平等情况，但就收入或消费而言，影响其水平高低的因素十分复杂，例如性别、学历、家庭禀赋等因素都对收入存在显著影响，进而影响不平等程度。尽管我们可以将不平等按这些维度来进行分解，但很显然，采用回归方法研究这些因素对不平等的影响也成为一种自然选择。

Fields 和 Yoo (2000) 在研究韩国劳动力收入不平等时，采用半对数收入决定模型：

$$\ln(Y) = \alpha + \sum_{i=1}^{m}\beta_i x_i + \varepsilon = \sum_{i=0}^{m+1}\beta_i z_i = \beta' Z \qquad (2.87)$$

其中 $\beta = [\alpha,\beta_1,\beta_2\cdots,\beta_m,1]$，$Z = [1,x_1,x_2\cdots,x_m,\varepsilon]$，以变异系数而论，各变量对不平等的绝对贡献比例为：

$$s_j(\ln Y) = \text{cov}(\beta_j Z_j, \ln Y)/\sigma^2(\ln Y) = \frac{\beta_j \sigma(Z_j) \text{corr}(Z_j, \ln Y)}{\sigma(\ln Y)} \qquad (2.88)$$

Fields 和 Yoo（2000）以收入对数的变异系数平方作为不平等测度指标，研究了婚姻、性别、文化程度等对收入不平等的影响。此外，Morduch 和 Sicular（2002）基于 Shorrocks（1982）的不平等分解思路，采用线性函数模型研究了人均土地面积、家庭规模等因素对泰尔-T 指数、基尼系数等不平等指标的影响，但其常数项和随机项对不平等贡献的分解不符合 Shorrocks（1999）的分解法则，因而存在一定的缺陷（万广华，2004）。对此，万广华（2004）给出的解决办法是，令 $Y = a + \sum_{i=1}^{m}\beta_i x_i + \varepsilon = a + \tilde{Y} + \varepsilon = Y^* + \varepsilon$，则随机项对不平等的绝对贡献为：

$$C_\varepsilon = I(Y) - I(Y^*) \qquad (2.89)$$

在分解出随机项的不平等贡献后，由 $a + \tilde{Y} = Y^*$，得到 $I(Y^* | \alpha = 0) = I(\tilde{Y})$，从而常数项的不平等贡献为 $C_a = I(Y^*) - I(\tilde{Y})$。

第四节 社会分层理论

一 社会分层的含义

由于本书在经济增长利群研究中，群体的划分依据社会阶层来进行，因此在这里就社会分层方法进行文献梳理。

社会分层作为一种关系概念与两位伟大的德国学者有关，一位是马克思，另一位是韦伯，马克思从所有制和生产关系出发，将社会分为无产阶级和资本家。韦伯则更为关注生活机会，这种机会更多地取决于市场因素，诸如技能、教育、财产等。马克思关注的是对劳动的占有或控制，而韦伯更为关注对市场资本的占有或控制。但两者都关注到了经济权力的控制问题，只不过马克思关注与生产有关的经济权力控制，韦伯则关注与分配有关的经济权力控制（Jeremy Seekings，2003）。

从马克思与韦伯的阶层划分中，我们可以看出，社会阶层与资源控制有关。因此，社会阶层实际上是具有相似的资源控制组合和资源控制力的已利益分化的相对稳定的集团。从资源角度上看，阶层是对各种有形资源（如财产、收入、土地、劳动力等）和无形资源（如声望、权力、机会等）的组合控制。

二 社会分层的方法

目前，学术界更多的是采纳韦伯的多元分层模式，主要从职业、收入、消费或其他变量方面进行社会分层。

（1）职业分层。职业分层依据西方多元社会分层理论的职业标准进行分类（万能，2009），陆学艺（1989、1990）按照职业类型，将中国农民分为农业劳动者、农民工、雇工、农民知识分子、个体劳动者和个体工商户、私营企业主、乡镇企业管理者、农村管理者共8个阶层。宋镇修（1989）按照职业分层，将我国农民划分为农业生产经营者、亦工亦农者、乡镇集体企业劳动者、乡镇集体企业管理者、乡镇私营企业者（包括个体间联营、个体户）、农村基层干部、全民职工共7个阶层。

林后春（1991）对农民社会分层的方法、分层标准和操作指标作了梳理，并将中国农民详细地划分为17个阶层。

周批改（2002）对改革开放以来中国农民的职业分化和阶层分化作了详尽梳理，认为陆学艺的划分比较切合中国农村实际，影响大，学术界较为认可。但也有学者认为，由于20世纪90年代以后，中国农村的农民发生了较大的分化，例如出现了大量的农民务工人员，个体经营者和私营企业主也有了快速发展（龚维斌，2003），因此陆学艺的划分方法已经不再适应我国农民分化的特点。此外，Walder（2002）根据1996年的调查，将中国农民划分为农业劳动者、非农雇工、个体经营者、私营企业主、集体企业管理者、村干部、县干部7个等级。

2003年，陆学艺又将中国社会结构划分为10个阶层：国家与社会管理者、经理人员、私营企业主、专业技术人员、办事人员、个体工商户、商业服务人员、产业工人、农业劳动者、城乡无业（失业、半失业）者。陆学艺（2003）还认为，这10个阶层的社会地位由其所拥有的组织资源、经济资源和文化资源数量所决定。其中，国家与社会管理者、经理人员、私营企业主和专业技术人员位于最高的社会地位，商业服务人员、产业工人、农业劳动者位于社会地位的中层，城乡无业、失业半失业者位于社会的底层。

（2）收入分层。收入分层则以个人收入来分层，宋镇修（1989）依据收入分层，把中国农民分为小康、宽裕、温饱、贫困4个阶层；唐忠新（1998）则将农民分为贫困者、中等收入者、新富者3个阶层。此外可以划分为一般收入阶层、中等收入阶层、高收入阶层3个阶层，也可划分为富裕型、温饱型、贫困型3个阶层（林后春，1991）。

何军明（2009）还专门就城乡中等收入阶层的划分做了研究，他认为，应当对农村和城市的中等收入阶层区别开来进行划分，并且还认为，收入划分的标准有两个，一个是相对标准，即收入的相对水平，这个相对水平不是我国居民收入的简单算术平均，应具有超前性；另一个是绝对标准，主要是利用恩格尔系数。

（3）消费分层。随着学者对于消费贫困关注的增强，近年来，从消费角度去研究农民的阶层分化逐渐得到学者的重视。刘成斌（2005）利用浙江省10个村的调查数据，从日常消费角度出发，依据日常消费额、日常消费水平（恩格尔系数）、房屋面积与价值等角度对浙江农村的农民阶层划分进行了研究，依据日常消费额将农民划分为上层、中上层、中层、中下层、下层5个层次，并指出，浙江省农村社会已初步形成"橄榄型"的阶层结构。陈文超（2006）通过对湖北省襄樊市下面的一个村庄的研究表明，农民的消费表现呈现出符号性、竞争性、超前性和非理性化趋势，农民的消费的主要形式有表达性、娱乐性、时尚性、仪式性、必需性消费等形式。农民的阶层分化也从仪式性、时尚性和娱乐性方面的消费差异呈现出来。并将农民阶层划分为炫耀型消费、攀比型消费、实用型消费、生存型消费、贫困型消费5大阶层。

（4）多元分层。多元分层主要是依据其他特征或特征组合进行社会分层研究。例如，林后春（1991）将中国农民划分为17个阶层：单纯农民劳动者、兼业为辅的第一兼业农阶层、兼业为主的第二兼业农阶层、不稳定兼业农阶层、农村工人、城市农民工、农民企业家、农村文化阶层、农村技术阶层、农村乡务管理者、乡镇企业管理者、个体劳动者和个体工商户、私营企业主、宗教职业者、游民、反社会阶层、准社会阶层。严振书（2010）从收入、教育、权力、职业四个维度将我国社会划分为8个阶层，即国家与社会管理者、企业管理者、专业技术人员、办事人员、自雇人员、城镇体力劳动者、农业劳动者以及城乡无业（失业、半失业）者阶层。段华明（1990）通过对不发达地区的抽样调查和典型调查，将农民划分为普通农户、承包专业户、经营个体户、亦工亦农户、贫困户、农民知识分子、农村管理者7个阶层。

邹农俭（1999）认为有关农村社会分层的研究存在标准不统一、阶层划分混乱的状况，并且认为在多元标准划分时，没有明确各划分标准的权重或划分次序。邹农俭（1999）提出了先按一级标准（职业性质）划分，在一级标准无法加以区分的阶层中再采用二级标准（社会地位）来划分。其中，按一级标准划分的阶层是农业劳动者、亦工亦农者、乡村干部、乡镇企业管理者、知识分子；按二级标准划分的阶层是私营企业主、个体工商户、雇工。比如亦工亦农者、乡镇企业管理者可以按照二级标准再划分。

林坚、马彦丽（2006）基于全国1185分调查问卷，在以陆学艺、张厚义的职业分层基础上，结合职业美誉度，对农民的社会分层进行了归类，将农民划分为上、中上、中下和下层四个阶层。其中上层由私营企业主、乡镇企业管理者和农村管理者构成；中上层由个体工商户和农村智力劳动者构成；中下层由雇工和农民工构成；下层则为纯农业劳动者。

王刘玉等（2009）将我国的阶层划分为主体阶层、新生阶层和过渡阶层3个类型共15个阶层。其中，主体阶层包括产业工人、农业劳动者、国家和社会管理者、经理人员、专业技术人员、商业服务业员工；新生阶层包括民营科技企业的创业人员和技术人员、受聘于外资企业的管理技术人员、中介组织的从业人员、自由职业人员、个体工商户、私营企业主；过渡阶层包括城乡失业、半失业人员、退休职工、防卫阶层。

此外，张翼（2009）利用赖特模型从权力资本、技术资本、生产资料的占有方式等角度结合中国社会现实特点，将中国社会阶层划分为雇主阶层、自雇阶层、农民阶级、新中产阶层、工人阶级五个阶级或阶层。

朱力（2005）认为劳动分工与职业性质已成为判别阶层身份的主要标准。

综上所述，本书认为，按职业性质同时兼顾社会地位的社会分层较为合理，比较符合大众的认知，并且容易为公众所认可。为了研究不同职业人群分享经济发展成果方面的差异，有必要按职业分层来测度经济增长的利群情况。

第五节　本章小结

本章依据论文研究需要，依次对贫困的定义与测度、贫困线的定义与测度、利贫增长的定义与测度、利贫增长效应分解和不平等的测度与分解进行了文献综述与评价。综合以上分析，可以得出以下几点认识：

（1）贫困的测度的主要三种方法，即贫困发生率、贫困深度和贫困强度，虽然能弥补贫困测度中的某一方面缺憾，但仍然无法满足 Sen（1976）的十二个基本公理，这三个贫困测度指标依然是缺乏一定的合理性。然而，这是目前最具直观意义的贫困测度指标，因而尽管不能满足所有公理性标准，但仍不失为一个可采纳的指标。

（2）由于利贫增长测度实际上是在对贫困变化的效应分解基础上构建相应的利贫增长指数，因此，贫困测度中的缺憾也相应地体现在利贫增长测度之中，对于这一点，需要我们对于利贫增长测度要有一个清醒的认知。

（3）在不平等测度与分解上，本章主要梳理了基尼系数、广义熵指数、阿特金森指数这三个经典不平等指数，并详细介绍了前两个不平等指数的分解，由于基尼系数的取值范围在 0 与 1 之间，因此，尽管广义熵指数的分解符合可分解性公理，但由于其取值不在 0 与 1 之间，显然不如基尼系数直观。基尼系数尽管取值上比较直观，但并不满足可分解性公理，除非各子群的收入区间没有层迭，否则其分解结果始终含有交叉项。尽管万广华（2004）认为，在研究不平等时最好多指标同时使用，在研究不平等分解时更注重可分解性。但显然，不平等分解是与度量方法紧密联系的，接受可分解的优点，则意味着必须接受度量的缺点，接受度量的优点则意味着必须接受可分解的缺憾，因此这实际上是一个取舍的问题。本书认为，由于基尼系数度量上的优点，在交叉项的贡献相对较小的情况下，采用基尼系数进行度量和分解较为合适。在交叉项比较严重的情况下，为了更明显分解出组内贡献和组间贡献，采用广义熵指数较为合适。

（4）在群体划分方面，本章主要依据研究需要，从社会阶层角度对群体划分方法进行了梳理，尽管存在从职业、收入、消费或多元角度的社会阶层划分方法，但无疑按职业性质进行社会阶层划分比较实用，也容易为社会大众所认可，因为职业性质背后隐藏的是社会地位差异，这一点是比较明确的，而按收入或消费来划分社会阶层，则其与社会地位的对应性就存在一定的不确定性，也就是说某些高收入个体并不一定意味着拥有较高的社会地位，因此其掌握的社会资源或政治资源可能是十分有限的。

第三章

中国动态贫困与收入转移

尽管有诸多文献研究贫困问题，但基本局限于农村贫困（周建华，2011；王祖祥，2006；胡兵，2005；林伯强，2003）或城镇贫困（夏庆杰，2007；肖文涛，1997），只有陈绍华（2001）从全国层面对中国贫困发生率进行了相关研究，并且贫困线设置了每人每天0.5—2.5美元等九个等级，但其研究时间仅局限于1990—1999年，且仅研究消费贫困而非收入贫困。本章首先从动态贫困角度分析全国以及城乡贫困发生率，以期对贫困随经济发展的变化有个整体脉络把握。

第一节 中国动态贫困评估

一 贫困发生率

由于国家公布的贫困线标准偏低，这里以1美元、1.25美元和相对贫困线作为贫困标准，也便于与陈绍华（2001）的研究结果进行对比。此外，尽管常见的贫困测度方法有贫困发生率、收入缺口比率、Sen贫困指数以及FGT贫困指数等，但由于贫困发生率最为简便，指标含义相当直观，因此这里仅就贫困发生率的变化作为动态贫困研究指标。1989—2009年中国收入贫困发生率见表3-1。

以1美元为贫困线标准，1989—2009年，全国贫困发生率从29.1%下降到8.1%，20年间下降了21个百分点，平均每年下降约1个百分点，但在下降过程中局部时段有所波动。具体呈现如下四个阶段特征：一是1989—1993年缓慢下降阶段，四年时间，全国贫困发生率下降了1.6个百分点；二是快速下降阶段，1993—1997年，全国贫困发生率从27.5%快速地下降到16.1%，四年时间，全国贫困发生率下降了11.4个百分点，其主要贡献来自农村贫困发生率的大幅度下降，农村贫困发生率从32.2%快速下降到17.5%；三是脱贫攻坚阶段，1997—2000年，全国贫困发生率有所反弹，从16.1%微升至16.5%；四是稳步下降阶段，全国贫困发生率从2000年的16.5%稳步下降到2009年的8.1%。

表3-1　　　　　　　1989—2009年中国收入贫困发生率　　　　　　单位:%

年份 地区	1989	1991	1993	1997	2000	2004	2006	2009
贫困线=1美元								
农村	36.6	33.8	32.2	17.5	18.2	14.9	12.4	8.3
城镇	13.9	16.8	16.9	12.6	11.3	10.5	11.1	8.0
全国	29.1	28.3	27.5	16.1	16.5	13.9	12.1	8.1
贫困线=1.25美元								
农村	48.0	46.7	43.9	25.2	24.5	20.1	17.0	10.7
城镇	23.7	26.2	24.9	17.7	13.6	14.8	12.7	9.9
全国	40.0	40.1	38.1	23.2	21.7	18.9	16.0	10.5
贫困线=相对贫困线								
农村	23.3	20.0	21.7	23.0	30.1	32.1	34.2	31.8
城镇	7.6	9.9	11.2	16.1	16.1	19.7	21.6	23.3
全国	18.1	16.6	18.5	21.1	26.6	29.2	31.3	30.1

整体来看，由于中国农村人口占绝大多数，因此全国层面贫困发生率的变化趋势取决于农村贫困状况的变化。并且，随着时间推移，农村贫困发生率与城镇贫困发生率有趋同的趋势，考虑到城镇贫困发生率下降缓慢的现实，说明当前那些处于贫困状态的农村家庭，其脱贫难度更大。进一步考虑到农村家庭仍占多数的现实，因此，未来的脱贫工作，一方面需要兼顾城镇贫困家庭，另一方面还需要对农村贫困家庭有所侧重。

如果以1.25美元为贫困标准，则2009年，全国的贫困发生率为10.5%，较1美元贫困标准的全国贫困发生率提高2.4个百分点。但如果以相对贫困线来衡量，则2009年，全国贫困发生率达到30.1%，其中农村贫困发生率要大大高于城镇贫困发生率，说明整体上农村低收入家庭较多，农村贫困发生率对贫困线的提高更为敏感。

如果与以国家贫困线衡量的贫困发生率相比（见表3-2），则本书按以1美元为贫困标准计算的收入贫困发生率远高于国家公布的贫困发生率。也就是说，国家贫困线标准偏低，这一观点为多数学者所认可，如张全红等（2010）认为，如果按照中国官方公布的贫困线标准来计算贫困发生率，会导致严重低估贫困程度。

表3-2　　　　1989—2009年中国农村贫困发生率（国家贫困线）　　　单位：元

年　份	1989	1990	1991	1992	1993	1994	1995
贫困线	259	300	307	317	350	440	530
贫困发生率（%）	11.6	9.4	10.4	8.8	8.2	7.7	7.1
年　份	1996	1997	1998	1999	2000	2001	2002
贫困线	580	640	635	625	865	872	869
贫困发生率（%）	6.3	5.4	4.6	3.7	10.2	9.8	9.2
年　份	2003	2004	2005	2006	2007	2008	2009
贫困线	882	924	944	958	1067	1196	1196
贫困发生率（%）	9.1	8.1	6.8	6.0	4.6	4.2	3.8

资料来源：《中国农村贫困检测报告—2003》，1993年、1996年数据来自《中国战胜农村贫困：世界银行国别报告》，2000年后数据来自《中国农村贫困检测报告—2010》。

与陈绍华（2001）的中国消费贫困发生率相比较（见表3-3），可以发现，首先中国消费贫困发生率要略高于收入贫困发生率，如以1美元为贫困标准，1993年全国消费贫困发生率为29.4%，要略高于收入贫困发生率27.5%，同样，1997年的全国消费贫困发生率17%也略高于当年的收入贫困发生率16.1%。其次，更为重要的是，从收入贫困角度看，农村收入贫困发生率与城镇收入贫困发生率具有趋同趋势，但若从消费贫困看，农村消费贫困发生率一直大大高于城镇消费贫困发生率，城镇消费贫困发生率一直处于相当低的水平。也就是说，尽管农村贫困阶层与城镇贫困阶层的收入差距不大，但城镇贫困阶层的生活消费水平要较农村贫困阶层要高。从这个角度看，扶贫政策仍应以农村贫困阶层为重点。

表3-3　　　　　1990—1999年中国消费贫困发生率　　　　　单位：%

年　份	1990	1992	1993	1994	1995	1996	1997	1998	1999
农村									
贫困线=1美元	42.5	40.6	40.6	34.6	30.8	24.1	24.0	24.1	24.9
贫困线=1.25美元	60.3	57.6	56.4	50.2	44.7	37.1	36.6	37.2	37.7

续表

年 份	1990	1992	1993	1994	1995	1996	1997	1998	1999
贫困线＝2美元	87.6	85.7	84.4	80.3	75.8	68.7	67.9	69.0	68.7
城镇									
贫困线＝1美元	1.0	0.8	0.7	0.9	0.6	0.5	0.5	1.0	0.5
贫困线＝1.25美元	4.3	1.8	1.8	2.1	1.4	1.1	1.2	1.9	1.1
贫困线＝2美元	20.7	13.2	13.8	13.5	9.7	9.3	9.1	9.0	6.8
全国									
贫困线＝1美元	31.5	29.6	29.4	25.0	22.0	17.2	17.0	17.1	17.4
贫困线＝1.25美元	45.5	45.2	41.1	36.4	32.1	26.5	26.0	26.4	26.4
贫困线＝2美元	69.9	65.7	64.5	61.2	56.6	51.3	50.3	50.7	49.6

资料来源：陈绍华：《中国经济的增长和贫困的减少——1990—1999年的趋势研究》，《财经研究》2001年第9期。

二 长期贫困与暂时贫困

世界银行在《1990年世界发展报告》中指出，长期贫困是指有些人口长期处于贫困状态（至少持续5年以上），虽经扶助也难以脱贫。暂时性贫困则是指在一定时期（通常是5年）内入贫与脱贫这一现象。Bane和Ellwood（1986）对动态贫困的研究发现，上年度的贫困人口中仍有45%的人会在下一年度依然处于贫困状态，然而，仅有12%的人口在10年内一直处于贫困状态。Jalan和Ravallian（1998、2000）对中国农村总体贫困的分解研究发现，暂时性贫困占总体贫困的比例为49.39%，他们认为长期性贫困与暂时性贫困的影响因素是不同的。在国内，张立冬（2009）等利用1988—2003年CHNS农村家庭收入调查数据，研究了中国农村贫困的变化情况，该研究发现，中国农村贫困更多呈现出一种暂时性贫困，脱贫现象与返贫现象二者并存。并且，收入分布也影响不同贫困家庭的脱贫概率，离贫困线越近，贫困家庭在下一年更易脱离贫困；离贫困线越远，贫困家庭在下一年脱离贫困的可能性越低，但其并未对影响长期贫困的因素进行深入研究。岳希明等（2007）沿用Rodgers（1993）的方法对长期贫困和暂时性贫困的决定因素进行分析，研究发现中国农村贫困群体大部分为暂时性贫困，并且认为，随机性因素导致暂时性贫困，而长期贫困是由于一些短期内无法克服的因素造成的。陈光金以2006年全国抽样调查中的农村住户为单位,研究发现,人力资本短缺、物质资源不足、社会结构制约和社会排斥等问题,可以部分地或不同程度地解释贫困的成因,并且他认为农村反贫困战略应当重点解决长期性贫困,该文的研究结论具有重要的借鉴意义。结合已有研究,本部分从长期贫困角度出发,对中国长期贫困发生的程度、特征进行研究。

在经过一定时期的经济发展后,中国城市与农村又有多少家庭能有机会脱离贫困呢?为此,本书计算了1989—2009年各家庭经历过贫困的年份数,如表3-4所示。如果从低贫困线看(如每人每天1美元),则中国家庭几乎没有持续贫困20年以上的。但如果从更高的贫困标准去衡量(例如每人每天1.25美元),则从1989年到2009年,中国农村和城市仍有0.2%和0.1%的家庭未脱离贫困。

如果以贫困持续4年以上为长期贫困,4年以内的为暂时贫困,按1美元贫困线看,农村暂时贫困比例为18.3%,长期贫困比例15.2%。城市暂时贫困比例为5.4%,长期贫困比例为3.6%。可见农村长期贫困比例与暂时贫困比例均要高于城市,农村贫困家庭的脱贫难度更大。

从脱贫难易程度看,以1美元为贫困线标准,当年贫困的家庭在8年内脱贫机会要大于随后几年的脱贫机会。如1989年贫困的家庭在两年后(1991年)仍然贫困的比例从14%下降到7.8%,1989年贫困的家庭中只有3.4%的家庭8年后仍处于贫困状态。无论以哪种贫困线来衡量,8年时间为中国家庭脱离贫困的关键时段。事实上,随着原来贫困家庭的不断脱贫,剩下的家庭几乎是处于长期贫困的家庭,因此这些家庭脱贫的可能性要远远小于暂时性贫困的家庭。从扶贫政策角度看,我们更应关注长期贫困家庭的脱贫问题。

表3-4 经历不同年数贫困的家庭比例 单位:%

贫困线	经历贫困年份数	农村	城市	平均
绝对贫困线:1美元	2	18.3	5.4	14.0
	4	10.3	2.8	7.8
	8	3.1	0.7	2.3
	11	1.4	0.1	0.9
	15	0.4	0.0	0.2
	17	0.0	0.0	0.0
	20	0.0	0.0	0.0

续表

贫困线	经历贫困年份数	农村	城市	平均
绝对贫困线：1.25美元	2	29.3	11.9	23.5
	4	19.3	6.6	15.1
	8	7.7	1.9	5.7
	11	3.9	0.5	2.8
	15	1.4	0.2	1.0
	17	0.5	0.1	0.4
	20	0.2	0.1	0.2
相对贫困线：50%中位数	2	8.4	1.9	6.2
	4	4.0	0.8	2.9
	8	1.6	0.3	1.1
	11	0.9	0.0	0.6
	15	0.6	0.0	0.4
	17	0.4	0.0	0.3
	20	0.3	0.0	0.2

第二节 脱贫与返贫

一 富人入贫与穷人脱贫

这里的入贫指原先非贫困的家庭因某种原因而陷入贫困，脱贫是指原来贫困的家庭因收入增加而摆脱贫困。

1. 富人入贫

由于收入流动性原因，上年中贫困的家庭中必然有一部分有可能在次年或随后几年中脱离贫困，也有的家庭则可能长期处于贫困状态。相应地，非贫困家庭中也会有一部分家庭进入贫困。那么，长期看哪些家庭更易脱离贫困或进入贫困呢？以1美元和相对贫困线为贫困线标准，本书考察了1989年的非贫困家庭在2年（1991年）、4年（1993年）、8年（1997年）以及20年（即2009年）之后，有哪些家庭容易脱离（或进入）贫困。我们把1989年的非贫困家庭按人均收入由低到高划分为十个组，考察其后各年进入贫困的可能性。

对于非贫困家庭而言，越靠近贫困线，其返贫的比例越高。例如，按贫困线1美元计算（见表3–5），1989—1991年，最接近贫困线的10%的非贫困家庭中，有37.8%的家庭进入贫困，而离贫困线最远的非贫困家庭中，只有19.8%的家庭进入贫困。需要指出的是，1989年中国贫富差距并不是很大，因此，短期内非贫困家庭的返贫比例较高，由于1989年的调查样本在15年后追踪调查时所剩样本量有所欠缺，因此，表中15—20年后不同收入水平非贫困家庭的返贫比例呈现出较大差异。

表3–5　1989年非贫困的家庭不同年份后的返贫比例（1美元贫困线）　　单位:%

非贫困家庭	2年后	4年后	8年后	11年后	15年后	17年后	20年后	合计
0—10	37.8	20.9	4.1	6.8	2.7	1.4	0.0	73.7
10—20	33.3	19.2	2.5	3.3	3.3	3.3	0.0	64.9
20—30	29.5	11.5	7.4	5.7	3.3	3.3	2.5	63.2
30—40	26.2	12.6	4.9	2.9	4.9	1.9	1.9	55.3
40—50	22.5	10.8	1.8	4.5	2.7	1.8	0.0	44.1
50—60	16.7	17.6	4.9	5.9	2.9	6.9	1.0	55.9
60—70	14.0	16.0	3.0	1.0	8.0	4.0	1.0	47
70—80	19.2	13.1	6.1	0.0	1.0	4.0	0.0	43.4
80—90	15.6	7.4	3.3	4.9	2.5	3.3	3.3	40.3
90—100	19.8	10.9	5.0	2.0	4.0	5.0	1.0	47.7
合计	24.2	14.2	4.3	3.9	3.5	3.4	1.1	54.6

以相对贫困线衡量（见表3–6），短期内位于贫困线附近的非贫困家庭整体上更易陷入贫困，但随着时间的推移，1989年非贫困的家庭，在随后陷入贫困的概率与位于贫困线附近的非贫困家庭具有趋同趋势。也就是说早期位于贫困线附近的非贫困家庭保持稳定富裕的能力较弱，并且时间越长，各富裕阶层保持稳定富裕的能力并无显著差异，其陷入贫困的概率趋同。

表3–6　1989年非贫困的家庭不同年份后的返贫比例（相对贫困线）　　单位:%

非贫困家庭	2年后	4年后	8年后	11年后	15年后	17年后	20年后	合计
0—10	25.9	17.5	12.0	13.3	10.2	3.0	1.8	83.7
10—20	21.9	16.0	12.4	13.6	7.7	5.9	2.4	79.9
20—30	15.4	18.2	8.4	11.2	9.1	9.8	3.5	75.6
30—40	16.2	8.5	9.2	12.7	7.0	4.2	4.9	62.7
40—50	10.1	11.8	12.6	12.6	6.7	3.4	5.0	62.2

续表

非贫困家庭	2年后	4年后	8年后	11年后	15年后	17年后	20年后	合计
50—60	9.4	11.8	5.5	16.5	7.1	5.5	3.1	58.9
60—70	9.8	13.4	9.8	7.1	8.0	9.8	3.6	61.5
70—80	5.9	12.6	10.9	2.5	7.6	8.4	5.0	52.9
80—90	9.4	5.5	4.7	16.4	3.9	9.4	5.5	54.8
90—100	11.3	7.3	5.6	5.6	9.7	8.9	5.6	54
合计	14.3	12.5	9.3	11.4	7.8	6.7	3.9	65.9

2. 穷人脱贫

与上文类似，我们把1989年的贫困家庭按人均收入由低到高划分为十个组，考察其后各年脱离贫困的可能性。首先，短期内，离贫困线越远的家庭，其脱贫能力越低。以1美元为贫困标准（见表3-7），短期内，中上贫困阶层的脱贫能力要高于低收入贫困阶层，例如2年及4年后累计脱贫的家庭比例方面，中上贫困阶层均高于低收入贫困阶层。其次，随时间推移，低收入贫困阶层的脱贫能力在增强，到8年后，除位于收入10%分位以下的极度贫困家庭累计脱贫比例略低外，其他分位的贫困家庭的累计脱贫比例差异并不是很大。

表3-7 1989年贫困的家庭不同年份后的累计脱贫比例（1美元贫困线） 单位:%

贫困家庭	2年后	4年后	8年后	11年后	15年后	17年后	20年后
0—10	50	61.1	80.5	86.1	94.4	94.4	100
10—20	30.2	52.4	85.7	95.2	96.8	96.8	100
20—30	26.7	63.4	93.4	95.1	100	100	100
30—40	39.7	65.1	92.1	96.9	100	100	100
40—50	38.8	62.7	86.6	95.6	98.6	98.6	100
50—60	50.0	78.1	92.2	100			
60—70	64.1	79.7	95.3	100			
70—80	67.2	80.3	93.4	98.3	100		
80—90	47.2	77.4	86.8	96.2	100		
90—100	54.2	74.5	88.1	98.3	100		
合计	46.6	69.7	89.9	96.7	99.2	100	

考虑到 2000 年以后，按每人每天 1 美元标准的贫困线较低，我们以相对贫困线来衡量，对脱贫情况作进一步分析（见表 3-8）。

表 3-8　1989 年贫困的家庭不同年份后的累计脱贫比例（相对贫困线）　　单位：%

贫困家庭	2 年后	4 年后	8 年后	11 年后	15 年后	17 年后	20 年后
0—10	57.7	65.4	88.5	88.5	92.3	96.1	96.1
10—20	48.0	72.0	84.0	92.0	92.0	92.0	92.0
20—30	52.6	71.0	92.1	94.7	94.7	94.7	94.7
30—40	56.1	73.2	90.3	92.7	95.1	97.5	97.5
40—50	50.0	83.3	88.9	91.7	97.3	97.3	100
50—60	59.0	89.8	97.5	100			
60—70	59.5	78.5	88.0	97.5	97.5	97.5	97.5
70—80	65.9	85.4	95.2	97.6	97.6	97.6	97.6
80—90	75.0	87.5	95.0	95.0	100		
90—100	82.9	100					
合计	61.5	81.6	92.4	95.4	97.0	97.5	97.8

可以看出，若以相对贫困线来衡量，则 1989 年位于相对贫困线附近的贫困家庭在 4 年后即脱离贫困，那些位于最低收入（20 分位以下）的贫困家庭，在 15 年后累计脱贫比例开始稳定，仍有一定比例的家庭没有摆脱贫困。也就说，这些极度贫困家庭尽管摆脱了 1 美元贫困线的束缚，但依然难以逾越相对贫困线这条数字鸿沟。

此外，通过对富人入贫比例与穷人脱贫比例进行对比分析，我们可以发现，中国家庭的脱贫比例远远高于进入贫困的比例，也就是说，中国整体的贫困人口比例在下降，这与已有的研究结论相一致。

二　脱贫后返贫与返贫后脱贫

1. 脱贫后返贫

对于已经脱离贫困的家庭而言，又有多大的可能性重新返回到贫困之中，还是能够一直远离贫困呢？首先，我们考察了 1991—2006 年脱贫的家庭在随后的几年中重新陷入贫困的情况（见表 3-9）。

表 3-9　　　　　　　　　脱贫后返贫程度　　　　　　　　单位:%

	1993年返贫	1997年返贫	2000年返贫	2004年返贫	2006年返贫	2009年返贫	合计
贫困线：1美元							
1991年脱贫家庭	35.6	11.6	6.9	6.2	2.5	0.7	63.5
1993年脱贫家庭		18.4	13.2	9.2	4.6	2.0	47.4
1997年脱贫家庭			23.3	7.6	7.1	3.2	41.2
2000年脱贫家庭				20.1	13.6	9.8	43.5
2004年脱贫家庭					12.6	9.3	21.9
2006年脱贫家庭						15.6	15.6
贫困线：相对贫困线							
1991年脱贫家庭	26.4	20.3	11.5	13.7	7.5	4.0	83.4
1993年脱贫家庭		33.3	24.4	12.2	7.0	2.8	79.7
1997年脱贫家庭			39.2	16.7	10.8	6.8	73.5
2000年脱贫家庭				38.0	21.9	12.0	71.9
2004年脱贫家庭					37.2	18.2	55.4
2006年脱贫家庭						40.6	40.6

在中国已经脱贫的家庭中，仍存在一定的返贫现象，并且脱贫后的前两年为返贫的高发年份，随后几年返贫概率逐步减少。如以相对贫困线为贫困标准，在1991年脱贫的家庭中，两年后（1993年）约26.4%的家庭重新返回贫困，6年后（1997年）则有20.3%的家庭重新返回贫困。但是，若以1美元作为贫困标准，在1991年脱贫的家庭中，两年后（1993年）返贫比例为35.6%，6年后（1997年）为11.6%，由于在2000年以前1美元的贫困标准高于相对贫困线，这说明，有可能随着贫困标准的提高，中国家庭的返贫比例并非一定呈稳定的下降趋势，其原因可能在于中国贫困家庭脱贫后进入高收入阶层的机会较小，关于这一点，在下文会有所分析。长期看，9年后中国家庭返贫比例仍达6.9%（1美元贫困标准），这与张立冬（2009）得出的中国家庭在脱贫后并不具有较强的维持非贫困状态能力的结论是一致的。

2. 返贫后脱贫

对返贫家庭而言，其重新摆脱贫困的机会又如何呢？考察表3-10后我们发现，若以1美元为贫困标准，在1991年返贫的家庭中，两年后脱贫的比例达到61.1%，而同期已脱离贫困的家庭中也有35.6%的家庭返回贫困状态，且6年后（1997年）累计约88.7%的返贫家庭已重新脱离贫困，9年后（2000年）累计约95.6%的返贫家庭已重新脱离贫困。这说明，对于返贫家庭的反贫困政策，需要关注那些返贫后导致长期贫困的致贫因素，而不需要关注所有返贫家庭的反贫困问题。

表3-10　　　　　　　　　返贫后脱贫程度　　　　　　　　　单位：%

	1993年脱贫	1997年脱贫	2000年脱贫	2004年脱贫	2006年脱贫	2009年脱贫	合计
贫困线：1美元							
1991年返贫家庭	61.1	27.6	6.9	2.5	1.1	0.7	99.9
1993年返贫家庭		81.9	10.8	4.6	1.9	0.0	99.2
1997年返贫家庭			71.3	21.3	6.6	0.0	99.2
2000年返贫家庭				76.3	18.2	4.0	98.5
2004年返贫家庭					71.7	21.7	93.4
2006年返贫家庭						84.3	84.3
贫困线：相对贫困线							
1991年返贫家庭	71.6	15.5	4.6	3.6	2.1	0.5	97.9
1993年返贫家庭		66.1	14.8	7.8	3.0	4.3	96.0
1997年返贫家庭			57.0	25.2	6.2	4.1	92.5
2000年返贫家庭				55.5	20.7	10.7	86.9
2004年返贫家庭					49.6	27.9	77.5
2006年返贫家庭						58.1	58.1

第三节　贫困人口收入转移

一　短期收入转移

1. 短期贫困人口进入全社会各收入阶层情况

对于贫困人口而言，我们自然关心若干年后其在整个社会阶层中收入地位的变化，通过短期收入转移矩阵可以发现（见表3-11），首先，1989—1991年，短期内不同收入水平的贫困家庭都有机会进入社会收入顶层，但这种机会相对较小，大部分贫困群体仍处于社会底层（40分位以下）。例如，64.8%的贫困家庭短期内仍位于社会收入的底层（40分位以下）。其次，位于贫困家庭收入 70 分位以下的家庭短期内绝大多数仍位于全社会收入底层。相对而言，靠近贫困线的家庭位于社会收入底层的机会相应减少。

表 3-11　1989—1991 年贫困人口的短期收入转移矩阵（相对贫困线）　　单位：%

分位	0—10	10—20	20—30	30—40	40—50	50—60	60—70	70—80	80—90	90—100	40 分位以下累计
0—10	16.7	22.2	8.3	5.6	13.9	8.3	5.6	11.1	2.8	5.6	52.8
10—20	27.0	21.6	10.8	10.8	8.1	2.7	8.1	8.1	2.7		70.2
20—30	27.0	27.0	21.6	8.1			2.7	2.7	2.7	8.1	83.7
30—40	27.0	18.9	13.5	18.9	8.1	5.4	5.4	2.7			78.3
40—50	32.4	13.5	18.9	8.1	10.8		5.4	8.1		2.7	72.9
50—60	24.3	18.9	5.4	13.5	8.1	2.7	10.8	2.7	8.1	5.4	62.1
60—70	24.3	16.2	24.3	10.8	8.1	5.4	2.7	2.7	2.7	2.7	75.6
70—80	18.9	10.8	18.9	5.4	5.4	8.1	8.1	10.8	8.1	5.4	54.0
80—90	13.5	10.8	18.9	10.8	13.5	10.8	5.4	5.4	5.4	5.4	54.0
90—100	5.4	13.5	5.4	18.9	18.9	16.2	8.1	5.4	8.1		43.2
全部贫困家庭	21.7	17.3	16.0	9.8	9.5	6.0	6.2	6.0	4.1	3.5	64.8

同样，从 2006—2009 年贫困人口的短期收入转移矩阵看（见表 3-12），贫困家庭脱贫虽然有进入高收入层的可能性，但这种机会同样较小，例如只有 3.8% 的家庭有机会进入社会收入顶层，大多数家庭（58.8% 的家庭）短期内仍位于社会收入的底层（40 分位以下）。需要指出的是，与 1989—1991 年时的短期收入转移矩阵相比，近年来贫困家庭脱贫后进入较高收入层的比例略有提高，但增幅有限。例如 1989—1991 年，13.6% 的贫困家庭脱贫后进入社会收入 70 分位以上，而 2006—2009 年，14.5% 的贫困家庭脱贫后进入社会收入 70 分位以上，其比例有所提高，但增幅有限。

表 3-12　2006—2009 年贫困人口的短期收入转移矩阵（相对贫困线）　　单位：%

分位	0—10	10—20	20—30	30—40	40—50	50—60	60—70	70—80	80—90	90—100	40 分位以下累计
0—10	34.5	10.9	10.9	10.9	3.6	1.8	7.3	12.7	3.6	3.6	67.2
10—20	19.6	19.6	12.5	8.9	5.4	8.9	8.9	7.1	5.4	3.6	60.6
20—30	14.3	21.4	16.1	8.9	12.5	10.7	1.8	1.8	10.7	1.8	60.7

续表

分位	0—10	10—20	20—30	30—40	40—50	50—60	60—70	70—80	80—90	90—100	40分位以下累计
30—40	22.8	29.8	10.5	7.0	3.5	7.0	14.0	3.5	1.8		70.1
40—50	12.5	19.6	16.1	8.9	17.9	5.4	5.4	10.7		3.6	57.1
50—60	12.7	14.5	14.5	14.5	14.5	5.5	10.9	9.1		3.6	56.2
60—70	14.3	7.1	19.6	8.9	10.7	8.9	14.3	8.9	3.6	3.6	49.9
70—80	17.0	15.1	7.5	13.2	15.1	11.3	5.7	7.5	5.7	1.9	52.8
80—90	15.8	12.3	12.3	24.6	7.0	12.3	7.0	1.8	1.8	5.3	65
90—100	10.5	15.8	10.5	10.5	10.5	12.3	7.0	5.3	7.0	10.5	47.3
全部贫困家庭	17.4	16.7	13.1	11.6	10.0	8.4	8.2	6.8	3.9	3.8	58.8

2. 短期脱贫人口进入富人各收入阶层情况

前文已经提到，有可能中国贫困家庭脱贫后进入高收入阶层的机会较小，从而导致随着贫困标准的提高，中国家庭的返贫比例并非一定呈稳定的下降趋势。那事实上是否如此呢？为此，我们研究了短期和长期的收入流动性（见表3-13、表3-14）。两张表中，第一列分别为1989年、2006年贫困家庭收入的十等分组，第一行为此后年份非贫困家庭收入的十等分组。

表3-13　1989—1991年脱贫人口的短期收入转移矩阵（相对贫困线）　　单位：%

分位数	0—10	10—20	20—30	30—40	40—50	50—60	60—70	70—80	80—90	90—100	40分位以下累计
0—10	13.6	4.5	4.5	22.7	13.6	9.1	13.6	4.5	4.5	9.1	45.3
10—20	21.1	15.8	10.5	15.8		5.3	21.1	5.3	5.3		63.2
20—30	35.3	29.4				5.9			17.6		64.7
30—40	23.8	28.6	23.8		9.5	9.5		4.8			76.2
40—50	25.0	20.0	5.0	20.0		10.0		15.0	5.0		70.0
50—60	9.1	18.2	18.2	9.1		18.2		9.1	9.1	9.1	54.6
60—70	31.8	9.1	22.7	9.1	9.1		9.1	4.5	4.5		72.7
70—80	19.2	15.4	3.8	7.7	7.7	7.7	11.5	15.4	3.8	7.7	46.1
80—90	21.4	7.1	17.9	14.3	7.1	10.7		10.7	3.6	7.1	60.7
90—100	23.3	3.3	6.7	23.3	16.7	10.0	6.7		10.0		56.6
全部脱贫家庭	22.0	14.1	11.5	12.8	7.0	8.8	6.2	7.5	5.3	4.8	60.4

从短期收入转移上看，首先，大部分家庭脱贫后位于富人的收入底层，只有极少部分家庭能进入收入顶层。以相对贫困线计算，1989—1991年，全部脱贫家庭中，约47.6%的家庭在脱贫后处于非贫困阶层的收入底层（位于非贫困家庭收入的30分位以下），其中，约22%的家庭脱贫后处于非贫困家庭收入的最底层（位于非贫困家庭收入的10分位以下），即基本上位于贫困线附近，这也导致了中国农村贫困家庭在脱贫后短期内返贫的高可能性，也验证了本书前面的研究结论。此外，约42.3%的家庭处于非贫困阶层的中间层（位于非贫困家庭收入的30—80分位），只有4.8%的家庭进入顶层收入水平（位于非贫困家庭收入的90—100分位）。其次，尽管短期内各分位贫困人群脱贫后均有机会进入收入顶层，但彼此之间的概率差异并不十分明显，只有位于贫困线附近的家庭脱贫后进入社会收入顶层的机会高于其他贫困阶层。例如，2006—2009年，位于贫困家庭收入90—100分位的家庭脱贫后进入社会收入顶层的家庭比例达到11.1%，明显高于其他贫困阶层，而其他贫困阶层脱贫后进入社会收入顶层的概率差异并不显著。

表3-14 2006—2009年脱贫人口的短期收入转移矩阵（相对贫困线） 单位:%

分位数	0—10	10—20	20—30	30—40	40—50	50—60	60—70	70—80	80—90	90—100	40分位以下累计
0—10	8.3	16.7	8.3	4.2	8.3	20.8	16.7	8.3		8.3	37.5
10—20	14.8	11.1	7.4	7.4	18.5	11.1	7.4	7.4	7.4	7.4	40.7
20—30	7.4	22.2	18.5	14.8	3.7	3.7	3.7	18.5	7.4		62.9
30—40	9.5	19.0		19.0	28.6	9.5	9.5		4.8		47.5
40—50	13.3	16.7	23.3	6.7	10.0	3.3	20.0		3.3	3.3	60.0
50—60	21.9	12.5	15.6	9.4	12.5	6.3	15.6			6.3	59.4
60—70	9.1	9.1	15.2	15.2	9.1	21.2	9.1	3.0	3.0	6.1	48.6
70—80	21.2	6.1	18.2	15.2	6.1	6.1	12.1	6.1	6.1	3.0	60.7
80—90	28.6	17.1	5.7	17.1	14.3	2.9		5.7	2.9	5.7	68.5
90—100	13.9	11.1	8.3	13.9	8.3	11.1	5.6	8.3	8.3	11.1	47.2
全部脱贫家庭	15.4	13.8	12.4	12.4	11.9	9.4	9.7	5.7	4.4	5.4	54.0

二 长期收入转移

1. 长期贫困人口进入全社会各收入阶层情况

首先，长期看（见表3-15），49.1%的贫困家庭在20年后仍处于全社会收入的40分位以下，38.3%的家庭位于社会收入的40—80分位，只有 6.8% 的家庭有机会进入社会收入的 90 分位以上（进入社会收入顶层）。其次，低度贫困家庭进入社会收入顶层的机会明显高于中度或重度贫困家庭，例如在贫困阶层收入 70—80 分位、80—90 分位和 90—100 分位之间的贫困家庭进入社会收入顶层的机会均高于 70 分位以下的贫困阶层。

表 3-15　1989—2009 年贫困人口的长期收入转移矩阵（相对贫困线）　　单位：%

分位数	0—10	10—20	20—30	30—40	40—50	50—60	60—70	70—80	80—90	90—100	40以下
0—10	22.2	19.4	8.3	2.8	5.6	8.3	11.1	11.1	5.6	5.6	52.7
10—20	16.2	13.5	13.5	2.7	18.9	8.1	5.4	5.4	10.8	5.4	45.9
20—30	21.6	10.8	18.9	16.2	5.4	5.4	10.8	8.1		2.7	67.5
30—40	13.5	8.1	13.5	13.5	8.1	8.1	10.8	13.5	5.4	5.4	48.6
40—50	16.2	10.8	13.5	5.4	16.2	13.5	13.5	5.4		5.4	45.9
50—60	8.1	16.2	16.2	16.2	8.1	8.1	8.1	13.5	2.7	2.7	56.7
60—70	10.8	8.1	13.5	21.6	10.8	10.8	5.4	5.4	8.1	5.4	54
70—80	5.4	13.5	5.4	8.1	18.9	10.8	2.7	10.8	13.5	10.8	32.4
80—90	10.8	5.4	21.6	10.8	8.1	8.1	13.5	8.1	2.7	10.8	48.6
90—100	8.3	5.6	16.7	8.3	8.3	5.6	11.1	13.9	8.3	13.9	38.9
全部贫困家庭	13.3	11.1	14.1	10.6	10.9	8.7	9.2	9.5	5.7	6.8	49.1

2. 长期脱贫人口进入富人各收入阶层情况

以相对贫困线衡量，1989—2009 年脱贫人口长期收入转移矩阵如表 3-16 所示，表中第一行为 2009 年富人收入十等分组。

表 3-16　1989—2009 年脱贫人口的长期收入转移矩阵（相对贫困线）　　单位：%

分位数	0—10	10—20	20—30	30—40	40—50	50—60	60—70	70—80	80—90	90—100	40以下
0—10	5.6	5.6	5.6	11.1	11.1	22.2	16.7	11.1	5.6	5.6	27.9
10—20	4.8	19.0	14.3	14.3	9.5		9.5	9.5	14.3	4.8	52.4
20—30	33.3	5.6	5.6	11.1	5.6	16.7	11.1	5.6		5.6	55.6
30—40	20.8	4.2	8.3	8.3	12.5	12.5	16.7	8.3		8.3	41.6
40—50	4.5	13.6	22.7	13.6	13.6	18.2	4.5		9.1		54.4
50—60	18.2	13.6	9.1	13.6	4.5	18.2	13.6	4.5	4.5		54.5

续表

分位数	0—10	10—20	20—30	30—40	40—50	50—60	60—70	70—80	80—90	90—100	40以下
60—70	24.0	20.0	4.0	8.0	16.0	4.0	4.0	8.0	8.0	4.0	56.0
70—80	7.1	14.3	17.9	10.7		10.7	3.6	14.3	17.9	3.6	50.0
80—90	13.0	13.0	4.3	8.7	17.4	8.7	4.3	13.0		17.4	39.0
90—100	12.0		12.0	8.0	8.0	16.0	12.0	8.0	8.0	16.0	32.0
全部脱贫家庭	14.2	11.1	10.6	10.6	9.7	12.4	9.3	8.4	6.2	7.5	46.5

从长期收入转移上看，不同收入贫困家庭脱贫后进入中上富裕阶层的机会有所增加，但比例上并不高。以相对贫困线计算，例如在全部脱贫家庭中，仍有46.5%的家庭脱贫后位于富人收入的40分位以下，39.8%的家庭进入富人收入的40—80分位，只有13.7%的家庭脱贫后进入富人收入的80分位以上。整体看，大部分家庭（86.3%）脱贫后进入中低富裕的家庭（80分位以下）。应该指出，这一结论与张立冬（2009）得出绝大多数贫困家庭在脱离贫困后都进入了较高的收入阶层的研究结论是相反的。此外，长期上看，家庭越贫困，脱贫后进入中高层收入的机会越小。例如，位于贫困线附近的家庭（贫困收入80分位以上）脱贫后进入社会收入顶层的机会明显高于其他贫困阶层。

第四节 本章小结

本章主要从时间维度考虑了中国的动态贫困，通过对长期性贫困与暂时性贫困的考察，对脱贫、返贫、脱贫后返贫以及返贫后脱贫作了进一步分析。在此基础上，从收入转移矩阵视角考察了贫困家庭的收入地位在短期和长期的变化情况，主要结论如下：

（1）以1美元为贫困线标准，1989—2009年，全国贫困发生率从29.1%下降到8.1%，并呈现四个阶段特征：一是1989—1993年的缓慢下降阶段，二是1993—1997年的快速下降阶段，三是1997—2000年的脱贫攻坚阶段，四是2000—2009年的稳步下降阶段。由于中国农村人口占绝大多数比重，中国的贫困状况变化更多地取决于农村的减贫程度。未来的脱贫工作在兼顾城镇贫困的同时，还需更为关注农村的长期贫困家庭。

(2) 由于中国低收入家庭较多,导致贫困发生率对于贫困线的高低十分敏感,而且农村贫困发生率对贫困线的提高更为敏感。

中国消费贫困发生率要高于收入贫困发生率,而且城镇消费贫困发生率低于农村消费贫困发生率。若以消费贫困视角考虑,扶贫政策仍应侧重农村扶贫。

(3) 农村家庭的长期贫困与暂时贫困比例均高于城镇,脱贫难度相对较大。前8年是贫困家庭摆脱贫困的关键时期,其后更多地陷入长期贫困,若要降低长期贫困,需关注那些8年后还处在贫困之中的长期贫困家庭。

(4) 短期内,位于贫困线附近的非贫困家庭更易陷入贫困,但长期看,不同收入水平的非贫困家庭陷入贫困的概率趋同。但整体上,中国家庭的脱贫比例要远高于进入贫困的家庭比例,使得中国整体贫困人口比例在降低。

(5) 已脱贫家庭中仍存在一定的返贫现象,脱贫后的前两年为返贫高发年,其后返贫概率走低。由于中国家庭脱贫后进入高收入阶层的机会小,因此中国家庭摆脱贫困后并不具有较高的维持非贫困状态的能力。对于返贫的家庭而言,短期内(6年)绝大部分家庭将重新摆脱贫困,对于扶贫工作而言,应更为关注长期贫困家庭。

(6) 短期内,不同收入水平的贫困阶层都有机会进入社会收入顶层,但这种机会相对较小,并且,家庭越贫困,短期内越将处于社会收入底层。大部分家庭短期内脱贫后仍位于非贫困阶层的收入底层,尽管有部分家庭有机会进入收入高层,但机会较小,并且低度贫困家庭脱贫后进入富裕收入高层的机会要大大高于中度或重度贫困家庭进入高收入层的机会。

(7) 长期内,49.1%的贫困家庭在20年后仍处于社会收入底层(40分位以下),只有少数家庭(6.8%)有机会进入社会收入顶层,并且低度贫困家庭进入社会收入顶层的机会明显高于中度或重度贫困家庭。从整体看,大部分家庭(86.3%)脱贫后进入中低富裕的家庭(80分位以下),这一结论与张立冬(2009)得出绝大多数贫困家庭在脱离贫困后都进入了较高收入阶层的研究结论是相反的。

第四章

中国利贫增长测度与效应分解

第二章中提及的利贫测度方法都是建立在匿名性假定之上的，在前后两期的经济增长中，下一期的穷人包含两类人，第一类是上期处于贫困状态，本期仍处贫困状态，第二类是上期为富人，本期则处于贫困状态。显然第一类人的贫困问题应该成为政府反贫困政策的关注焦点。因此在利贫测度中，如果采用匿名性方法，把第二类情况包含在其中，就难以准确反映穷人贫困状况变化，由于在发展中国家连续固定的调查数据难以获得，学者们不得不采用匿名性方法。

本章主要考虑在非匿名性情况下，如何利用穷人收入平均增长率和贫困指数的变动方法来测度经济增长是否利贫。

第一节 非匿名利贫增长测度方法

一 贫困发生率曲线

设第一期收入从低至高排序为 $[x_1^{(1)}, x_2^{(1)}, \cdots, x_{q_1}^{(1)}, x_{q_1+1}^{(1)}, \cdots, x_n^{(1)}]$，$q_1$ 为贫困人口数，第二期收入为 $[x_1^{(2)}, x_2^{(2)}, \cdots, x_{q_1}^{(2)}, x_{q_1+1}^{(2)}, \cdots, x_n^{(2)}]$（与第一期相同脚标表示同一个体），第二期收入从低至高排序后为 $[y_1^{(2)}, y_2^{(2)}, \cdots, y_{q_2}^{(2)}, y_{q_2+1}^{(2)}, \cdots, y_n^{(2)}]$（与第一期相同脚标表示相同收入排序），$q_2$ 为贫困人口数，那么在匿名性情况下，GIC 曲线为：

$$GIC = \frac{\frac{y_1^{(2)}}{x_1^{(1)}} + \frac{y_2^{(2)}}{x_2^{(1)}} + \cdots + \frac{y_{q_1}^{(2)}}{x_{q_1}^{(1)}}}{q_1} - 1 \quad (4.1)$$

在非匿名性情况下，GIC 曲线为：

$$GIC = \frac{\frac{x_1^{(2)}}{x_1^{(1)}} + \frac{x_2^{(2)}}{x_2^{(1)}} + \cdots + \frac{x_{q_1}^{(2)}}{x_{q_1}^{(1)}}}{q_1} - 1 \quad (4.2)$$

可以发现，匿名性情况下的 GIC 曲线并不能准确反映贫困的变化状况，在匿名性情况下可能高估或低估实际的贫困变化状况，其主要原因在于，在匿名性情形下，当前后两期收入均进行从低至高的排序后，相同位序上的收入表示的不再是同一个体的前后两期收入，而非匿名性情形则避免了类似问题，其收入增长率均用同一个体的前后两期收入来计算。

Grimm（2007）提出考虑在非匿名性情形下，利用 Ravallion 和 Chen （2003）提出用贫困发生率曲线来测度经济增长是否有利于穷人，该方法具体如下，对某一固定人群按收入由低至高排序后，其在 t 时期的收入增长率为：

$$g_t[p(y_{t-1})] = \frac{y_t[p(y_{t-1})]}{y_{t-1}[p(y_{t-1})]} - 1 \quad (4.3)$$

式中，$p(y_{t-1})$ 表示 $t-1$ 时期收入 y_{t-1} 位于第 p 个百分位。为将此曲线与 GIC 曲线区别开来，Grimm 将其命名为 IGIC 曲线，并且提出用非匿名性利贫增长率：

$$IRPPG = \frac{\int_0^{H_{T-1}} g_t(p_{t-1}) dp}{H_{t-1}} \quad (4.4)$$

用于测度利贫增长，其中 H 为贫困发生率，即贫困人口占总人口比重。

对于经济增长是否利贫，判断准则如下，若 IRPPG > 0，则经济增长是绝对利贫的；若 IRPPG < 0，则经济增长不是利贫的。若设 $GRIM = \frac{\mu_t}{\mu_{t-1}} - 1$，为全社会平均收入增长率，则当 IRPPG > GRIM 时，经济增长为相对利贫增长；若 0 < IRPPG < GRIM，则经济增长不是相对利贫增长（Grimm，2007）。可以发现，IRPPG 只关心穷人收入的平均增长率，而 PPGR 则只是把位于贫困线以下的相同百分位上的前后两期收入的增长率用来计算平均数，显然，位于相同百分位上的前后两期可以不再是同一个人，位于下期该百分位上的既可以是上期较穷的人，也可以是较富的人，因此 GIC 曲线法是难以准确反映穷人的贫困状况变化的。

至此我们发现，当采用非匿名性后，可以计算各类人群收入的平均增长率。就收入变化而言,其结果有六种情形,第一种情况是穷人变得更穷;第二种是穷人收入增加,但未脱贫;第三种是穷人收入增加,因而脱贫;第四种是富人收入增加,变得更富;第五种是富人收入减少,但未致贫;第六种是富人收入减少,因而致贫。由此,只要计算出穷人和富人各自收入的平均增长率并与全社会人均收入增长率相比较,就可以看出经济增长的利贫和利富程度。只要穷人收入平均增长率小于全社会人均收入增长率,则经济增长就不是相对利贫的,而是利富的。

二 利贫增长指数

根据第二章有关利贫增长测度的综述,由于利贫增长率、贫困增长曲线、贫困增长弹性这三种测度利贫增长测度方法存在较大缺陷,因此在这里我们不采用如上三种方法来进行利贫测度。在第二章中介绍的利贫增长指数(PPGI)和减贫等值增长率(PEGR)采用的是不变贫困线的测度,在实际中需要对收入进行消胀处理。不平等——增长权衡指数(IGTI)既可以适用于动态贫困线,也适用于静态贫困线。改进的不平等——增长权衡指数(IIGTI)考虑到了贫困线的变动,也适用于动态贫困线,但如果把其采用动态贫困线的思路应用到利贫增长指数(PPGI)和减贫等值增长率(PEGR)中,就需要对这两个指数进行改造,为此,我们首先对利贫增长指数进行如下改造:

设 $\theta = \theta[z,\mu,L(p)]$ 为某种贫困测度,其中,z 为贫困线,μ 为人均收入,$L(p)$ 为 Lorenz 曲线。则贫困的变化可表示为:

$$P_{12} = \ln\{\theta[z_2,\mu_2,L_2(p)]\} - \ln\{\theta[z_1,\mu_1,L_1(p)]\} \quad (4.5)$$

令,增长效应:

$$G_{12} = 1/2\{\ln\{\theta[z_1,\mu_2,L_1(p)]\} - \ln\{\theta[z_1,\mu_1,L_1(p)]\} \\ + \ln\{\theta[z_2,\mu_2,L_2(p)]\} - \ln\{\theta[z_2,\mu_1,L_2(p)]\}\} \quad (4.6)$$

分配效应:

$$I_{12} = 1/2\{\ln\{\theta[z_1,\mu_1,L_2(p)]\} - \ln\{\theta[z_1,\mu_1,L_1(p)]\} \\ + \ln\{\theta[z_2,\mu_2,L_2(p)]\} - \ln\{\theta[z_2,\mu_2,L_1(p)]\}\} \quad (4.7)$$

贫困线变动效应:

$$LE_{12} = 1/2\{\ln\{\theta[z_2,\mu_1,L_2(p)]\} - \ln\{\theta[z_1,\mu_2,L_1(p)]\} \\ + \ln\{\theta[z_2,\mu_2,L_1(p)]\} - \ln\{\theta[z_1,\mu_1,L_2(p)]\}\} \quad (4.8)$$

可见,当 $z_1 = z_2$ 时,贫困线变动效应为零。

继续采用 Kakwani 和 Pernia 定义的利贫增长指数 $PPGI = \frac{\eta}{\eta_g}$，只是这里的相关参数的计算与 Kakwani 和 Pernia 定义的有所区别。对于经济增长的判断仍采用 Kakwani 和 Pernia 给定的标准，即如果 $PPGI < 0$，则经济增长是利富的；$0 < PPGI \leq 0.33$，则经济增长是低度利贫的；$0.33 < PPGI \leq 0.66$，则经济增长是中度利贫的；$0.66 < PPGI \leq 1$，则经济增长是利贫的；$PPGI > 1$，则经济增长是高度利贫的。

第二节 1989—2009 年中国利贫增长测度

一 全国利贫增长

1. 收入增长视角全国利贫增长一般性分析

首先我们从收入增长的角度对 1989—2009 年经济增长的利贫情况作一般性分析（见表 4-1）。

表 4-1　　全国穷人与富人平均收入及增长率（相对贫困线）　　单位：元

	1989	1991	1993	1997	2000	2004	2006	2009
穷人	340	374	453	911	952	1212	1396	2173
环比增长（%）		10.3	21.0	101.1	4.5	27.3	15.2	55.7
富人	1463	1500	2155	4147	5319	7071	9016	14567
环比增长（%）		2.5	43.7	92.4	28.3	32.9	27.5	61.6
全国	1259	1311	1840	3464	4152	5355	6623	10825
GRIM	0.04	0.40	0.88	0.20	0.29	0.24	0.63	7.60

从富人和穷人的人均收入对比上看，1989—2009 年，只有 1989—1991 年、1993—1997 年这两个时期穷人的收入增长率高于富人。例如，与 1989 年相比，1991 年穷人的收入增长率为 10.3%，人均年收入从 340 元增加到 374 元。而同期富人的收入增长率则为 2.5%，人均年收入从 1463 元增加到 1500 元。尽管这段时期富人的收入绝对增加额要大于穷人，但由于穷人的收入增速快于富人，因此尽管两者的收入差距在拉大，经济发展不属于绝对利贫，但由于穷人收入增速高，经济发展却是属于相对利贫的。此外，1993—1997 年，这段时期的经济发展也属于相对利贫

增长。但整体上看，1989—2009 年这 20 年，穷人的收入增加了约 6.4 倍，而富人的收入却增加了约 9.96 倍，因此经济的发展是利富的。

2. 利贫增长指数视角全国利贫增长程度分析

其次，我们从利贫增长指数视角，对全国经济发展的利贫程度进行分析。借鉴 Grimm（2007）的非匿名性思想，采用 1989—2009 年的连续调查户的资料进行计算，另外，为简化分析，只采用相对贫困线来进行分析。1989—2009 年，全国利贫增长指数和走势图如表 4-2 和图 4-1 所示。

表 4-2 1989—2009 年全国利贫增长指数（相对贫困线）

	1989—1991	1991—1993	1993—1997	1997—2000	2000—2004	2004—2006	2006—2009	1989—2009
GRIM	0.04	0.40	0.88	0.20	0.29	0.24	0.63	7.60
PPGI-H	1.18	-0.15	-0.12	-0.99	-0.32	-0.36	0.07	-0.29
PPGI-PG	2.15	-0.29	-0.17	-1.49	-0.43	-0.16	0.00	-0.15
PPGI-SPG	2.71	-0.47	-0.51	-2.05	-0.52	-0.21	-0.12	0.03
PEGR-H	0.05	-0.06	-0.11	-0.20	-0.09	-0.09	0.04	-2.20
PEGR-PG	0.09	-0.11	-0.15	-0.30	-0.13	-0.04	0.00	-1.12
PEGR-SPG	0.11	-0.19	-0.45	-0.41	-0.15	-0.05	-0.08	0.21

说明：PPGI-H、PPGI-PG、PPGI-SPG 分别表示以贫困发生率、贫困深度指数和贫困强度指数计算的利贫增长指数。

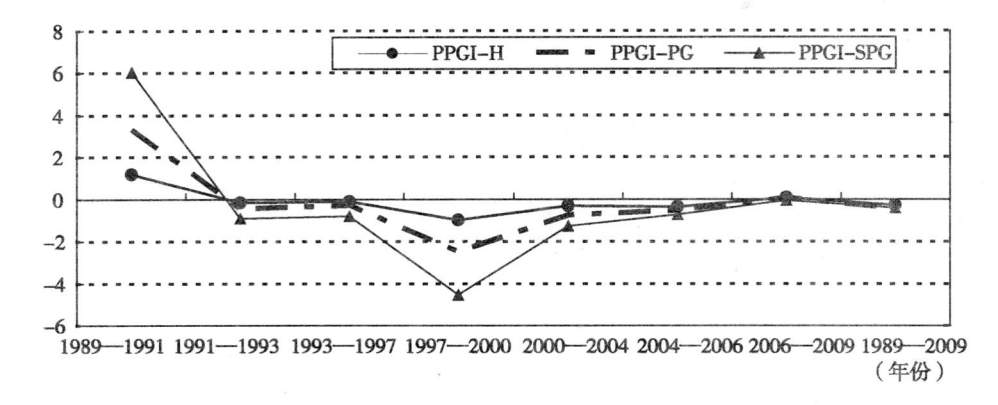

图 4-1 利贫增长指数走势图

从利贫增长指数看，如果以贫困发生率和贫困深度测算，1989—2009

年这20年间，相应的利贫增长指数分别为 -0.29 和 -0.15，依此判断，我国的经济发展是利富的，但由于其绝对值小于0.33，因此是低度利富的。需要指出的是，在这20年中，不同时期的利贫程度有所差异。其中，以贫困发生率或贫困深度来衡量，1989—1991年是高度利贫的。从1991年开始，经济发展步入低度利富式发展，1997—2000年经济发展属于高度利富，2000—2006年属于中度利富增长，只是在2006—2009年经济发展表现为轻度利贫。

表4-3　　　　　　1989—2009年全国利贫程度（相对贫困线）

	1989—1991	1991—1993	1993—1997	1997—2000	2000—2004	2004—2006	2006—2009	1989—2009
PPGI-H	A$^+$	B^{--}	B^{--}	B	B$^-$	B$^-$	A^{--}	B^{--}
PPGI-PG	A$^+$	B^{--}	B^{--}	B$^+$	B	B$^-$	A^{--}	B^{--}
PPGI-SPG	A$^+$	B$^-$	B$^-$	B$^+$	B$^-$	B^{--}	B^{--}	A^{--}

说明：A：利贫，B：利富，"--"：低度，"-"：中度，"+"：高度。

以贫困强度测算的利贫增长指数显示，1989—1991年，我国经济发展是高度利贫的，然而，1991—1997年是中度利富的。1997—2000年经济为高度利富式增长，2000—2004年是中度利富式增长，2004—2009年则属于低度利富式增长。

1989—2009年中国经济增长整体表现为低度利富式增长，其间各阶段表现有所差异，这与我国各时间的经济发展及其调整是密切相关的。

由于实行改革开放政策，从1978年到1988年的10年间，我国经济实现了10年的快速增长，但到1988年由于投资过快，当年的投资率达到了37.4%，经济过热，导致通胀，于是国家开始进行宏观调控，但由于本次调控对城镇冲击要大于对农村的冲击，而农村贫困人群又占绝对多数，因此，整体上这两年中国的经济增长是有利于贫困人群的。

1992年邓小平的南方谈话，提出了姓"社"和姓"资"的三个判断标准，即是否有利于发展生产力，是否有利于增强综合国力，是否有利于提高人民生活水平。邓小平讲话大大解放了人们的思想，改革开放和经济建设步入了新的发展时期，当年中国GDP增长率达到14.2%，固定资产投资大幅回升，外资利用额增长62.7%。由于固定资产增速过快，经济重新出现过热现象，1993年和1994年的通货膨胀率达到13.2%和

21.7%，于是1993年6月开始，国务院在发布的《关于当前经济情况和加强宏观调控的意见》中正式提出十六条宏观调控措施，从信贷和投资方向调节税上重点控制基建投资，配合财政货币的紧缩性政策，经过3年努力，1996年经济成功实现软着陆。可见这段时期对于具有市场意识的富人而言是从事市场活动的原始资本积累期，各方面经济政策的合力导致富人在社会发展中比穷人得到的更多，经济发展比较有利于富人，然而，由于这段时期是大多数富人的资本积累时期，因此1991—1997年这段时间，经济增长只表现出为低度利富式增长。

1997—2000年是高度利富的，2000—2004年是中度利富的。1997年爆发东南亚金融危机，通货紧缩与有效需求不足成为经济发展的主要问题，于是1998年中央开始实行积极的财政政策和稳健的货币政策，开始发行长期建设国债，1998—2003年共发行了9100亿元的建设国债，同时降低了法定存款准备金利率，1998—2002年5次下调贷款基准利率。2001年，中国加入世贸组织，中国开始融入经济全球化，到2003年，由于世界经济复苏，中国迅速获得世界工厂地位，伴随城镇化和消费升级，中国走出通货紧缩，进入新一轮经济增长周期。而这段时期，无论是城镇还是农村，都是中国经济发展最为利富的时期。可见，通货紧缩对于贫困阶层的影响十分明显。

整体而言，以贫困发生率和贫困深度测算，1989—2009年这20年中国经济发展是低度利富的。但如以贫困强度测算利贫程度，则1989—2009年这20年经济发展是低度利贫的，说明中国贫困人群之间的贫困差异不是十分显著。

二 城乡利贫增长

1. 收入增长视角城乡利贫增长一般性分析

城镇穷人与城镇富人收入增长相比（见表4-4）。1989—2009年，城镇穷人年人均收入从1989年的335元增加到2009年的1845元，增长了4.5倍，年均增长8.9%。而同期城镇富人的年人均收入从1989年的1593元增加到2009年的18081元，增加了10.4倍，年均增长12.9%。从收入增速角度上看，这20年间，我国的经济发展，就城镇而言，是既非绝对利贫增长，也非相对利贫增长，而属于利富式增长。但这20年中，有部分时间段，经济的发展是有利于城镇穷人的。如1993—1997年，城镇穷人的人均收入增长了104.6%，而城镇富人增长了85.4%，城镇穷人的收入增长率高于城镇富人，这段时期的经济增长是有利于城镇穷人的，即相对利贫增长。

表4-4　城乡穷人与富人平均收入及增长率（相对贫困线）　　单位：元

	1989	1991	1993	1997	2000	2004	2006	2009
城　镇									
穷人	355	353	414	847	832	1018	1168	1845
环比增长（%）		-0.5	17.2	104.6	-1.8	22.5	14.7	57.9
富人	1593	1663	2534	4698	6389	8428	10945	18081
环比增长（%）		4.4	52.4	85.4	36.0	31.9	29.9	65.2
农　村									
穷人	337	380	462	928	974	1247	1438	2236
环比增长（%）		12.6	21.7	100.9	5.0	28.0	15.3	55.5
富人	1385	1412	1967	3918	4887	6594	8336	13556
环比增长（%）		1.9	39.3	99.3	24.7	34.9	26.4	62.6

农村穷人与农村富人收入增长相比：1989—2009年，农村穷人人均年收入从1989年的337元增加到2009年的2236元，增长了5.6倍，年均增长9.9%。同期，农村富人的年人均收入则从1989年的1385元增加到2009年的13556元，增长了8.8倍，年均增长12.1%。从收入增速角度看，1989—2009年这20年间，经济发展也是有利于富人的，即是利富式增长的。与城镇的利贫增长类似，在农村，只有1993—1997年这段时间的经济发展是相对贫困的，经济发展有利于农村穷人。

此外，农村穷人与城镇穷人相比，1989—2009年农村穷人的人均收入年增长率为9.9%，要高于城镇穷人人均收入的年增长率8.6%。城镇富人年人均收入增长率为12.9%，要略高于农村富人年均12.1%的收入增长率。

从整体上看，1989—2009年这20年，经济发展无论是相对城镇，还是农村而言，都是利富式增长。只是在1993—1997年的经济增长是对城乡的贫困阶层是有利的，即是相对利贫的。

2. 利贫增长指数视角城乡利贫增长程度分析

1989—2009年中国城镇和农村利贫增长测度结果见表4-5。

表 4 – 5　　　　　1989—2009 年城乡利贫增长指数（相对贫困线）

城　　镇

	1989—1991	1991—1993	1993—1997	1997—2000	2000—2004	2004—2006	2006—2009	1989—2009
GRIM	0.02	0.50	0.78	0.35	0.27	0.27	0.61	8.50
PPGI – H	– 3.23	– 0.20	– 0.33	– 0.01	– 0.71	– 0.48	– 0.15	– 0.40
PPGI – PG	– 4.89	– 0.46	– 0.43	– 0.94	– 1.14	– 0.44	– 0.22	– 0.42
PPGI – SPG	– 7.14	– 0.74	– 0.90	– 1.44	– 1.49	– 0.91	– 0.19	0.08
PEGR – H	– 0.06	– 0.10	– 0.26	0.00	– 0.19	– 0.13	– 0.09	– 3.41
PEGR – PG	– 0.10	– 0.23	– 0.33	– 0.33	– 0.31	– 0.12	– 0.13	– 3.60
PEGR – SPG	– 0.14	– 0.37	– 0.71	– 0.51	– 0.40	– 0.25	– 0.12	0.67

农　　村

	1989—1991	1991—1993	1993—1997	1997—2000	2000—2004	2004—2006	2006—2009	1989—2009
GRIM	0.06	0.36	0.97	0.15	0.32	0.22	0.67	7.73
PPGI – H	2.45	– 0.13	– 0.05	– 1.19	– 0.22	– 0.33	0.13	– 0.19
PPGI – PG	3.61	– 0.23	– 0.11	– 1.56	– 0.29	– 0.12	0.04	– 0.09
PPGI – SPG	4.48	– 0.41	– 0.38	– 2.13	– 0.33	– 0.10	– 0.11	0.02
PEGR – H	0.15	– 0.05	– 0.05	– 0.18	– 0.07	– 0.07	0.09	– 1.49
PEGR – PG	0.22	– 0.08	– 0.10	– 0.23	– 0.09	– 0.03	0.03	– 0.72
PEGR – SPG	0.27	– 0.15	– 0.36	– 0.32	– 0.11	– 0.02	– 0.07	0.14

从表中可以看出，1989—2009 年，就城镇而言，经济发展属于中度利富增长，就农村而言，经济发展属于低度利富增长。但在这 20 年的发展中，城镇和农村的利富增长表现出较大差异。例如，1989—1991 年，城镇利贫增长指数小于零，说明经济增长是有利于城镇富人。实际情况是，1988 年中国通货膨胀率达到 18.8%，为此，中央立即作出治理经济环境、整顿经济秩序的宏观调控决定，开始全面压缩需求以控制物价。除加强物价调控外，1989 年 2 月，中国人民银行将储蓄存款利率提高到 9.45%，这大大增加了富人的存款收益。1989 年 11 月十三届五中全会通过《中共中央关于进一步治理整顿和深化改革的决定》，提出用 3 年或更

长时间完成治理整顿。开始在全社会范围内压缩社会集团购买力，同时压缩基建投资。由于本次经济调控力度大，需求和投资快速得到压制，经济实现硬着陆，使得我国 1989 年和 1990 年的经济增速分别只有 4.1% 和 3.8%。因此对于城镇的低收入家庭生活造成了较大冲击。

1989—1991 年这两年中，农村的利贫增长指数均大于零，并且大于 1，说明经济增长是有利于农村贫困家庭的。造成二者差异的原因，在于国家经济发展改革侧重点不同。十一届三中全会以后，我国着手经济体制改革，首先在农村开始推行家庭承包经营，压抑已久的农业生产力被快速释放，农民的收入开始快速增长，当时的农民尤其是贫困的农村家庭主要收入来源为农业生产活动，而在此期间国家开始缩小农产品价格剪刀差，农民收入快速增长，城乡收入差距有所缩小。由于农村居民收入来源比较单一，尽管收入提高，但农民之间的收入差异并不大，农村贫困发生率也快速下降。反映在利贫上，这段时期的经济发展是高度有利于农村贫困阶层的。

表 4–6　　　　　1989—2009 年城乡利贫程度（相对贫困线）

城 镇								
	1989—1991	1991—1993	1993—1997	1997—2000	2000—2004	2004—2006	2006—2009	1989—2009
PPGI – H	B⁺	B⁻⁻	B⁻⁻	B⁻⁻	B	B⁻	B⁻⁻	B⁻
PPGI – PG	B⁺	B⁻	B⁻	B	B⁺	B⁻	B⁻⁻	B⁻
PPGI – SPG	B⁺	B	B	B⁺	B⁺	B	B⁻	A⁻⁻
农 村								
	1989—1991	1991—1993	1993—1997	1997—2000	2000—2004	2004—2006	2006—2009	1989—2009
PPGI – H	A⁺	B⁻⁻	B⁻⁻	B⁺	B⁻⁻	A⁻⁻	A⁻⁻	B⁻
PPGI – PG	A⁺	B⁻⁻	B⁻	B⁺	B⁻⁻	B⁻	A⁻⁻	B⁻
PPGI – SPG	A⁺	B⁻	B⁻	B⁺	B⁻	B⁻	B⁻	A⁻⁻

说明：A：利贫，B：利富，"– –"：低度，"–"：中度，"+"：高度。

1991—2006 年，中国的经济发展无论是对于农村还是城镇而言，都是利富增长的，只不过利富增长的程度有所不同而已。其原因在于，这段时期是工业化发展期，国有企业改制，大量的民营企业的涌现。加之市场经济体制改革深入发展，催生了大量个体工商户，农村中有头脑的一批年轻人也从土地束缚中解放出来，纷纷进城务工，而那些缺乏资本，缺少教育的城镇和农村贫困人群在这场轰轰烈烈的经济发展大潮中被边缘化，造成了经济发展中的非利贫现象。

2006—2009年这三年中，经济发展在城镇中依然表现为低度利富式增长。2007年，美国爆发次贷危机，引发国际金融危机。而当时中国国内的物价上涨压力大，全年CPI达到4.8%，社会固定资产投资同比增长24.8%。为防止经济过热，控制通胀，2007年12月中央经济工作会议提出了"控总量、稳物价、调结构、促平衡"的经济工作方针，次年3月的十一届全国人大一次会议，提出经济发展要由2006年的"又好又快"明确为"稳中求进，好字优先"，并提出"双防"，即"防止经济增长由偏快转为过热，防止价格由结构性上涨演变为明显通胀"，提出从紧的货币政策。2008年9月，次贷危机发展为国际金融危机，对中国经济的影响加剧，为此，10月份国家迅速从宏观调控调重点转移到防止经济下滑，提出了积极的财政政策和适度宽松的货币政策，实施了一大批的基建投资。大量的投资拉动显然有利于富裕阶层，但由于忽视民生投资，对城镇贫困阶层生活改善的影响是有限的。

然而在农村，经济发展则有利于农村穷人。2006年1月1日《中华人民共和国农业税条例》废止，农业生产成本有所降低。废除农业税后，与农村税费改革之前的1999年相比，每年为农民减负超过100亿元，平均每个农民减负120元左右（高树兰，2007）。周正等（2009）利用1999—2002年中国30个省（市）取消农业税前的税收额作为面板数据，运用广义矩估计方法测得农业税的平均边际税负为2.27%，因此，农业税的取消大大减轻了农民负担。然而，李瑞林（2009）通过对云、贵、川300个农户的调查后认为，由于农资价格上涨，加上农户生产规模偏小，取消农业税对西部地区农民的减负增收效果有限，外出务工仍是这些地区农民增收的主要途径。尽管学者对有关取消农业税对农民增收的效果有不同结论，但我们认为，造成这种不同结论的原因在于农业税在不同阶层农民的负担支出中的比例有所不同，对于经济收入相对较高或收入来源多元化的家庭而言，农业税的取消只具有象征意义。事实上，农业税的边际税负随家庭收入的增加而递减。因此农业税的取消对于收入较高的家庭或地区而言，其对农民增收效果有限，甚至是不明显的。但对于低收入的贫困家庭而言，由于其收入来源单一，农业税的取消，对于贫困家庭的重要性是不言而喻的。因此，农业税取消是有利于贫困农民家庭的。此外，

2007年国家开始在全国范围内建立农村最低生活保障制度，将低收入家庭纳入保障范围，这些都有效地解决了农村贫困人口的温饱问题。

三 省际利贫增长

1. 收入增长视角的省际利贫增长一般性分析

首先，从收入水平看（见表4-7），1989年7个省份中最高收入的江苏省的人均收入为1521元，是当年湖北省人均收入的1.47倍，经过20年的发展，到2009年，7个省份中，最高收入省份与最低收入省份的收入比达1.89:1。经过20多年的发展，不同地区之间的人均收入差距有所扩大。

表4-7　　　　　　　　1989—2009年各省人均收入　　　　　　单位：元

省份	1989	1991	1993	1997	2000	2004	2006	2009
江苏	1521	1537	2174	4468	5462	7994	8090	12781
山东	1227	1258	1792	3465	4535	5267	8599	13332
河南	1045	1050	1150	2656	3094	4115	4745	7066
湖北	1035	1279	1648	3088	3362	4559	6465	11560
湖南	1448	1408	2178	4211	4689	6793	7551	13471
广西	1525	1285	2315	3822	4266	4227	4851	8231
贵州	1077	1225	1515	2669	3594	4341	5208	8293

从各省贫困人口与富人的收入增速看（见表4-8），1989—2009年，所有省份的穷人平均收入增长率均小于富人平均收入增长率，因此这些省份的经济增长都是利富的，而非利贫的。

表4-8　1989—2009年各省穷人与富人平均收入及增长率（相对贫困线）

单位：元，%

		1989	1991	1993	1997	2000	2004	2006	2009	1989—2009
	GRIM		0.04	0.40	0.88	0.20	0.29	0.24	0.63	7.60
江苏	穷人	365	375	484	1007	1158	1330	1439	2202	
	环比增速		2.8	28.8	108.2	15.1	14.8	8.2	53.1	5.0
	富人	1624	1691	2396	5090	6642	9984	11281	16316	
	环比增速		4.1	41.6	112.5	30.5	50.3	13.0	44.6	9.0

续表

		1989	1991	1993	1997	2000	2004	2006	2009	1989—2009
	GRIM		0.04	0.40	0.88	0.20	0.29	0.24	0.63	7.60
山东	穷人	344	342	450	750	784	1275	1492	2021	
	环比增速		-0.7	31.7	66.6	4.6	62.6	17.0	35.4	4.9
	富人	1383	1407	2110	4545	5968	7474	11703	17246	
	环比增速		1.7	49.9	115.4	31.3	25.2	56.6	47.4	11.5
河南	穷人	327	364	436	947	926	1039	1294	1884	
	环比增速		11.3	19.8	117.1	-2.2	12.2	24.5	45.6	4.8
	富人	1248	1272	1514	3637	4985	7171	8860	12496	
	环比增速		1.9	19.1	140.2	37.1	43.9	23.6	41.0	9.0
湖北	穷人	353	406	473	943	991	1228	1478	2202	
	环比增速		15.1	16.5	99.2	5.1	23.8	20.4	49.0	5.2
	富人	1202	1393	1982	3665	4847	6700	9582	16010	
	环比增速		15.9	42.3	84.9	32.3	38.2	43.0	67.1	12.3
湖南	穷人	353	371	443	800	734	1152	1327	2040	
	环比增速		5.0	19.7	80.5	-8.3	57.0	15.2	53.8	4.8
	富人	1626	1627	2465	4891	6161	8900	10205	17366	
	环比增速		0.0	51.6	98.4	26.0	44.5	14.7	70.2	9.7
广西	穷人	368	362	459	963	1038	1275	1307	2277	
	环比增速		-1.5	26.7	109.7	7.8	22.9	2.5	74.2	5.2
	富人	1700	1530	2572	4466	5309	6041	6984	11833	
	环比增速		-10.0	68.1	73.6	18.9	13.8	15.6	69.4	6.0
贵州	穷人	350	393	473	962	1040	1180	1434	2039	
	环比增速		12.4	20.3	103.2	8.1	13.4	21.5	42.3	4.8
	富人	1374	1532	1829	3590	4878	7360	8760	14263	
	环比增速		11.5	19.4	96.3	35.9	50.9	19.0	62.8	9.4

其次，我们发现，7个省份穷人的收入增长率在这20年中都比较接近于5倍，而各省富人之间的收入增长率则有较大差异，例如，1989—2009年，7个省份中，湖北省富人的收入增长最快，增长了12.3倍，而同期广西壮族自治区富人的收入只增长了6倍。这说明，1989—2009年这20年中，我国各省贫困人口之间的收入增速差异并不显著，但各省富

人与贫困人口之间的收入差距在扩大,而且各省富人之间的收入差距也在扩大。

2. 利贫增长指数视角的城镇利贫增长程度分析

省际利贫增长指数见表4-9,以贫困发生率测度的利贫增长指数显示,1989—2009年,所有7个省份的利贫增长指数均小于零,说明这20年间,这些省份的经济增长均属于利富式的,这与前面的分析相吻合。在利富式增长的程度上,广西和河南都属于利富式增长,其利贫增长指数分别为-0.74和-0.65。而江苏、山东、湖北、湖南和贵州则属于低度利富式增长。

表4-9　　1989—2009年省际利贫增长指数(相对贫困线)

PPGI-H	1989—1991	1991—1993	1993—1997	1997—2000	2000—2004	2004—2006	2006—2009	1989—2009
江 苏	-15.35	0.02	0.07	-0.67	0.86	-4.82	0.64	-0.09
山 东	1.12	-0.53	-0.22	-0.24	-0.07	-2.37	0.63	-0.22
河 南	-1.72	-0.63	0.06	-1.62	0.28	-0.43	-0.03	-0.65
湖 北	7.03	-0.94	0.04	-1.51	-0.60	0.71	0.00	-0.28
湖 南	-5.89	0.28	-0.08	-2.86	0.00	-0.07	0.02	-0.32
广 西	-8.19	0.77	-0.13	-1.42	-0.89	-0.50	-0.34	-0.74
贵 州	0.80	0.28	-0.25	-0.22	-0.81	0.28	0.20	-0.04
PPGI-PG	1989—1991	1991—1993	1993—1997	1997—2000	2000—2004	2004—2006	2006—2009	1989—2009
江 苏	-4.72	0.06	0.06	-0.46	0.78	-3.82	0.72	-0.11
山 东	-0.47	-0.41	-0.56	-0.48	0.68	-1.22	0.22	-0.17
河 南	0.07	-0.73	0.10	-2.29	-0.35	0.49	-0.34	-0.27
湖 北	7.72	-1.06	-0.02	-1.93	-0.72	0.82	-0.20	-0.14
湖 南	-2.75	0.10	-0.33	-4.59	0.91	0.14	-0.07	-0.19
广 西	-7.14	0.74	-0.12	-1.66	-1.10	-1.04	-0.05	-0.29
贵 州	2.44	0.08	-0.27	-0.35	-1.09	0.23	0.23	-0.05
PPGI-SPG	1989—1991	1991—1993	1993—1997	1997—2000	2000—2004	2004—2006	2006—2009	1989—2009
江 苏	-5.68	-0.28	3.73	-0.52	1.33	-4.14	1.20	0.02
山 东	-2.16	-0.59	-2.37	-0.51	1.06	-1.65	0.27	0.03
河 南	1.43	-0.83	0.22	-3.02	-0.76	0.70	-0.62	0.05
湖 北	9.74	-1.08	-0.30	-2.22	-1.04	1.08	-0.64	0.03
湖 南	-2.63	-0.27	-1.77	-6.28	1.75	0.34	-0.25	0.03
广 西	-9.86	1.36	-0.18	-2.28	-1.45	-1.62	0.12	0.05
贵 州	3.49	-0.14	-0.56	-0.38	-1.59	0.23	0.02	0.01

从贫困深度计算的利贫增长指数看,1989—2009 年,尽管 7 个省份的经济增长仍属于利富式增长,但皆属于低度利富式增长,经济增长并不是十分强烈的有利于富人的。但在这 7 个省份中,相较于其他省份,河南与广西仍然是最为利富增长的地区(见图 4-2)。

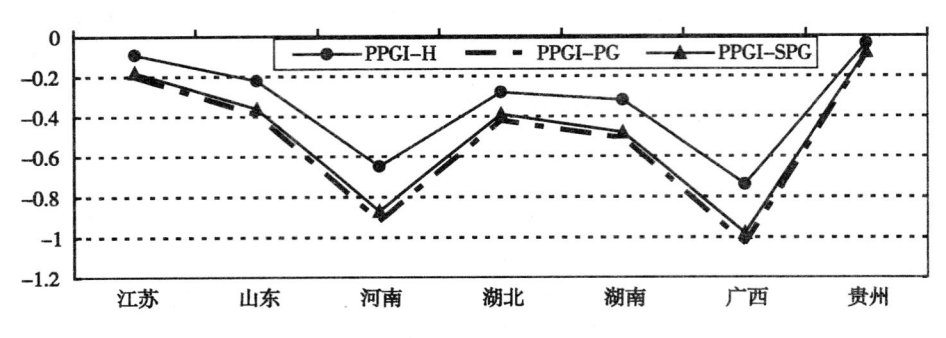

图 4-2　1989—2009 年各省利贫增长指数

从贫困强度计算的利贫增长指数看,1989—2009 年,7 个省份都属于低度利贫增长,尽管利贫增长指数都大于零,但指数值都相对较小,比较接近于零。由于贫困强度在计算时是给低收入的人以更大的权重,这说明,1989—2009 年这 20 年中,低收入人群的收入提高幅度较小,使得以贫困强度计算的利贫增长指数值较小。

在 1989—2009 年这 20 年内的 7 个不同时期中,不同省份的利贫增长情况有所差异(见表 4-10)。以贫困发生率计算的利贫增长指数显示,7 个时期中,江苏省有 5 个时期属于利贫增长,湖北省和贵州省有 4 个时期属于利贫增长,山东省和湖南省有 3 个时期属于利贫增长,河南省有 2 个时期属于利贫增长,而广西壮族自治区只有 1 个时期属于利贫增长。

表 4-10　　　　　1989—2009 年省际利贫程度(相对贫困线)

PPGI-H	1989—1991	1991—1993	1993—1997	1997—2000	2000—2004	2004—2006	2006—2009	1989—2009
江苏	B$^+$	A^{--}	A^{--}	B	A	A$^-$	A$^-$	B^{--}
山东	A$^+$	B$^-$	B^{--}	B^{--}	B^{--}	A$^-$	A$^-$	B^{--}
河南	B$^+$	B$^-$	A^{--}	B$^+$	A$^-$	B^{--}	B^{--}	B
湖北	A$^+$	B	A^{--}	B$^+$	A	A^{--}	A^{--}	B^{--}
湖南	B$^+$	A^{--}	B^{--}	B$^+$	A^{--}	B^{--}	B^{--}	B^{--}

续表

PPGI-H	1989—1991	1991—1993	1993—1997	1997—2000	2000—2004	2004—2006	2006—2009	1989—2009
广西	B+	A	B−−	B+	B	B−	B−	B
贵州	A	A−−	B−−	B−−	B	A−−	A−−	B−−

说明：A：利贫，B：利富，"−−"：低度，"−"：中度，"+"：高度。

从时间段看，2006—2009 年有 5 个省份的经济发展有利于穷人，属利贫增长，而 1997—2000 年所有 7 个省份的经济发展都是利富的，并且河南、湖北、湖南、广西四个省份的经济发展属于高度利富式增长。

第三节 利贫增长效应分解原理

目前，关于贫困变动分解方法最为常见的是由 Datt 和 Ravallion（1992）提出的，国内许多学者也利用该方法对经济增长的减贫效应进行研究（万广华，2006；杜凤莲，2009；胡兵，2007；冯星光，2006；林伯强，2003），这些研究都是基于匿名性情形下的。依据该方法，前后两期的贫困指数变化如下：

$$\Delta P = P[z, \mu_2, L_2(p)] - P[z, \mu_1, L_1(p)] \quad (4.9)$$

式中，z 为贫困线，μ 为人均收入，$L(p)$ 为 Lorenz 曲线，$P[z, \mu, L(p)]$ 为贫困指数。

对于第一期 n 个个体的收入向量：

$$x(\mu_1, L_1) = (x_1^{(1)}, x_2^{(1)}, \ldots, x_{q_1}^{(1)}, x_{q_1+1}^{(1)}, \ldots, x_n^{(1)})（按收入排序） \quad (4.10)$$

保持不平等状况不变，所有个体收入均同时增长 $g = \dfrac{\mu_2}{\mu_1} - 1$，$\mu_1$、$\mu_2$ 为前后两期的人均收入，则得到收入向量：

$$x(\mu_2, L_1) = (1 + g)(x_1^{(1)}, x_2^{(1)}, \ldots, x_{q_1}^{(1)}, x_{q_1+1}^{(1)}, \ldots, x_n^{(1)}) \quad (4.11)$$

该向量表示保持不平等状况如第一期，纯经济增长后的收入情况。

相应地，对应于第一期 n 个人变化后的收入向量，即第二期收入向量：

$$x(\mu_2, L_2) = (x_1^{(2)}, x_2^{(2)}, \ldots, x_{q_1}^{(2)}, x_{q_1+1}^{(2)}, \ldots, x_n^{(2)})（非匿名且收入未排序） \quad (4.12)$$

对 $x(\mu_2, L_2)$ 从低至高进行排序后则得到匿名情况下的收入向量：
$$y(\mu_2, L_2) = (y_1^{(2)}, y_2^{(2)}, \ldots, y_{q_2}^{(2)}, y_{q_2+1}^{(2)}, \ldots, y_n^{(2)}) （匿名且收入排序）$$
(4.13)

保持不平等状况不变，个体收入均同时下降 $g = \dfrac{\mu_2}{\mu_1} - 1$，则得到收入向量：

$$x(\mu_1, L_2) = \frac{1}{(1+g)}(x_1^{(2)}, x_2^{(2)}, \ldots, x_{q_1}^{(2)}, x_{q_1+1}^{(2)}, \ldots, x_n^{(2)}) \quad (4.14)$$

$$y(\mu_1, L_2) = \frac{1}{(1+g)}(y_1^{(2)}, y_2^{(2)}, \ldots, y_{q_2}^{(2)}, y_{q_2+1}^{(2)}, \ldots, y_n^{(2)}) \quad (4.15)$$

其中，$x(\mu_1, L_2)$ 表示保持不平等状况如第二期，在非匿名性情况下，考虑经济增长情况下，应达到的第一期的收入情况。

类似地，$y(\mu_1, L_2)$ 表示保持不平等状况如第二期，在匿名性情况下，考虑经济增长情况下，应达到的第一期的收入情况。

有了以上各种收入向量，依据 Kakwani 和 Pernia（2000）的减贫效应分解方法，可对匿名性和非匿名性下减贫效应进行分解。

一 匿名增长效应分解

保持贫困线不变，在匿名性情况下，前后两期 FGT 贫困指数变化为：

$$\Delta FGT = \frac{1}{n}\sum_{i=1}^{q_2}\left(\frac{z_2 - y_i^{(2)}}{z_2}\right)^\alpha - \frac{1}{n}\sum_{i=1}^{q_1}\left(\frac{z_1 - x_i^{(1)}}{z_1}\right)^\alpha \quad (4.16)$$

这里 $y_i^{(2)}$ 为第二期贫困人口的收入，$x_i^{(1)}$ 为第一期贫困人口收入，因此该贫困指数的变化反映了社会整体贫困的变化，包含穷人持续性贫困和富人返贫性贫困两种效应。

相应地，在匿名性情况下，经济增长的减贫效应分解为纯经济增长效应（G）、分配效应（I）和贫困线变动效应（LE）如下：

增长效应：

$$G_{12} = 1/2\{P[z_1, x(\mu_2, L_1)] - P[z_1, x(\mu_1, L_1)]$$
$$+ P[z_2, y(\mu_2, L_2)] - P[z_2, y(\mu_1, L_2)]\}$$
$$= 1/2\left\{\frac{1}{n}\sum_{i=1}^{q_1}\left[\frac{z_1 - x_i^{(1)}(1+g)}{z_1}\right]^\alpha - \frac{1}{n}\sum_{i=1}^{q_1}\left[\frac{z_1 - x_i^{(1)}}{z_1}\right]^\alpha\right.$$
$$\left.+ \frac{1}{n}\sum_{i=1}^{q_2}\left[\frac{z_2 - y_i^{(2)}}{z_2}\right]^\alpha - \frac{1}{n}\sum_{i=1}^{q_2}\left[\frac{z_2 - y_i^{(2)}/(1+g)}{z_2}\right]^\alpha\right\} \quad (4.17)$$

分配效应：

$$I_{12} = 1/2\{P[z_1,y(\mu_1,L_2)] - P[z_1,x(\mu_1,L_1)]$$
$$+ P[z_2,y(\mu_2,L_2)] - P[z_2,x(\mu_2,L_1)]\}$$
$$= 1/2\left\{\frac{1}{n}\sum_{i=1}^{q_2}\left[\frac{z_1 - y_i^{(2)}/(1+g)}{z_1}\right]^\alpha - \frac{1}{n}\sum_{i=1}^{q_1}\left[\frac{z_1 - x_i^{(1)}}{z_1}\right]^\alpha\right.$$
$$\left. + \frac{1}{n}\sum_{i=1}^{q_2}\left[\frac{z_2 - y_i^{(2)}}{z_2}\right]^\alpha - \frac{1}{n}\sum_{i=1}^{q_1}\left[\frac{z_2 - x_i^{(1)}(1+g)}{z_2}\right]^\alpha\right\} \quad (4.18)$$

贫困线变动效应：

$$LE_{12} = 1/2\{P[z_2,y(\mu_1,L_2)] - P[z_1,x(\mu_2,L_1)]$$
$$+ P[z_2,x(\mu_2,L_1)] - P[z_1,y(\mu_1,L_2)]\}$$
$$= 1/2\left\{\frac{1}{n}\sum_{i=1}^{q_2}\left[\frac{z_2 - y_i^{(2)}/(1+g)}{z_2}\right]^\alpha - \frac{1}{n}\sum_{i=1}^{q_1}\left[\frac{z_1 - x_i^{(1)}(1+g)}{z_1}\right]^\alpha\right.$$
$$\left. + \frac{1}{n}\sum_{i=1}^{q_1}\left[\frac{z_2 - x_i^{(1)}(1+g)}{z_2}\right]^\alpha - \frac{1}{n}\sum_{i=1}^{q_2}\left[\frac{z_1 - y_i^{(2)}/(1+g)}{z_1}\right]^\alpha\right\}(4.19)$$

二　非匿名增长效应分解

在非匿名性情况下，前后两期 FGT 贫困指数变化为包含穷人持续性贫困（前后两期均未脱贫）和富人返贫性贫困：

$$\Delta P = \Delta P_1 + \Delta P_2$$
$$= \left\{\frac{1}{n}\sum_{i=1}^{m_1}\left[\frac{z_2 - x_i^{(2)}}{z_2}\right]^\alpha - \frac{1}{n}\sum_{i=1}^{q_1}\left[\frac{z_1 - x_i^{(1)}}{z_1}\right]^\alpha\right\} + \left\{\frac{1}{n}\sum_{i=1}^{m_2}\left[\frac{z_2 - x_i^{(2)}}{z_2}\right]^\alpha\right\}$$
$$(4.20)$$

这里 $x_i^{(2)}$ 为第二期贫困人口的收入，$x_i^{(1)}$ 为第一期贫困人口收入，m_1 为前后两期均贫困人口数即持续性贫困人数，m_2 为上期富人返贫人数，并且 $m_1 + m_2 = q_2$，上式中 ΔP_1 即为穷人的贫困变化，ΔP_2 则为富人的返贫效应。值得注意的是，对于贫困问题我们应更关注穷人本身贫困状况的变化，而不应考虑富人返贫情况。因此本书仅关注第一期穷人贫困状况的变化，而不考虑由富返贫的这部分人的贫困变动，即只考虑：

$$\Delta IFGT = \Delta P_1 = \frac{1}{n}\sum_{i=1}^{m_1}\left[\frac{z_2 - x_i^{(2)}}{z_2}\right]^\alpha - \frac{1}{n}\sum_{i=1}^{q_1}\left[\frac{z_1 - x_i^{(1)}}{z_1}\right]^\alpha \quad (4.21)$$

不难发现，非匿名性情形下的 FGT 贫困指数变化更能真实反映原来穷人的贫困改善状况。在非匿名性情况下，经济增长的减贫效应分解为纯经济增长效应、分配效应和贫困线变动效应如下：

经济增长效应：

$$G_{12} = 1/2\{P[z_1, x(\mu_2, L_1)] - P[z_1, x(\mu_1, L_1)] \\ + P[z_2, x(\mu_2, L_2)] - P[z_2, x(\mu_1, L_2)]\}$$

$$= 1/2\left\{\frac{1}{n}\sum_{i=1}^{q_1}\left[\frac{z_1 - x_i^{(1)}(1+g)}{z_1}\right]^\alpha - \frac{1}{n}\sum_{i=1}^{q_1}\left[\frac{z_1 - x_i^{(1)}}{z_1}\right]^\alpha \right. \\ \left. + \frac{1}{n}\sum_{i=1}^{m_1}\left[\frac{z_2 - x_i^{(2)}}{z_2}\right]^\alpha - \frac{1}{n}\sum_{i=1}^{m_1}\left[\frac{z_2 - x_i^{(2)}/(1+g)}{z_2}\right]^\alpha\right\} \quad (4.22)$$

分配效应：

$$I = 1/2\{P[z_1, x(\mu_1, L_2)] - P[z_1, x(\mu_1, L_1)] \\ + P[z_2, x(\mu_2, L_2)] - P[z_2, x(\mu_2, L_1)]\}$$

$$= 1/2\left\{\frac{1}{n}\sum_{i=1}^{m_1}\left[\frac{z_1 - x_i^{(2)}/(1+g)}{z_1}\right]^\alpha - \frac{1}{n}\sum_{i=1}^{q_1}\left[\frac{z_1 - x_i^{(1)}}{z_1}\right]^\alpha \right. \\ \left. + \frac{1}{n}\sum_{i=1}^{m_1}\left[\frac{z_2 - x_i^{(2)}}{z_2}\right]^\alpha - \frac{1}{n}\sum_{i=1}^{q_1}\left[\frac{z_2 - x_i^{(1)}(1+g)}{z_2}\right]^\alpha\right\} \quad (4.23)$$

贫困线变动效应：

$$LE_{12} = 1/2\{P[z_2, x(\mu_1, L_2)] - P[z_1, x(\mu_2, L_1)] \\ + P[z_2, x(\mu_2, L_1)] - P[z_1, x(\mu_1, L_2)]\}$$

$$= 1/2\left\{\frac{1}{n}\sum_{i=1}^{m_1}\left[\frac{z_2 - x_i^{(2)}/(1+g)}{z_2}\right]^\alpha - \frac{1}{n}\sum_{i=1}^{q_1}\left[\frac{z_1 - x_i^{(1)}(1+g)}{z_1}\right]^\alpha \right. \\ \left. + \frac{1}{n}\sum_{i=1}^{q_1}\left[\frac{z_2 - x_i^{(1)}(1+g)}{z_2}\right]^\alpha - \frac{1}{n}\sum_{i=1}^{m_1}\left[\frac{z_1 - x_i^{(2)}/(1+g)}{z_1}\right]^\alpha\right\}$$

$$(4.24)$$

当平均收入增长率为 $GRIM = \frac{\mu_2}{\mu_1} - 1$ 时，可以得到：

总贫困增长弹性为：

$$\eta = \frac{P_{12}}{\frac{\mu_2}{\mu_1} - 1} = \frac{P_{12}}{GRIM} \quad (4.25)$$

即1%的社会平均收入增长所引起的贫困变化的百分点。

纯经济增长贫困弹性为：

$$\eta_g = \frac{G_{12}}{\frac{\mu_2}{\mu_1} - 1} = \frac{G_{12}}{GRIM} \quad (4.26)$$

即假定不平等不变，1%的社会平均收入增长所引起的贫困变化的百分点。

纯收入分配贫困弹性为：

$$\eta_I = \frac{I_{12}}{\frac{\mu_2}{\mu_1} - 1} = \frac{I_{12}}{GRIM} \quad (4.27)$$

即假定社会平均收入不变，收入分配变化所引起的贫困变化的百分点。

贫困线变动贫困弹性为：

$$\eta_{LE} = \frac{LE_{12}}{\frac{\mu_2}{\mu_1} - 1} = \frac{LE_{12}}{GRIM} \quad (4.28)$$

即由于贫困线变动所引起的贫困变化的百分点。

从理论上讲，我们应该更为关注贫困人口的脱贫效应，对于富人返贫效应不应太加关注，为此，这里我们选取非匿名性的方法来探讨减贫效应。

第四节 1989—2009年中国利贫增长效应分解

一 全国利贫增长效应

1. 1美元贫困线标准下的利贫增长效应

以1美元为贫困标准，1989—2009年全国利贫增长指数计算及增长效应分解结果见表4-11。

需要指出的是，如果以1美元作为绝对贫困标准，1989—2009年，以绝对贫困发生率计算的中国经济增长的利贫增长指数为0.46，经济发展属于中度利贫。但在前文我们已经从收入增长速度角度证实，1989—2009年穷人收入增加了6.4倍，而富人的收入增加了9.96倍，因此经济的发展是利富的。这说明，以1美元作为绝对贫困标准是偏低的，也就是说要衡量经济增长是否利贫，需从更高的贫困线标准去度量，这是本书在利贫增长测度中采用相对贫困线的一个重要依据。

由于1美元的绝对贫困标准为诸多学者研究所采用，这里我们还是就1美元绝对贫困标准下中国经济发展的利贫增长效应作相应分解（见表

4-11)。

表 4-11　　　　　　全国利贫增长效应（1 美元贫困线）

指标	总贫困弹性	经济增长贫困弹性	收入分配贫困弹性	贫困线变动贫困弹性	增长效应	分配效应	贫困线变动效应	利贫增长指数（PPGI）
贫困发生率								
1989—1991 年	-0.20	-0.45	-0.15	0.40	-1.8	-0.6	1.6	0.44
1991—1993 年	-0.02	-0.37	0.17	0.19	-15.0	6.7	7.5	0.05
1993—1997 年	-0.13	-0.25	-0.01	0.13	-22.3	-0.9	11.8	0.51
1997—2000 年	0.02	-0.23	0.30	-0.05	-4.6	6.1	-1.1	-0.09
2000—2004 年	-0.09	-0.19	0.07	0.03	-5.4	2.0	0.8	0.48
2004—2006 年	-0.08	-0.16	0.08	0.00	-3.9	2.0	0.0	0.47
2006—2009 年	-0.06	-0.08	0.01	0.01	-5.2	0.7	0.5	0.78
1989—2009 年	-0.03	-0.06	0.02	0.02	-45.4	11.7	12.7	0.46
贫困深度								
1989—1991 年	-0.32	-0.18	-0.30	0.16	-0.7	-1.2	0.6	1.78
1991—1993 年	0.01	-0.16	0.08	0.08	-6.3	3.2	3.3	-0.04
1993—1997 年	-0.04	-0.12	0.00	0.07	-10.1	0.3	5.9	0.39
1997—2000 年	0.06	-0.09	0.18	-0.03	-1.8	3.6	-0.6	-0.70
2000—2004 年	-0.03	-0.08	0.03	0.01	-2.2	0.9	0.4	0.41
2004—2006 年	-0.01	-0.06	0.05	0.00	-1.5	1.2	0.0	0.15
2006—2009 年	-0.02	-0.04	0.01	0.00	-2.5	0.9	0.2	0.54
1989—2009 年	-0.01	-0.09	0.04	0.05	-70.4	29.2	35.0	0.09
贫困强度								
1989—1991 年	-0.24	-0.10	-0.23	0.09	-0.4	-0.9	0.4	2.46
1991—1993 年	0.01	-0.07	0.05	0.03	-2.7	1.9	1.2	-0.14
1993—1997 年	-0.02	-0.01	0.00	-0.01	-1.3	0.0	-0.5	1.44
1997—2000 年	0.06	-0.05	0.12	-0.01	-0.9	2.4	-0.2	-1.34
2000—2004 年	-0.01	-0.04	0.01	0.01	-1.1	0.6	0.2	0.30
2004—2006 年	0.00	-0.03	0.03	0.00	-0.8	0.8	0.0	-0.01
2006—2009 年	-0.01	-0.01	0.00	0.00	-0.9	0.2	-0.1	0.78
1989—2009 年	0.00	0.44	-0.10	-0.35	332.8	-72.4	-262.6	-0.01

以 1 美元为绝对贫困标准，1989—2009 年，中国的绝对贫困发生率从 1989 年的 29.1% 下降到 2009 年的 8.1%，下降了 21 个百分点。其中，由于纯经济增长，使得绝对贫困发生率下降 45.4 个百分点，但由于收入不平等加深，使得绝对贫困发生率上升 11.7 个百分点，由于以 1 美元计

算的绝对贫困线提高,绝对贫困发生率相应增加 12.7 个百分点,三者的综合影响使得中国在 1989—2009 年总的绝对贫困发生率下降了 21 个百分点。

分阶段看,1991—1993 年和 1997—2000 年是收入不平等扩大的两个主要阶段,其收入分配增贫效应在各阶段中最大。1993—1997 年是经济发展对减贫最为有利的时期,同时该阶段的收入分配也有所改善。2000 年以后,纯经济增长减贫效应均高于收入分配增贫效应和贫困线变动的增贫效应。整体而言,经济发展使得绝对贫困得到大幅度下降。

从贫困深度即收入缺口比率上看,如果以 1 美元作为绝对贫困标准,因经济发展,1989—2009 年,中国绝对贫困人口的收入缺口比例从 10.9% 下降到 4.7%,下降了 6.2 个百分点。其中,因纯经济发展使得缺口比率下降了 70.4 个百分点,但由于不平等程度加深,分配效应使得收入缺口率上升了 29.2 个百分点,又由于贫困线的提高,使得缺口比率上升了 35 个百分点,三者综合影响,使 20 年来绝对贫困人口的收入缺口比率在 1989—2009 年下降了 6.2 个百分点。

表 4 - 12　　　　　　　全国贫困深度（1 美元贫困线）　　　　　　单位:%

年　份	1989	1991	1993	1997	2000	2004	2006	2009
收入缺口比率	10.9	9.7	9.9	6.0	7.2	6.3	6.1	4.7

2. 相对贫困线下的利贫增长效应

以相对贫困线作为贫困标准,1989—2009 年全国利贫增长指数计算及增长效应分解结果见表 4 - 13。

1989—2009 年,总贫困弹性为 0.01,即人均收入增长 1%,相对贫困发生率将增加 0.01%。这一结论似乎与直觉有矛盾,事实上,总贫困弹性是经济增长贫困弹性、收入分配贫困弹性和贫困线变动贫困弹性的三者之和。这 20 年,中国纯经济增长贫困弹性为 - 0.06,即人均收入增长 1%,相对贫困发生率将下降 0.06%,但由于不平等程度加深,使得收入分配贫困弹性为 0.02,此外由于相对贫困线的提高,使得贫困线变动贫困弹性为 0.05,三者综合影响的结果是总贫困弹性为正。此外,由于经济增长贫困弹性和贫困线变动贫困弹性绝对值基本接近,二者对相对贫困发生率变化效应作用相互抵消。

表 4-13　　　　　　　全国利贫增长效应（相对贫困线）

指标	贫困弹性 总贫困弹性	贫困弹性 经济增长贫困弹性	贫困弹性 收入分配贫困弹性	贫困弹性 贫困线变动贫困弹性	效应(%) 增长效应	效应(%) 分配效应	效应(%) 贫困线变动效应	利贫增长指数(PPGI)
贫困发生率								
1989—1991 年	-0.33	-0.28	-0.45	0.40	-1.1	-1.8	1.6	1.18
1991—1993 年	0.04	-0.28	0.13	0.19	-11.1	5.3	7.5	-0.15
1993—1997 年	0.03	-0.24	-0.01	0.28	-21.2	-1.1	24.9	-0.12
1997—2000 年	0.27	-0.28	0.32	0.24	-5.6	6.3	4.8	-0.99
2000—2004 年	0.09	-0.28	0.08	0.29	-8.2	2.2	8.6	-0.32
2004—2006 年	0.09	-0.24	0.20	0.13	-5.9	4.8	3.2	-0.36
2006—2009 年	-0.02	-0.27	-0.01	0.26	-16.8	-0.7	16.3	0.07
1989—2009 年	0.01	-0.06	0.02	0.05	-42.1	14.8	39.3	-0.29
贫困深度								
1989—1991 年	-0.25	-0.12	-0.29	0.16	-0.5	-1.1	0.6	2.15
1991—1993 年	0.03	-0.10	0.06	0.07	-4.0	2.3	2.9	-0.29
1993—1997 年	0.02	-0.13	0.00	0.12	-8.4	0.1	9.8	-0.17
1997—2000 年	0.19	-0.13	0.21	0.11	-2.6	4.2	2.2	-1.49
2000—2004 年	0.06	-0.14	0.05	0.15	-3.9	1.4	4.2	-0.43
2004—2006 年	0.02	-0.15	0.04	0.13	-3.6	2.2	2.0	-0.16
2006—2009 年	0.00	-0.14	0.00	0.14	-8.6	0.2	8.4	0.00
1989—2009 年	0.01	-0.07	0.01	0.07	-52.2	9.0	50.8	-0.15
贫困强度								
1989—1991 年	-0.15	-0.06	-0.17	0.08	-0.2	-0.7	0.3	2.71
1991—1993 年	0.02	-0.04	0.03	0.03	-1.6	1.3	1.1	-0.47
1993—1997 年	0.01	-0.02	0.00	0.03	-2.0	0.3	2.7	-0.51
1997—2000 年	0.14	-0.07	0.15	0.06	-1.4	3.1	1.2	-2.05
2000—2004 年	0.04	-0.08	0.03	0.09	-2.3	1.0	2.4	-0.52
2004—2006 年	0.02	-0.09	0.06	0.05	-2.1	1.4	1.2	-0.21
2006—2009 年	0.01	-0.06	0.01	0.06	-3.5	0.5	3.4	-0.12
1989—2009 年	0.01	0.29	0.01	-0.29	220.7	6.8	-221.5	0.03

从效应分解上也可以看出，以相对贫困线衡量，1989 年中国的相对贫困发生率为 18.1%，到 2009 年，相对贫困发生率为 30.1%，增加了 12 个百分点。其中，由于经济增长使得相对贫困发生率下降 42.1 个百分点，但由于不平等程度加深，使得相对贫困发生率上升 14.8 个百分点，此外，由于相对贫困线的提高，使得相对贫困发生率上升 39.3 个百分点，三者

综合影响使得中国的相对贫困发生率增加了12个百分点。

前文已经分析过,1989—1991年经济发展是高度利贫的,这从贫困弹性上可以进一步反映出来,1989—1991年,总贫困弹性为-0.33,说明人均收入增长1个百分点,相对贫困发生率可以下降33%,如果收入分配不变,则人均收入增长1%,相对贫困发生率可以下降28%。由于不平等程度下降,使得相对贫困发生率可以下降45%,由于1991年的相对贫困线较1989年的相对贫困线提高,使得相对贫困发生率增加40%。从效应分解看,1989—1991年,全国相对贫困发生率下降了1.3个百分点,其中,纯增长效应可以使得相对贫困发生率下降1.1个百分点,由于不平等程度下降,使得相对贫困发生率下降1.8个百分点,由于相对贫困线的提高,使得相对贫困发生率提高了1.6个百分点,三者的综合影响,使得该时期全国相对贫困发生率下降了1.3个百分点。计算出的利贫增长指数为1.18,也说明该时期的经济增长是高度利贫的。

从贫困深度即收入缺口比率上看,如果以相对贫困线作为贫困标准,1989—2009年,中国相对贫困人口的收入缺口比例则从6.3%上升到13.9%,上升了7.6个百分点。其中,在不平等程度不变的情况下,纯经济增长使得穷人的收入缺口比率下降了52.2个百分点,但由于不平等程度加深,分配效应使得收入缺口率上升了9个百分点,同时又由于相对贫困线的提高,使得缺口比率上升了50.8个百分点,三者综合影响,使得20年来,如果以相对贫困线作为贫困标准,中国相对贫困人口的收入缺口比率从1989年到2009年上升了7.6个百分点。

表4-14 全国贫困深度(相对贫困线) 单位:%

年 份	1989	1991	1993	1997	2000	2004	2006	2009
收入缺口比率	6.3	5.3	6.4	7.9	11.7	13.4	14.0	13.9

二 城镇利贫增长效应

1. 1美元贫困线标准下的城镇利贫增长效应

以1美元为贫困标准,1989—2009年城镇利贫增长效应分解结果见表4-15。

1989—2009年,中国城镇绝对贫困发生率从13.9%下降到8.6%,下降了5.3个百分点。其中,如果社会不平等不变,则经济增长能使城镇绝对贫困发生率下降30.1个百分点，但由于收入分配恶化，社会不平等程度加深，使得城镇绝对贫困发生率增加了14.3个百分点。此外，由于2009年的1美元贫困线较1989年的1美元贫困线高，使得城镇绝对贫困发生率上升了10.5个百分点。三者综合影响，使得中国1989—2009年城镇绝对贫困发生率只下降了5.3个百分点。

表4-15　城镇利贫增长效应（1美元贫困线）

指标	总贫困弹性	经济增长贫困弹性	收入分配贫困弹性	贫困线变动贫困弹性	增长效应	分配效应	贫困线变动效应	利贫增长指数（PPGI）
贫困发生率								
1989—1991年	1.47	-0.70	1.59	0.58	-1.4	3.2	1.2	-2.09
1991—1993年	0.00	-0.23	0.10	0.13	-11.3	4.8	6.5	-0.01
1993—1997年	-0.06	-0.19	0.03	0.10	-14.6	2.7	7.7	0.30
1997—2000年	-0.04	-0.08	0.06	-0.01	-3.0	2.1	-0.5	0.44
2000—2004年	-0.03	-0.13	0.08	0.02	-3.5	2.2	0.5	0.21
2004—2006年	0.02	-0.06	0.08	0.00	-1.5	2.1	0.0	-0.42
2006—2009年	-0.04	-0.05	0.00	0.01	-3.1	0.1	0.4	0.82
1989—2009年	-0.01	-0.04	0.02	0.01	-30.1	14.3	10.5	0.17
贫困深度								
1989—1991年	0.72	-0.20	0.74	0.18	-0.4	1.5	0.4	-3.58
1991—1993年	0.01	-0.07	0.04	0.04	-3.7	2.2	1.9	-0.11
1993—1997年	-0.01	-0.08	0.02	0.05	-6.3	1.6	3.6	0.17
1997—2000年	0.01	-0.03	0.05	-0.01	-1.2	1.9	-0.4	-0.29
2000—2004年	0.02	-0.05	0.06	0.01	-1.3	1.7	0.2	-0.53
2004—2006年	0.04	-0.03	0.07	0.00	-0.9	1.9	0.0	-1.16
2006—2009年	-0.03	-0.04	0.00	0.00	-1.7	-0.1	0.2	0.97
1989—2009年	0.00	-0.04	0.02	0.02	-36.6	19.7	18.0	-0.03
贫困强度								
1989—1991年	0.47	-0.10	0.48	0.09	-0.2	1.0	0.2	-4.54
1991—1993年	0.01	-0.03	0.03	0.01	-1.6	1.4	0.7	-0.31
1993—1997年	0.00	-0.01	0.01	0.00	-0.8	0.9	-0.3	0.28
1997—2000年	0.01	-0.02	0.03	0.00	-0.7	1.1	-0.2	-0.41

续表

指标	贫困弹性 总贫困弹性	贫困弹性 经济增长贫困弹性	贫困弹性 收入分配贫困弹性	贫困弹性 贫困线变动贫困弹性	效应（%） 增长效应	效应（%） 分配效应	效应（%） 贫困线变动效应	利贫增长指数（PPGI）
2000—2004 年	0.04	-0.03	0.07	0.00	-0.8	1.9	0.1	-1.49
2004—2006 年	0.04	-0.02	0.06	0.00	-0.6	1.6	0.0	-1.72
2006—2009 年	-0.02	-0.02	-0.01	0.00	-0.9	-0.4	0.0	1.41
1989—2009 年	0.00	0.22	-0.04	-0.17	183.8	-37.1	-144.3	0.01

从城镇绝对贫困人口收入缺口比率看（见表4-16），以1美元为贫困标准，1989—2009年，城镇绝对贫困人口收入缺口比率从4.6%上升到5.7%。尽管1美元贫困线属于较低的贫困线，但即使以较低绝对贫困线来计算，城镇绝对贫困人口的收入缺口比例在这20年当中不降反升，说明城镇绝对贫困人口的收入增幅还赶不上贫困标准提高的幅度。可以推断，城镇绝对贫困人口的生活相当艰难。

表4-16　　　　　　城镇贫困深度（1美元贫困线）　　　　　单位：%

年份	1989	1991	1993	1997	2000	2004	2006	2009
收入缺口比率	4.6	6.0	6.4	5.4	5.7	6.4	7.4	5.7

对1989—2009年城镇绝对贫困人口收入缺口比率变动的效应分解显示，由于纯经济增长，使得收入缺口比率下降了36.6个百分点，但由于不平等程度加深，收入缺口比率上升了19.7个百分点，由于贫困线的提高，使得收入缺口比率增加了18个百分点，三者综合影响，使1989—2009年中国城镇绝对贫困人口的收入缺口比率上升了1.1个百分点。

2. 相对贫困线下的城镇利贫增长效应

在相对贫困线标准下，城镇利贫增长效应分解结果见表4-17。

表4-17　　　　　　城镇利贫增长效应（相对贫困线）

指标	贫困弹性 总贫困弹性	贫困弹性 经济增长贫困弹性	贫困弹性 收入分配贫困弹性	贫困弹性 贫困线变动贫困弹性	效应（%） 增长效应	效应（%） 分配效应	效应（%） 贫困线变动效应	利贫增长指数（PPGI）
贫困发生率								
1989—1991 年	1.14	-0.35	0.89	0.61	-0.7	1.8	1.2	-3.23

续表

指　标	贫困弹性				效　应（%）			利贫增长指数（PPGI）
	总贫困弹性	经济增长贫困弹性	收入分配贫困弹性	贫困线变动贫困弹性	增长效应	分配效应	贫困线变动效应	
1991—1993 年	0.03	-0.13	0.07	0.09	-6.6	3.3	4.6	-0.20
1993—1997 年	0.06	-0.19	0.04	0.22	-14.9	2.8	17.0	-0.33
1997—2000 年	0.00	-0.12	0.02	0.10	-4.3	0.8	3.6	-0.01
2000—2004 年	0.13	-0.18	0.13	0.19	-5.0	3.4	5.1	-0.71
2004—2006 年	0.07	-0.15	0.15	0.07	-4.0	4.1	1.9	-0.48
2006—2009 年	0.03	-0.19	0.03	0.18	-11.4	2.0	11.1	-0.15
1989—2009 年	0.02	-0.05	0.02	0.04	-39.3	18.0	37.0	-0.40
贫困深度								
1989—1991 年	0.55	-0.11	0.51	0.15	-0.2	1.0	0.3	-4.89
1991—1993 年	0.02	-0.04	0.03	0.03	-2.2	1.7	1.6	-0.46
1993—1997 年	0.03	-0.07	0.02	0.08	-5.1	1.3	6.0	-0.43
1997—2000 年	0.04	-0.05	0.05	0.04	-1.6	1.7	1.4	-0.94
2000—2004 年	0.09	-0.08	0.09	0.09	-2.2	2.3	2.3	-1.14
2004—2006 年	0.03	-0.08	0.07	0.04	-2.0	1.8	1.2	-0.44
2006—2009 年	0.02	-0.09	0.02	0.08	-5.2	1.3	5.1	-0.22
1989—2009 年	0.01	-0.03	0.01	0.03	-24.4	11.1	23.6	-0.42
贫困强度								
1989—1991 年	0.38	-0.05	0.36	0.07	-0.1	0.7	0.1	-7.14
1991—1993 年	0.01	-0.02	0.02	0.01	-0.9	1.0	0.6	-0.74
1993—1997 年	0.02	-0.02	0.01	0.03	-1.7	1.1	2.1	-0.90
1997—2000 年	0.04	-0.03	0.04	0.02	-0.9	1.4	0.8	-1.44
2000—2004 年	0.08	-0.05	0.07	0.06	-1.4	2.0	1.5	-1.49
2004—2006 年	0.04	-0.05	0.06	0.03	-1.3	1.7	0.7	-0.91
2006—2009 年	0.01	-0.04	0.01	0.04	-2.3	0.5	2.2	-0.19
1989—2009 年	0.01	0.12	0.01	-0.12	101.3	8.4	-101.7	0.08

1989—2009 年，纯经济增长效应使得城镇相对贫困发生率下降 39.3 个百分点，但收入分配效应使得城镇相对贫困发生率上升 18 个百分点，再加上由于相对贫困线的提高而使得城镇贫困发生率提高 37 个百分点，三个因素的综合影响，导致中国城镇相对贫困发生率从 1989 年的 7.6%

上升到 2009 年的 23.3%，上升了 15.7 个百分点。

从分配效应看，1989—1997 年、2000—2006 年两个时期是城镇收入分配恶化的主要时期，并且 2000—2006 年城镇相对贫困发生率对于收入分配最为敏感，即如能在 2000—2006 年实行收入分配改革，则中国的收入不平等程度将得到极大下降，相对贫困发生率也会迅速降低。

从各种贫困弹性比较来看，相对贫困发生率对于贫困线的变动最为敏感，说明中国大量的低收入阶层的收入增长速度仍然低于中位数收入的增长速度。此外，纯经济增长减贫能力要强于因收入分配恶化而导致的相对贫困上升。

从城镇贫困收入缺口比率看（见表 4-18），1989 年，城镇贫困人口的平均收入低于相对贫困线 2.4%，到 2009 年缺口比例扩大到 12.7%。这是三者综合影响的结果，首先，由于纯经济增长，使得城镇贫困收入缺口比率下降 24.4 个百分点，但由于不平等程度加深和相对贫困线提高，使得城镇贫困收入缺口分别上升 11.1 个百分点和 23.6 个百分点，三者综合影响，使得收入缺口比例实际上升了 10.3 个百分点。

表 4-18　　　　　　　城镇贫困深度（相对贫困线）　　　　　单位:%

年　份	1989	1991	1993	1997	2000	2004	2006	2009
收入缺口比率	2.4	3.5	4.5	6.7	8.2	10.7	11.6	12.7

三　农村利贫增长效应

1. 1 美元贫困线标准下农村利贫增长效应

以 1 美元为贫困标准，1989—2009 年中国农村利贫增长效应分解结果见表 4-19。

以 1 美元为贫困标准，中国农村绝对贫困发生率从 1989 年的 36.6% 下降到 2009 年的 8%，下降了 28.8 个百分点。可见，若以 1 美元为绝对贫困标准，中国农村的减贫效果相当显著，在这下降的 28.8 个百分点中，由于纯经济增长，使得绝对贫困发生率 20 年间下降了 51.2 个百分点，但由于收入分配不平等加剧，由此贫困发生率上升 9.1 个百分点。此外，由于贫困线的提高，农村绝对贫困发生率由此相应上升 13.3 个百分点。三者综合影响，农村绝对贫困发生率在这 20 年当中总共下降了 28.8 个百分点。

表 4-19　　　　　　　　农村利贫增长效应（1 美元贫困线）

指　　标	贫困弹性				效　应（%）			利贫增长指数 (PPGI)
	总贫困弹性	经济增长贫困弹性	收入分配贫困弹性	贫困线变动贫困弹性	增长效应	分配效应	贫困线变动效应	
贫困发生率								
1989—1991 年	-0.46	-0.32	-0.43	0.29	-1.9	-2.6	1.7	-0.02
1991—1993 年	-0.05	-0.46	0.20	0.22	-16.6	7.2	7.8	-0.17
1993—1997 年	-0.15	-0.26	-0.03	0.14	-25.5	-2.7	13.5	-0.25
1997—2000 年	0.05	-0.35	0.48	-0.08	-5.2	7.2	-1.3	-0.05
2000—2004 年	-0.10	-0.19	0.06	0.03	-6.0	1.9	0.8	-0.06
2004—2006 年	-0.12	-0.21	0.09	0.00	-4.6	2.0	0.1	-0.05
2006—2009 年	-0.07	-0.09	0.01	0.01	-5.8	0.9	0.5	-0.06
1989—2009 年	-0.04	-0.07	0.01	0.02	-51.2	9.1	13.3	-0.51
贫困深度								
1989—1991 年	-0.45	-0.15	-0.43	0.13	-0.9	-2.6	0.8	3.05
1991—1993 年	0.00	-0.21	0.10	0.11	-7.5	3.6	3.9	0.00
1993—1997 年	-0.05	-0.12	0.00	0.07	-11.8	-0.4	6.9	0.45
1997—2000 年	0.10	-0.13	0.28	-0.04	-2.0	4.2	-0.6	-0.76
2000—2004 年	-0.04	-0.08	0.02	0.01	-2.5	0.6	0.4	0.57
2004—2006 年	-0.03	-0.08	0.05	0.00	-1.7	1.1	0.0	0.36
2006—2009 年	-0.02	-0.04	0.02	0.00	-2.7	1.2	0.3	0.45
1989—2009 年	-0.01	-0.11	0.04	0.06	-87.0	34.0	43.4	0.11
贫困强度								
1989—1991 年	-0.32	-0.08	-0.31	0.07	-0.5	-1.9	0.4	3.96
1991—1993 年	0.01	-0.09	0.06	0.04	-3.3	2.1	1.5	-0.08
1993—1997 年	-0.03	-0.01	0.00	-0.01	-1.4	-0.5	-0.6	1.78
1997—2000 年	0.10	-0.07	0.19	-0.02	-1.0	2.8	-0.3	-1.56
2000—2004 年	-0.03	-0.04	0.01	0.01	-1.2	0.2	0.2	0.69
2004—2006 年	-0.01	-0.04	0.02	0.00	-0.8	0.5	0.0	0.34
2006—2009 年	-0.01	-0.01	0.01	0.00	-0.9	0.5	-0.1	0.53
1989—2009 年	-0.01	0.53	-0.12	-0.42	406.5	-89.6	-321.1	-0.01

从贫困深度看（见表 4-20），若以 1 美元为绝对贫困标准，中国农村绝对贫困人口的平均收入缺口比率已从 1989 年的 14.1% 下降到 2009 年

的 4.5%。对收入缺口比率变化的效应分解显示,纯经济发展使得缺口收入比率下降 87 个百分点,但收入不平等程度加深导致收入缺口比率上升 34 个百分点,此外,因贫困标准提高使得收入缺口比率上升 43.4 个百分点,三者综合影响,导致 20 年间农村贫困收入缺口比率下降了 9.6 个百分点。

表 4－20　　　　　　农村贫困深度（1 美元贫困线）　　　　　　单位:%

年　份	1989	1991	1993	1997	2000	2004	2006	2009
收入缺口比率	14.1	11.4	11.4	6.2	7.7	6.3	5.7	4.5

从贫困弹性看,在经济发展、收入分配和贫困线变动三个因素中,经济发展对于收入缺口的下降位居第一位影响因素。1989—2009 年,从贫困深度角度看,人均收入每增长 1%,则收入缺口比率可以下降 0.01%。纯经济增长贫困弹性为 -0.11,意味着,在保持收入分配不变的情况下,人均收入增长 1%,则收入缺口比率可以下降 0.11%。而贫困线增加 1%,则可以导致农村绝对贫困收入缺口比率增加 0.06%。

2. 相对贫困线下农村利贫增长效应

从相对贫困线角度看（见表 4－21）,1989—2009 年,中国农村的相对贫困发生率从 23.3% 上升到 31.8%,如果单纯从相对贫困发生率角度看,似乎这 20 年中,中国的经济发展反而使得相对贫困发生率上升了 8.5 个百分点。事实上,相对贫困发生率变动的效应分解显示,如果保持不平等程度不变,则 20 年的经济发展可以使得中国农村的相对贫困发生率下降 44.1 个百分点,由于不平等程度加深,使得农村相对贫困发生率上升了 11.5 个百分点,而由于贫困线的提高,农村相对贫困发生率上升 41.1 个百分点。三者综合影响,导致 20 年间,中国农村相对贫困发生率上升了 8.5 个百分点。

从另一个角度看,如果 2009 年中国农村的社会不平等程度能保持 1989 年的收入分配格局,则即使相对贫困线提高,中国农村的相对贫困发生率也能下降 3 个百分点。但我们认为,即使保持社会不平等程度不变,20 年间相对贫困发生率只下降 3 个百分点也是有所欠缺的。

分时段看,1991—1997 年和 2006—2009 年是中国农村经济减贫效应最显著的两个时期。从分配效应看,尽管 1989—2009 年农村的收入分配整体有所恶化,其中,1991—1993 年、1997—2000 年和 2004—2006 年为农村收入差距急剧扩大的三个主要时期，但在部分时期，如1989—1991年、1993—1997年和2006—2009年农村收入分配还是有所改善的。

从贫困弹性看，1997—2000年是经济发展对农村贫困阶层最为不利的时期，从贫困发生率角度看，该时期的总贫困弹性达到0.47，即社会平均收入每增长1%，则农村相对贫困增加0.47%，该时期利贫增长指数值为-1.19，也表明经济增长在农村而言是最为利富的。

表4-21　　　　　　　　农村利贫增长效应（相对贫困线）

指标	总贫困弹性	经济增长贫困弹性	收入分配贫困弹性	贫困线变动贫困弹性	增长效应	分配效应	贫困线变动效应	利贫增长指数(PPGI)
贫困发生率								
1989—1991年	-0.55	-0.22	-0.63	0.30	-1.3	-3.8	1.8	2.45
1991—1993年	0.05	-0.36	0.16	0.24	-13.1	5.9	8.8	-0.13
1993—1997年	0.01	-0.25	-0.03	0.29	-23.8	-3.0	28.1	-0.05
1997—2000年	0.47	-0.40	0.53	0.34	-6.0	8.0	5.1	-1.19
2000—2004年	0.06	-0.29	0.05	0.30	-9.1	1.5	9.7	-0.22
2004—2006年	0.10	-0.29	0.23	0.16	-6.4	5.0	3.5	-0.33
2006—2009年	-0.03	-0.27	-0.03	0.26	-18.3	-1.7	17.7	0.13
1989—2009年	0.01	-0.06	0.01	0.05	-44.1	11.5	41.1	-0.19
贫困深度								
1989—1991年	-0.34	-0.09	-0.37	0.13	-0.6	-2.2	0.8	3.61
1991—1993年	0.03	-0.13	0.07	0.10	-4.8	2.5	3.5	-0.23
1993—1997年	0.01	-0.10	-0.01	0.12	-9.8	-0.5	11.4	-0.11
1997—2000年	0.30	-0.19	0.33	0.17	-2.9	4.9	2.5	-1.56
2000—2004年	0.04	-0.14	0.03	0.15	-4.5	1.0	4.8	-0.29
2004—2006年	0.02	-0.18	0.10	0.10	-4.0	2.3	2.3	-0.12
2006—2009年	-0.01	-0.14	0.00	0.14	-9.5	-0.2	9.3	0.04
1989—2009年	0.01	-0.08	0.01	0.08	-65.3	7.6	63.8	-0.09
贫困强度								
1989—1991年	-0.22	-0.05	-0.23	0.06	-0.3	-1.4	0.4	4.48
1991—1993年	0.02	-0.05	0.04	0.04	-2.0	1.5	1.3	-0.41
1993—1997年	0.01	-0.02	0.00	0.03	-2.0	-0.1	2.8	-0.38
1997—2000年	0.23	-0.11	0.24	0.09	-1.6	3.6	1.4	-2.13

续表

指标	贫困弹性				效应（%）			利贫增长指数(PPGI)
	总贫困弹性	经济增长贫困弹性	收入分配贫困弹性	贫困线变动贫困弹性	增长效应	分配效应	贫困线变动效应	
2000—2004 年	0.03	-0.08	0.02	0.09	-2.5	0.6	2.7	-0.33
2004—2006 年	0.01	-0.11	0.06	0.06	-2.4	1.3	1.3	-0.10
2006—2009 年	0.01	-0.06	0.01	0.06	-3.9	0.5	3.7	-0.11
1989—2009 年	0.01	0.36	0.01	-0.36	280.4	6.0	-281.3	0.02

从收入缺口比率上看（见表 4-22），以相对贫困线为标准，中国农村相对贫困人口的平均收入缺口比率从 1989 年的 8.2% 上升到 2009 年的 14.3%，增加了 6.1 个百分点。影响因素分析显示，保持不平等不变的纯经济增长效应使得收入缺口比率下降 65.3 个百分点，由于收入分配恶化导致相对贫困收入缺口比率上升了 7.6 个百分点，由于相对贫困线的提高，导致收入缺口比率增加了 63.8 个百分点。可以看出，经济发展所导致的收入缺口的降低基本上为贫困线的提高所抵消。

表 4-22　　　　　　农村贫困深度（相对贫困线）　　　　　　单位：%

年份	1989	1991	1993	1997	2000	2004	2006	2009
收入缺口比率	8.2	6.1	7.3	8.3	12.8	14.2	14.7	14.3

同时，从弹性上看，1989—2009 年，从贫困深度角度看，经济增长的收入缺口弹性为 -0.08，与贫困线变动的收入缺口弹性 0.08 相抵消。值得指出的是，收入分配的弹性为 0.01，说明，对于中国农村的贫困阶层而言，要降低收入缺口比率，更多的因素取决于收入分配的改善，即降低社会的收入不平等程度。

第五节　本章小结

本章从全国、城乡两个层面对 1989—2009 年中国的利贫增长程度进行了测度并进行了相应的效应分解，得出如下几个主要研究结论。

1. 全国层面利贫增长

（1）1989—2009 年这 20 年，经济发展是利富的。其中，穷人收入增加了 6.4 倍，而同期富人的收入却增加了 9.96 倍。

（2）以相对贫困线为标准，1989—2009 年，经济发展是低度利富的。

以贫困发生率和贫困深度测算的利贫增长指数分别为 -0.29 和 -0.15。其中，1989—1991 年属高度利贫增长，1991 年后步入低度利富增长，1997—2000 年高度利富增长，2000—2006 年属于中度利富增长，2006—2009 年为轻度利贫增长。

2. 城乡层面利贫增长

(1) 城镇穷人与富人相比，1989—2009 年经济发展整体有利于城镇富人。1989—2009 年，城镇贫困人口人均年收入从 335 元增加 1845 元，增长了 4.5 倍，年均增长 8.6%。而同期城镇非贫困人口年人均收入从 1593 元增加到 18081 元，增加了 10.4 倍，年均增长 12.9%。

(2) 农村穷人与富人相比，1989—2009 年经济发展整体有利于农村富人。1989—2009 年，农村穷人人均年收入从 337 元增加到 2236 元，增长了 5.6 倍，年均增长 9.9%。同期，农村富人的年人均收入则从 1385 元增加到 13556 元，增长了 8.8 倍，年均增长 12.1%。

(3) 农村穷人与城镇穷人相比，1989—2009 年农村穷人的人均收入年增长率为 9.9%，要高于城镇穷人的人均收入年增长率 8.6%。

(4) 农村富人与城镇富人相比，1989—2009 年城镇富人年人均收入增长率为 12.9%，要略高于农村富人的年均 12.1% 的收入增长率。

(5) 以贫困发生率和贫困深度测度的利贫增长指数显示，1989—2009 年，就城镇而言，经济发展属于中度利富增长，就农村而言，经济发展属于低度利富增长。其中，以贫困发生率和贫困深度测度的利贫增长指数，在城镇分别为 -0.4 和 -0.42，农村则为 -0.19 和 -0.09。

3. 全国利贫增长效应分解

(1) 以 1 美元为贫困标准，1989—2009 年，中国的贫困发生率从 1989 年的 29.1% 下降到 2009 年的 8.1%，下降了 21 个百分点。其中，由于纯经济增长，使得贫困发生率下降 45.4 个百分点，但由于收入不平等加深，使得贫困发生率上升 11.7 个百分点，由于以 1 美元计算的贫困线提高，贫困发生率相应增加 12.7 个百分点。

(2) 以相对贫困线作为贫困标准，1989—2009 年，贫困发生率总弹性为 0.01，其中，纯经济增长贫困发生率弹性为 -0.06，收入分配贫困发生率弹性为 0.02，贫困线变动贫困发生率弹性为 0.05。

(3) 以相对贫困线作为贫困标准，1989—2009 年，中国贫困人口的收入缺口比例从 6.3% 上升到 13.9%。其中，纯经济增长使得收入缺口比率下降了52.2个百分点,分配效应使得收入缺口率上升了9个百分点,相对贫困线的提高,使得缺口比率上升了50.8个百分点。此外,收入缺口比例总弹性为0.01,其中,纯经济增长弹性为-0.03,收入分配弹性为0.01,贫困线变动弹性为0.03。

4. 城镇利贫增长效应分解

(1)以1美元为贫困标准,1989—2009年,中国城镇绝对贫困发生率从13.9%下降到8.6%,其中,纯经济增长效应使得城镇贫困发生率下降30.1个百分点,收入分配效应使得城镇贫困发生率增加了14.3个百分点,贫困线提高使城镇贫困发生率上升了10.5个百分点。收入缺口比例从4.6%上升到5.7%,纯经济增长效应为-36.6%,收入分配效应为19.7%,贫困线变动效应为18%,城镇贫困人口的收入增幅低于贫困标准提高的幅度。

(2)以相对贫困线为标准,中国城镇相对贫困发生率从1989年的7.6%上升到2009年的23.3%,其中,纯经济增长效应为-39.3%,收入分配效应为18%,贫困线变动效应为37%。收入缺口比率则从2.4%上升到12.7%,其中,纯经济增长效应为-24.4%,收入分配效应为11.1%,贫困线变动效应为23.6%。

5. 农村利贫增长效应分解

(1)以1美元为贫困标准,中国农村绝对贫困发生率从1989年的36.6%下降到2009年的8%,其中,纯经济增长效应为-51.2%,收入分配效应为9.1%,贫困线变动效应为13.3%。收入缺口比率从1989年的14.1%下降到2009年的4.5%,其中,纯经济增长效应为-87%,收入分配效应为34%,贫困线变动效应为43.4%。从贫困弹性看,在经济发展、收入分配和贫困线变动三个因素中,经济发展对于收入缺口的下降位居第一位影响因素。

(2)从相对贫困线角度看,1989—2009年,中国农村相对贫困发生率从23.3%上升到31.8%,其中,纯经济增长效应为-44.1%,收入分配效应为11.5%,贫困线变动效应为41.4%。如果以相对贫困线来衡量,中国的减贫绩效是有所欠缺的。此外,收入缺口比率从8.2%上升到14.3%,其中,纯经济增长效应为-65.3%,收入分配效应为7.6%,贫困线变动效应为63.8%。从弹性上看,要降低收入缺口比率,更多地取决于收入分配的改善,降低社会收入不平等程度。

第五章

中国利群增长测度与效应分解

利贫增长测度的本质是以绝对贫困线或相对贫困线将人群划分为贫困群体与非贫困群体，进而通过对贫困指标变动的分解来测算利贫增长指数。由此，一个自然的想法是利用职业性质来进行群体划分，然后构造某种指标来测度经济增长有利于哪些阶层，即经济增长的利群性问题。从利贫增长与利群增长关系看，贫困是以收入为划分标准的包含各弱势群体的整体，因而利贫增长度量能明确区分经济增长是否有利于低收入群体，而利群增长则以阶层视角分析经济增长更为有利于哪类阶层。由于贫困群体分布于各弱势社会阶层之中，也就是说，不同阶层的贫困发生率存在较大差异，因此利贫增长更多体现贫困发生率较高阶层的分享经济增长成果情况，而不能充分反映那些较低贫困发生率阶层的经济增长受益情况。因此，阶层视角的利群增长测度是利贫增长现实视角的深化和具体认知。鉴于此，本章采用社会分层理论，以职业性质作为阶层划分依据，借鉴利贫增长测度思路，通过对群体收入缺口比率变动的分解，构造利群增长指数，进而对1989—2009年中国经济增长的利群性进行研究。

第一节 群体划分

中国健康与营养调查（CHNS）在1989—2009年的历次调查中调查了被调查者的主要职业和工资情况，主要包括职业性质调查、工作地位调查和工作单位性质调查。

职业类型调查涉及12种职业的调查，分别是：高级专业技术工作者、一般专业技术工作者、管理者/行政官员/经理、办公室一般工作人员、农民/渔民/猎人、技术工人、熟练工人、非技术工人/非熟练工人、军官与警官、士兵与警察、司机、服务行业人员、运动员/演员/演奏员。

工作地位调查涉及7种类型，分别是：有雇工的个体经营者、无雇工的个体经营者（包括农民）、为他人或单位工作的长期工、为他人或单位工作（合同工）、临时工、领取工资的家庭工人、无报酬的家庭工人。其中，在1989年、1991年和1993年的三次调查中，为他人或单位工作的长期工、为他人或单位工作（合同工）、临时工这三项合为一项调查。

工作性质的调查涉及8种类型，分别是：政府机关、国有事业单位和研究所、国有企业、小集体（乡镇所属）、大集体（县、市、省所属）、家庭联产承包农业、私营、个体企业、三资企业（属于外商、华商和合资）。尽管1989—2000年的调查中，政府机关、国有事业单位和研究所、国有企业三者合一，但在2009年提供的面板数据中，对这几年的数据进行了划分。

本书采用职业性质来划分社会阶层，依据陆学艺（2003）的10个阶层划分，1999年国家与社会管理者阶层在整个社会阶层中占比2.1%，经理人员阶层约占比1.5%，私营企业主阶层约占比0.6%，由于这三个阶层整体占比较小，因而调查数据中这些阶层的样本量偏少，而CHNS调查中又将管理者、行政官员和经理三者合为一起调查，因此本书这里依据CHNS调查数据的性质和陆学艺（2003）的10个阶层划分方法，将中国社会阶层划分为10个阶层：

（1）国家与社会管理者。这一阶层主要是指在党政机关、事业单位中担任行政职权的领导干部，主要包括政府官员、处长、司局长、行政干部及村干部等。中国政治体制现状决定了这一阶层处于社会阶层结构的最高等级。该阶层具有很大的行政资源、组织资源和权力资本，是社会的主导阶层。

（2）企业经营者。主要包括国有或私营企业经理人员、私营企业主。国有或私营企业经理人员这一阶层主要由国有大中型企业、城乡集体企业、三资企业和大中型私营企业的中高层管理人员组成。改革开放前，国有企业的经理人员由政府指派任命，并具有相应的政治级别，随着经济体制的改革，实行政企分开以后，国有企业逐步形成了经理人员。私营企业主是指拥有一定数量私人资本，雇工人数达8人以上，通过投资获取利润的阶层。这一阶层是一个成长迅速且相对独立的新社会阶层。这部分人靠个人的企业家能力，在改革开放中积极主动投入市场，成为改革开放后首先富起来的一批人，成为当今中国富有社会阶层之一。

（3）高级专业技术人员。专业技术人员是依照国家人才法律法规规定，经国家人事部门统考合格，并由国家相关主管部委注册备案，具有注册执业证书，并从事专业技术工作的专业技术人员。其中高级专业技术工作者主要包括医生、教授、律师、建筑师、工程师等构成。

（4）一般专业技术工作者。一般专业在技术工作的复杂性和专性上要低于高级专业技术工作者，中国健康与营养调查（CHNS）的一般专业技术工作者包括助产士、护士、教师、编辑、摄影师等。

（5）办事人员。是指在国家机关、党群组织、企事业单位中从事行政业务或行政事务工作的人员，主要由党政机关中的低层公务员、企业事业单位的基层管理人员和非专业性办事人员组成，即通常所说的白领阶层，这一阶层处于国家与社会管理者、经理人员之下（陆学艺，2003）。

（6）个体工商户。凡是有经营能力的中国公民，依照《个体工商户条例》规定经工商行政管理部门登记，从事工商业经营的，均属于个体工商户。个体工商户在少量的私人资本支配下，从事小规模的生产经营活动，通常自己参与劳动经营，有的独自经营，但也有的雇请少量的帮工（不超过7人），这个阶层在改革开放以后成为一个新生的阶层，这一阶层的出现增强了市场活力，促进了商品流通。

（7）商业服务人员。按照国家人力资源和社会保障部的职业分类目录，商业服务人员是指从事商业、餐饮、旅游娱乐、运输、医疗辅助及社会和居民生活等服务工作的人员，主要包括购销人员、仓储人员、餐饮服务人员、饭店旅游及健身娱乐场所人员、运输服务人员、医疗卫生辅助人员、社会服务和居民生活服务人员，以及其他商业服务业人员。由于目前中国的第三产业还不很发达，第三产业的层次比较低，因此绝大多数的商业服务人员在经济收入和社会地位等方面都与传统的产业工人相类似，只在一些大城市一些新兴的服务业如金融、保险、旅游、证券等行业的商业服务人员的经济和社会地位较产业工人为高。

（8）产业工人。即熟知的在第二产业（主要以制造业为主）中从事集体生产劳动，以工资收入为主要生活来源的工人。产业工人主要从事体力性或半体力性的劳动，随着农业和农村经济经济结构的调整，伴随工业化和城市化进程的加快，越来越多的农民从传统的土地束缚中解脱出来，以进城务工的形式成为产业工人大军中的一员。在这些进城的产业工人中，随着城市生活的稳定，又有部分产业工人逐步分化为个体工商户甚至是企业主。同样，随着国有企业经营体制的转变，减员增效所带来的一批下岗工人有的分化为个体工商户，有的则进入民营企业。

（9）农业劳动者。农业劳动者即常说的农民，以承包集体所有的耕地，以农（林、牧、渔）业为唯一主要的职业，并以其为唯一或主要的收入来源的第一产业的劳动者。农业劳动者组织资源、文化资源和经济政治资源的占有上在整个社会层次中均处于较低地位，因此农民处于整个社会的较低层。由于城乡二元结构和户籍制度等制度与政策制约，农业劳动者的分化受到较大阻碍。

（10）城乡无业（失业、半失业）者。那些无固定职业或处于失业的阶层处于社会的最底层。由于从计划经济转向市场经济，以及由于产业结构的调整和升级，使得一部分处于劳动年龄的人群处于失业或半失业状态。这批人群大多受教育程度缺乏，无一技之长，又缺乏一定的资产，使得他们难以找到合适的工作，同时又缺乏自谋职业的资源和能力，这部分人群大多处于极度贫困状态。

第二节 利群增长测度方法

前文论述的利贫增长测度方法实质上是通过设定绝对贫困线或相对贫困线，将社会人群划分为贫困群体与非贫困群体，然后再以穷人的收入增长率或贫困指数（贫困发生率、贫困深度、贫困强度）来构造利贫增长的测度指数。结合这一思路，本书据此构造相应的利群增长的测度方法。因此，这里我们采用基于各群体的收入增长率来构造利群增长测度方法。在利贫增长测度中，基于穷人收入增长率构造的利贫增长测度指数有两个，即利贫增长率和贫困增长曲线。为此，我们可以构造相应的利群增长率和群体增长曲线。

一 利群增长率

设 $x_i^{(t)}$ 为 t 时期某类群体第 i 个（$i = 1, 2, \cdots, m$）的个体收入，则其前后两期的收入增长率为 $g_t(i) = \dfrac{x_i^{(t)}}{x_i^{(t-1)}} - 1$，为了与前文的贫困发生率曲线区别，这里构造群体发生率曲线（Population incidence curve）如下：

$$PIC = \frac{\frac{x_1^{(2)}}{x_1^{(1)}} + \frac{x_2^{(2)}}{x_2^{(1)}} + \ldots + \frac{x_m^{(2)}}{x_m^{(1)}}}{m} - 1 \qquad (5.1)$$

群体发生率曲线即某类人群的前后两期收入增长率的算术平均。为此，可以构造利群增长率（PGGR，Pro-Group Growth Rate）如下：

$$PGGR = \frac{\sum_{i=1}^{m} g_t(i)}{m} \qquad (5.2)$$

即以某类群体收入的平均增长率来衡量利群增长。

设全部劳动人群的平均收入增长率为 $GRIM = \frac{\mu_t}{\mu_{t-1}} - 1$，其中 μ_t 表示第 t 时期的全社会平均收入。假设 $GRIM > 0$，那么：

如果 $PGGR < 0$，则经济增长不是有利于该类群体的。即该类群体的平均收入为负增长，而全社会的平均收入却是正增长。因此，经济的发展成果未被该类群体所享受。

如果 $0 < PGGR < GRIM$，则经济增长为弱绝对利群增长，即该类群体的平均收入增长率为正，但小于全社会的平均收入增长率。说明该类群体与社会其他群体相比较，收入不平等程度在加深，因此经济增长不是相对利群的，故将这种增长方式称为弱绝对利群增长。

如果 $PGGR = GRIM$，则该类群体的收入增长率与全社会平均收入增长率持平，该类群体与全社会平均水平相比，收入不平等不变。

如果 $PGGR > GRIM$，则该类群体的收入增长率高于全社会平均收入增长率，则经济增长是有利于该类群体的。

由此可见，只要计算出不同群体的平均收入增长率则可以判断经济增长的利群情况。

二 群体增长曲线

利群增长率（PGGR）是以各类群体收入增长率的平均数来测度经济增长是否有利于该类群体，是一种基于收入增长率角度构造的利群增长测度指数。该指标可以反映某类群体收入的平均增长速度，但也存在相应的缺陷，主要是忽略了该类群体中的不同个体的收入分布，在计算时给予同类人群中的个体收入增长率以相同的权重，忽略了该群体内部的收入不平等。当然，如果我们不关心群体内部的不平等程度，而只关心群体间的收入增长情况，采用利群增长率也是可以的。在这里，我们继续构造群体增长曲线（GGC，Group Growth Curve）如下：

$$GGC = \frac{x_1^{(2)} + x_2^{(2)} + \ldots + x_m^{(2)}}{x_1^{(1)} + x_2^{(1)} + \ldots + x_m^{(1)}} - 1 \qquad (5.3)$$

GGC 曲线与 PIC 曲线的区别在于计算方法不同：PIC 曲线是以某类群体中所有个体的收入增长率的算术平均来表示。而 GGC 曲线则是以某类群体的前后两期总财富的增长率来表示，即以某类群体平均收入的增长率来表示。

相对 PIC 曲线而言，GGC 曲线具有明显优势，GGC 曲线注重群体总收入的增长情况，该指标能将经济增长区分为不平等下降的利群增长、不平等增加的利群增长、不平等不变的利群增长和非利群增长四种类型，其缺点是指标的计算值对于群体中的高收入者的收入增长率更敏感。假设全部劳动人群的平均收入增长率 $GRIM > 0$，那么，如果 $GGC < 0$，则经济增长不是有利于该类群体的。如果 $0 < GGC < GRIM$，则经济增长为弱绝对利群增长，该群体整体财富虽然增长，但与社会平均收入差距在拉大。如果 $GGC = GRIM$，则该类群体的收入增长率与全社会平均收入增长率持平。如果 $GGC > GRIM$，经济增长是有利于该类群体的。

三 利群增长指数

借助贫困缺口（poverty gaps）概念的内涵，其本质是贫困人口的收入与贫困线之间的平均缺口比率。因此我们可以构造某个群体与社会平均收入的缺口比率（姑且称为群体收入缺口比率）如下：

$$GIG = \frac{1}{m_i} \sum_{j=1}^{m_i} \frac{\mu - x_{ij}}{u} \qquad (5.4)$$

显然，若 $GIG > 0$，则该类群体的平均收入低于全社会平均收入，上式即表示收入缺口比率，若 $GIG < 0$，则该类群体的平均收入高于全社会平均收入，其绝对值表示收入盈余比率。

设 $\theta_i = \theta_i(\mu, L, x)$ 为某种在社会平均收入 μ 和社会不平等程度 L 下的第 i 类群体（$i = 1, 2, \cdots, m$）的平均收入缺口比率。则前后两期第 i 类群体的收入缺口比率的变化为：

$$\theta_{12} = \theta_2(\mu_2, L_2, y_2) - \theta_1(\mu_1, L_1, x_1) \qquad (5.5)$$

令：

$$G_{12} = 1/2\{\theta[u_1, x(\mu_2, L_1)] - \theta[u_1, x(\mu_1, L_1)] \\ + \theta[u_2, y(\mu_2, L_2)] - \theta[u_2, y(\mu_1, L_2)]\} \quad (5.6)$$

$$I_{12} = 1/2\{\theta[u_2, y(\mu_2, L_2)] - \theta[u_1, x(\mu_2, L_1)] \\ + \theta[u_2, y(\mu_1, L_2)] - \theta[u_1, x(\mu_1, L_1)]\} \quad (5.7)$$

其中，G_{12} 表示的是第 i 类群体的纯经济增长效应，即在全社会收入分布不变（不平等程度不变）下，第 i 类群体的收入缺口比率改变情况。

I_{12} 表示的是第 i 类群体的收入分配效应，即在全社会人均收入不变情况下，因全社会收入分布改变而导致的第 i 类群体收入缺口比率改变的情况。

由此可以将经济增长 1% 所导致的群体收入缺口比率的变动分解为纯经济增长效应 G_{12} 和分配效应 I_{12}，即：$\theta_{12} = G_{12} + I_{12}$。在此基础上，可以构造三个相应的弹性系数，即：

第 i 类群体的总缺口比率弹性为：

$$\eta = \frac{\theta_{12}}{\frac{\mu_2}{\mu_1} - 1} = \frac{\theta_{12}}{GRIM} \quad (5.8)$$

即 1% 的社会平均收入增长所引起的第 i 类群体收入缺口比率变化的百分点。

第 i 类群体的纯经济增长缺口比率弹性为：

$$\eta_g = \frac{G_{12}}{\frac{\mu_2}{\mu_1} - 1} = \frac{G_{12}}{GRIM} \quad (5.9)$$

即假定收入不平等不变，1% 的社会平均收入增长所引起的第 i 类群体收入缺口比率变化的百分点。

第 i 类群体的纯收入分配缺口比率弹性为：

$$\eta_I = \frac{I_{12}}{\frac{\mu_2}{\mu_1} - 1} = \frac{I_{12}}{GRIM} \quad (5.10)$$

即假定社会平均收入不变，不平等变化所引起的第 i 类群体收入缺口比率变化的百分点。

遵循 Kakwani 和 Pernia（2000）的思路，本书构造的利群增长指数（PGGI，Pro - Group Growth Index）如下：

$$PGGI = \frac{\eta}{\eta_g} \quad (5.11)$$

需要指出的是，在计算贫困缺口时是用贫困线减去收入来计算的，这样计算出的贫困缺口为正值。而本书构建的群体绝对收入缺口比率，由于其取值可为正数或负数，因此其前后两期绝对收入缺口比率的变化对于低于或高于社会平均收入的阶层而言是不同的。对于低于社会平均收入的阶层而言，前后两期绝对收入缺口比率的下降意味着平均收入增速高于全社会平均收入增速。而对于高于社会平均收入的阶层而言，前后两期绝对收入盈余比率的下降意味着该阶层平均收入的增速小于全社会平均收入增速。因此，对于经济是否利群增长判断如下，假设 $GRIM > 0$，那么：

对于低于社会平均收入以下的阶层而言，如果 $PGGI < 0$，则经济增长是非利第 i 类群体的；$0 < PGGI \leq 0.33$，则经济增长是轻度利第 i 类群体的；$0.33 < PGGI \leq 0.66$，则经济增长是中度利第 i 类群体的；$0.66 < PGGI \leq 1$，则经济增长是中高度利第 i 类群体的；$PGGI > 1$，则经济增长是高度利第 i 类群体的。

对于高于社会平均收入以上的阶层而言，如果 $PGGI > 0$，则经济增长是非有利于第 i 类群体的；$-0.33 \leq PGGI < 0$，则经济增长是轻度有利于第 i 类群体的；$-0.66 \leq PGGI < -0.33$，则经济增长是中度有利于第 i 类群体的；$-1 \leq PGGI < -0.66$，则经济增长是中高度有利于第 i 类群体的；$PGGI < -1$，则经济增长是高度有利于第 i 类群体的。

第三节 1989—2009 年中国利群增长测度

一 群体收入变动

1. 阶层样本量与构成

通过对年龄在 18—60 岁的 10 个社会阶层作为分析对象，各阶层的样本量见表 5-1。需要指出的是，陆学艺（2003）对全国 12 个省、市、自治区共 72 个县的 6000 份问卷（1999 年数据）调查得出的各阶层结构与本书的 2000 年 6461 个样本数据的各阶层结构有一定差异，其中比较大的差异，陆学艺调查认为国家与社会管理者阶层在整个社会中的占比为 2.1%，经计算，其 95% 置信区间为 [1.7%，2.5%]，本书的数据表明，2000 年国家与社会管理者阶层占比仍达 3.9%，对应的 95% 置信区间为 [3.4%，4.4%]，两者的估计区间并无交叉。此外，本书的数据表明，

2000年以后，国家与社会管理者阶层在整个社会中的占比没有发生太大变化，占比约2.4%，说明这段时间我国的政府管理机构没有继续膨胀。改革开放以来，我国经历了多次的机构改革，1998年，朱镕基总理开始实行机构精简改革，国务院部委由45个精简为41个，直属机构也从22个缩减为19个，非常设机构则由75个减少到44个。通过本次机构改革，国务院66个部、委、局中，有32个部门共减少1.5万人，有30个部门共增加5300人，改革后人员比原来减少9700人。本书的数据也显示，1997年我国国家与社会管理者阶层占比为4.4%，达到最高峰，其后开始下降。

但需要指出的是，我国的办事人员阶层占比却从1997年的4.7%，上升到2009年的占比5.8%。办事人员主要由公务员和事业单位人员构成。因此这一占比的上升可能与事业单位人员的增加有关。其中，由于1998年开始实施机构精简，可能有一部分人员分流到了事业单位。

表5-1　　　　　　　　　　1989—2009年各社会阶层构成

阶层	1989年 样本量	比重(%)	1991年 样本量	比重(%)	1993年 样本量	比重(%)	1997年 样本量	比重(%)	2000年 样本量	比重(%)	2004年 样本量	比重(%)	2006年 样本量	比重(%)	2009年 样本量	比重(%)
国家与社会管理者	232	3.5	281	3.9	232	3.6	281	4.4	249	3.9	103	2.4	104	2.4	115	2.5
企业经营者	57	0.6	51	0.7	57	0.9	51	0.8	53	0.8	131	3.0	99	2.3	101	2.2
高级专业技术人员	162	2.6	159	2.2	162	2.5	159	2.5	235	3.6	200	4.6	194	4.4	222	4.9
一般专业技术工作者	195	3.8	237	3.5	195	3.0	237	3.7	268	4.1	184	4.2	192	4.4	189	4.2
办事人员	240	4.3	302	3.9	240	3.7	302	4.7	324	5.0	214	4.9	253	5.8	261	5.8
个体工商户	99	1.6	190	0.6	99	1.5	190	3.0	199	3.1	144	3.3	192	4.4	201	4.4
商业服务人员	277	5.1	267	4.4	277	4.3	267	4.2	315	4.9	205	4.7	252	5.8	334	7.4
产业工人	1416	23.4	1156	22.2	1416	22.1	1156	18.1	1105	17.1	678	15.5	731	16.7	786	17.3
农业劳动者	3617	54.9	3605	56.5	3617	56.4	3605	56.4	3520	54.5	2000	45.7	1917	43.8	1965	43.3
城乡无业/失业/半失业者	122	0.2	146	2.0	122	1.9	146	2.3	193	3.0	514	11.7	446	10.2	360	7.9

2. 阶层收入高低排序的年代变化

各阶层的人均收入情况见表5-3，从收入增长速度看，1989—2009年这20年间，全部劳动人口的年平均收入从1360元增加到17014元，增长了11.5倍多，年均增长13.5%。其中，企业经营者、高级专业技术人员、一般专业技术人员、办事人员、国家与社会管理者这五类群体的年均收入增长率高于全社会平均收入增长率，年均增长率分别为17.0%、16.1%、15.5%、15.2%和14.5%。而产业工人、商业服务人员、个体工商户、农业劳动者、城乡无业（失业、半失业）者这五类群体的年均收入增长率分别为13.4%、13.3%、12.3%、11.8%和6.8%，均低于全社会平均收入增长率。其中，产业工人与商业服务人员的收入增长比较接近于全社会的平均收入增长。

从收入稳定差异看，1989年，高收入群体与低收入群体的平均收入比约为2.8:1，到2009年平均收入比扩大为6.2:1。1989年，各类群体平均收入的标准差为577元，标准差系数为33.9%。到2009年，各类群体平均收入的标准差为10798元，标准差系数为46.1%。整体上看，这20年当中，我国各类群体的收入差距在扩大，各类群体内部的收入差异也在增加。

从收入位序上看，非参数配对样本Friedman检验显示（见表5-2），1989—2009年，我国各阶层收入排序分布上没有显著差异，可以认为1989年各阶层的收入位序分布与后续年度的收入位序服从同样的分布，说明1989—2009年我国各阶层的经济地位整体上没有显著变动。这也意味着，我国各阶层经济地位的获得具有伴生性，基年的经济地位很大程度上决定了后续年份的经济地位，经济地位较低的个体想要获得较高的经济地位，其难度较其他群体要大得多。从另一角度讲，原先处于较高经济地位的个体，其落入较低经济地位的可能性较小，不同的群体多数在各自的生存系统中生存和发展。

表5-2　　　　　　收入位序非参数配对样本 Friedman 检验

年 份	1989	1991	1993	1997	2000	2004	2006	2009
秩均值	6.15	4.15	4	4.15	4.25	4.8	4.15	4.35
卡 方	7.524							
显著性	0.376							

表5-3　　　　　　　　　　　各阶层人均收入　　　　　　　　　　　单位：元

阶层	1989年 均值	位序	1991年 均值	位序	1993年 均值	位序	1997年 均值	位序	2000年 均值	位序	2004年 均值	位序	2006年 均值	位序	2009年 均值	位序
国家与社会管理者	1851	4	2070	3	3098	3	6430	3	9665	2	12836	5	20858	3	27657	4
企业经营者	1905	3	2207	2	4316	2	8066	2	13458	1	14240	2	23008	1	44230	1
高级专业技术人员	1627	5	1833	4	2401	5	6428	4	9559	3	15780	1	22525	2	32098	3
一般专业技术工作者	1254	8	1560	7	2104	8	5242	7	8853	5	13094	4	15613	6	22504	6
办事人员	1490	6	1733	5	2651	4	5779	5	8297	6	12050	6	15989	5	25163	5
个体工商户	3213	1	3361	1	5905	1	10057	1	9175	4	13175	3	16261	4	32762	2
商业服务人员	1139	9	1323	8	2148	7	5114	8	6059	8	8174	8	8795	8	13819	8
产业工人	1481	7	1564	6	2356	6	5515	6	7468	7	9239	7	12955	7	18331	7
农业劳动者	1137	10	1108	9	1527	10	2971	9	3274	9	3661	9	5745	9	10576	9
城乡无业/失业/半失业者	1907	2	1029	10	1592	9	2538	10	2953	10	2688	10	3495	10	7127	10
标准差（元）	577		640		1280		2087		2981		4224		6453		10798	
标准差系数（%）	33.9		36.0		45.6		35.9		37.9		40.3		44.4		46.1	
全部劳动人群平均收入	1360		1410		2069		4449		5537		7118		10086		17014	

通过对位序进行快速聚类，我们发现，当聚类为3类和5类时，各阶层的归属情况如表5-4所示。

表5-4　　　　　　　十个社会阶层收入位序聚类

阶层	3类	距离	阶层	5类	距离
国家与社会管理者	1	5.196	国家与社会管理者	1	5.196
企业经营者		0	企业经营者		0
高级专业技术人员		5.568	高级专业技术人员		5.568
个体工商户		5.196	个体工商户		5.196

续表

阶　层	3类	距　离	阶　层	5类	距　离
一般专业技术工作者	2	5.916	一般专业技术工作者	2	0
办事人员	3	0	办事人员	3	0
商业服务人员		7.874	产业工人		4.123
产业工人		4.123	商业服务人员	4	4
农业劳动者		8.426	农业劳动者		0
城乡无业/失业/半失业者		0	城乡无业/失业/半失业者	5	0

如果将我国的社会结构分为三个层次，则国家与社会管理者、企业经营者、高级专业技术人员和个体工商户显然处于社会经济收入顶层，这些阶层整体上控制着大量的政治资源、社会资源和物质资源。一般专业技术人员、办事人员、商业服务人员、产业工人这四个阶层处于社会中间阶层，而农业劳动者和无业失业及半失业者处于社会底层。值得注意的是，如果将社会结构划分为五个层次，则第一层次仍然没有明显的分化，只是中间阶层有所分化，这说明我国的阶层结构比较明显地呈现出两极趋势，大量中产阶级并未显著形成。从表5-5中可以看出，第一阶层占比从1989年的8.3%增加到2009年的14%，而第二阶层从36.6%下降到34.7%，第三阶层从55.5%下降到51.2%，我国阶层金字塔结构仍相当明显。

表5-5　　　　　　1989—2009年三个阶层所占比重　　　　　　单位:%

三阶层	十阶层	1989年	1991年	1993年	1997年	2000年	2004年	2006年	2009年
第1阶层	国家与社会管理者 企业经营者 高级专业技术人员 个体工商户	8.3	7.4	8.5	10.7	11.4	13.3	13.5	14.0
第2阶层	一般专业技术工作者 办事人员 商业服务人员 产业工人	36.6	34.0	33.1	30.7	31.1	29.3	32.7	34.7
第3阶层	农业劳动者 城乡无业/失业/半失业者	55.1	58.5	58.3	58.7	57.5	45.7	54.0	51.2

二 利群增长测度

1. 群体增长曲线

增长曲线衡量的是某类群体的整体收入的增长情况，各阶层的群体增长曲线值如表5-6所示。

1989—2009年，全社会平均收入增长11.5倍，首先其中企业经营者的整体收入增长22.22倍，其次为高级专业技术人员、一般专业技术人员、办事人员、国家与社会管理者，分别增长18.73倍、16.95倍、15.89倍和13.94倍。并且，这五类群体的GGC值均大于全社会平均收入增长率。因此经济增长强烈地有利于这五类群体。

相应地，产业工人、商业服务人员、个体工商户、农业劳动者和城乡无业（失业、半失业）者这五类群体的整体收入增长率分别为11.38倍、11.13倍、9.2倍、8.3倍和2.74倍，均小于全社会的平均收入增长率。

表5-6　群体增长曲线　单位:%

GGC	1989—1991年	1991—1993年	1993—1997年	1997—2000年	2000—2004年	2004—2006年	2006—2009年	1989—2000年	2000—2009年	1989—2009年
国家与社会管理者	0.12	0.50	1.08	0.50	0.33	0.62	0.33	4.22	1.86	13.94
企业经营者	0.16	0.96	0.87	0.67	0.06	0.62	0.92	6.06	2.29	22.22
高级专业技术人员	0.13	0.31	1.68	0.49	0.65	0.43	0.42	4.88	2.36	18.73
一般专业技术工作者	0.24	0.35	1.49	0.69	0.48	0.19	0.44	6.06	1.54	16.95
办事人员	0.16	0.53	1.18	0.44	0.45	0.33	0.57	4.57	2.03	15.89
个体工商户	0.05	0.76	0.70	-0.09	0.44	0.23	1.01	1.86	2.57	9.20
商业服务人员	0.16	0.62	1.38	0.18	0.35	0.08	0.57	4.32	1.28	11.13
产业工人	0.06	0.51	1.34	0.35	0.24	0.40	0.41	4.04	1.45	11.38
农业劳动者	-0.03	0.38	0.95	0.10	0.12	0.57	0.84	1.88	2.23	8.30
城乡无业/失业/半失业者	-0.46	0.55	0.59	0.16	-0.09	0.30	1.04	0.55	1.41	2.74
GRIIM	0.04	0.47	1.15	0.24	0.29	0.42	0.69	3.07	2.07	11.51

2. 利群增长指数

这里我们给出了1989—2009年各阶层的收入缺口比率（见表5-7）。从收入缺口比率上看，1989—2009年，农业劳动者和城乡无业失业人员为两个低收入阶层，其收入缺口比率较大，两个阶层的平均收入均大大低于当时的社会平均收入。商业服务人员的收入地位有所起伏，除了1993—2004年平均收入高于全社会平均收入水平外，其余年份均低于当时的社会平均收入水平，尤其是2006年以后，该阶层平均收入水平与全社会平均收入差距在加大。整体上看，商业服务人员、农业劳动者和城乡无业失业人员的收入地位在下降，而国家与社会管理、企业经营者、高级专业技术人员和个体工商户位于社会收入顶层。

表 5 – 7　　　　　　　　　　群体收入缺口比率　　　　　　　　　　单位:%

阶　层	1989 年	1991 年	1993 年	1997 年	2000 年	2004 年	2006 年	2009 年
国家与社会管理者	-36.1	-46.8	-49.7	-44.5	-74.6	-80.3	-106.8	-62.6
企业经营者	-40.1	-56.5	-108.6	-81.3	-143.1	-100.1	-128.1	-160.0
高级专业技术人员	-19.7	-30.0	-16.1	-44.5	-72.6	-121.7	-123.3	-88.7
一般专业技术工作者	7.8	-10.6	-1.7	-17.8	-59.9	-84.0	-54.8	-32.3
办事人员	-9.6	-22.9	-28.1	-29.9	-49.8	-69.3	-58.5	-47.9
个体工商户	-136.3	-138.4	-185.4	-126.1	-65.7	-85.1	-61.6	-92.6
商业服务人员	16.3	6.2	-3.8	-14.9	-9.4	-14.8	12.8	18.8
产业工人	-8.9	-10.9	-13.9	-24.0	-34.9	-29.8	-28.5	-7.7
农业劳动者	16.4	21.4	26.2	33.2	40.9	48.6	43.0	37.8
城乡无业/失业/半失业者	20.2	27.0	23.1	43.0	46.7	62.2	65.3	58.1

1989—2009年，利群增长指数和利群增长程度情况见表 5 – 8 和表 5 – 9。整体上看，1989—2009年，经济发展有利于国家与社会管理者、企业经营者、高级专业技术人员、一般专业技术工作者、办事人员、个体工商户和产业工人。也就是说，掌握政治资源和市场资源的群体，在我国经济发展过程中属于获益阶层，尽管产业工人只控制自身人力资源，但该阶层与工业化进程联系高度密切，因此也间接受益于经济发展。

商业服务人员、农业劳动者和城乡无业（失业、半失业）者没有充分分享到经济发展的好处，其平均收入增长低于全社会平均收入增长。值得注意的是，由于1989—2009年经济增长并不是有利于商业服务人员的，这在2004年以后表现得更为明显，说明我国第三产业的整体质量并不高，这与第三产业本身的内部结构有关。整体上，第三产业内部组织以劳动密集型为主，资金密集型和技术密集型的行业内组织吸纳就业人口的能力有限。

经济发展长期以来都不是有利于农业劳动者的，1989—2009 年，经济发展表现出强烈的非有利于农业劳动者这一特征。主因在于农民增收一直都比较困难，由于城乡分割及大量富余劳动力的存在，加之收入来源单一，农民增收十分困难。与城乡无业、失业阶层相似，由于与经济发展融合程度有限，有些边缘地区农民甚至游离于市场经济发展之外，因此，经济发展强烈地体现出非有利于该类群体增长的特点。

表 5 - 8　　　　　　　　　利群增长指数　　　　　　　　　单位：%

PGGI	1989—1991 年	1991—1993 年	1993—1997 年	1997—2000 年	2000—2004 年	2004—2006 年	2006—2009 年	1989—2000 年	2000—2009 年	1989—2009 年
国家与社会管理者	0.93	-0.95	-1.04	-0.12	-0.87	-0.61	-1.42	-0.86	-1.05	-0.97
企业经营者	1.83	-0.26	-1.16	0.36	-1.74	-0.63	-0.76	-0.66	-0.95	-0.87
高级专业技术人员	1.12	-1.28	-0.73	-0.17	-0.02	-0.98	-1.3	-0.79	-0.93	-0.91
一般专业技术工作者	(3.63)	-1.21	-0.82	0.42	-0.45	-1.47	-1.28	-0.66	-1.13	-0.93
办事人员	1.93	-0.89	-0.98	-0.34	-0.52	-1.18	-1.13	-0.82	-1.01	-0.95
个体工商户	-0.77	-0.54	-1.26	-2.4	-0.57	-1.38	-0.67	-1.17	-0.89	-1.03
商业服务人员	(1.9)	-0.74	-0.88	-1.23	-0.81	(-1.75)	(-1.13)	-0.85	(-1.2)	(-1.00)
产业工人	-0.54	-0.93	-0.9	-0.61	-1.15	-1.03	-1.31	-0.88	-1.15	-1.00
农业劳动者	(-2.58)	(-1.16)	(-1.12)	(-1.56)	(-1.54)	(-0.71)	(-0.84)	(-1.16)	(-0.96)	(-1.04)
城乡无业/失业/半失业者	(0.93)	(-0.95)	(-1.04)	(-0.12)	(-0.87)	(-0.61)	(-1.42)	(-0.86)	(-1.05)	(-1.04)
GRIIM	0.04	0.47	1.15	0.24	0.29	0.42	0.69	3.07	2.07	11.51

说明：括号表示报告年份的收入缺口为正。

表 5 - 9　　　　　　　　　利群增长程度判断

PGGI	1989—1991 年	1991—1993 年	1993—1997 年	1997—2000 年	2000—2004 年	2004—2006 年	2006—2009 年	1989—2000 年	2000—2009 年	1989—2009 年
国家与社会管理者	B	A	A+	A--	A	A-	A+	A	A+	A
企业经营者	B+	A--	A+	A-	A+	A-	A	A	A	A
高级专业技术人员	B+	A+	A	A--	A--	A	A+	A	A	A
一般专业技术工作者	A+	A+	A	A	A	A+	A+	A	A	A
办事人员	B+	A	A	A	A	A	A	A	A	A
个体工商户	A	A-	A+	A+	A	A+	A	A+	A	A+
商业服务人员	A+	A	A	A+	A	B+	B+	A	B+	B
产业工人	A-	A	A	A	A+	A	A+	A	A+	A+
农业劳动者	B+	B+	B+	B+	B+	B	B	B+	B	B
城乡无业/失业/半失业者	A	B	B+	B-	B	B-	B+	B	B+	B+

说明：A：利群，B：非利群，"--"：低度，"-"：中度，"+"：高度。

第四节 1989—2009 年中国利群增长效应与其分解

一 增长效应分解原理

由于本书是基于群体收入增长率来测度经济增长的利群情况,因此,经济增长对于群体收入增长的影响也存在纯经济增长效应和分配效应。其中,纯经济增长效应是在保持社会不平等不变的情况下,该群体的收入增长情况;分配效应则是在保持社会平均收入不变,各群体的收入增长情况。

设第一期第 i 类群体($i=1,2,\cdots,m$)的个体数量为 $n^{(1)}$,收入向量为:

$$x_i(\mu_1,L_1) = [x_1^{(1)},x_2^{(1)},\cdots,x_{n^{(1)}}^{(1)}] \qquad (5.12)$$

其中,μ_1 表示第 1 期全社会人均收入,L_1 为第 1 期全社会的收入不平等测度。

设第二期第 i 类群体($i=1,2,\cdots,m$)的个体数量为 $n^{(2)}$,收入向量为:

$$x_i(\mu_2,L_2) = [x_1^{(2)},x_2^{(2)},\cdots,x_{n^{(2)}}^{(2)}] \qquad (5.13)$$

其中,μ_2 表示第 2 期全社会人均收入,L_2 为第 2 期全社会的收入不平等测度。

保持不平等状况不变,所有个体收入均同时增长 $g = \frac{\mu_2}{\mu_1} - 1$,则得到第 i 类群体的收入向量:

$$x_i(\mu_2,L_1) = (1+g)[x_1^{(1)},x_2^{(1)},\cdots,x_{n^{(1)}}^{(1)}] \qquad (5.14)$$

该向量表示保持不平等状况如第一期,第 i 类群体纯经济增长后的收入情况。

同样,对于第二期第 i 类群体的收入向量:

$$y_i(\mu_2,L_2) = [x_1^{(2)},x_2^{(2)},\cdots,x_{n^{(2)}}^{(2)}] \qquad (5.15)$$

如果保持不平等状况不变,个体收入均同时下降 $g = \frac{\mu_2}{\mu_1} - 1$,则得到收入向量:

$$y_i(\mu_1,L_2) = \frac{1}{(1+g)}[x_1^{(2)},x_2^{(2)},\cdots,x_{n^{(2)}}^{(2)}] \qquad (5.16)$$

其中，$\dot{y}_i(\mu_1, L_2)$ 表示保持不平等状况如第二期，在考虑经济增长的情况下，第 i 类群体应达到的第一期收入情况。

当然，在计算这些变量时，我们也可以参照前文的匿名性和非匿名性的思路来进行效应分解。但由于本书样本的时间跨度较大，采用非匿名性的方法，各群体中的连续样本量就会偏少，因此，这里还是选用匿名性的方法来进行研究。在匿名性情况下，利群增长效应的分解如下：

在匿名性情况下，第 i 类群体前后两期的收入缺口比率变化值为：

$$\Delta GIG = \frac{1}{n^{(2)}} \sum_{j=1}^{n^{(2)}} \frac{\mu_2 - x_j^{(2)}}{u_2} - \frac{1}{n^{(1)}} \sum_{j=1}^{n^{(1)}} \frac{\mu_1 - x_j^{(1)}}{u_1} \quad (5.17)$$

这里 $x_j^{(2)}$ 为第二期第 i 类群体中第 j 个个体的收入，$x_j^{(1)}$ 为第一期第 i 类群体中第 j 个个体的收入。$n^{(1)}$、$n^{(2)}$ 分别为第一、第二期中第 i 类群体中的个体数。μ_1、μ_2 为前后两期的全社会平均收入。

收入缺口比率变化反映了该类群体与全社会平均收入比较，其缺口比率是否增加或下降。在匿名性情况下，经济增长的收入缺口比率效应分解为纯经济增长效应（G）、分配效应（I），这里不存在利贫增长测度中的类似贫困线变动效应的社会平均收入变动效应。这是由于贫困线的变动影响贫困人群的规模，故前后两期贫困的变化有贫困线变动的影响，但在群体缺口比率效应分解时，前后两期社会平均收入的变动并不影响各类人群的划分（本书是按职业性质来划分社会阶层的），因此不存在社会平均收入变动对各群体收入缺口比率变动的影响效应。

增长效应：

$$\begin{aligned} G_{12} &= 1/2\{\theta[u_1, x(\mu_2, L_1)] - \theta[u_1, x(\mu_1, L_1)] \\ &\quad + \theta[u_2, y(\mu_2, L_2)] - \theta[u_2, y(\mu_1, L_2)]\} \\ &= 1/2\{\frac{1}{n^{(1)}} \sum_{i=1}^{n^{(1)}} [\frac{u_1 - x_i^{(1)}(1+g)}{u_1}] - \frac{1}{n^{(1)}} \sum_{i=1}^{n^{(1)}} [\frac{u_1 - x_i^{(1)}}{u_1}] \\ &\quad + \frac{1}{n^{(2)}} \sum_{i=1}^{n^{(2)}} [\frac{u_2 - y_i^{(2)}}{u_2}] - \frac{1}{n^{(2)}} \sum_{i=1}^{n^{(2)}} [\frac{u_2 - y_i^{(2)}/(1+g)}{u_2}]\} \quad (5.18) \end{aligned}$$

其含义是保持社会收入分布形态不变的情形下，由于纯经济增长使得收入缺口（或盈余）比率的变化幅度。

分配效应：

$$\begin{aligned} I_{12} &= 1/2\{\theta[u_2, y(\mu_2, L_2)] - \theta[u_1, x(\mu_2, L_1)] \\ &\quad + \theta[u_2, y(\mu_1, L_2)] - \theta[u_1, x(\mu_1, L_1)]\} \end{aligned}$$

$$= 1/2 \left\{ \frac{1}{n^{(2)}} \sum_{i=1}^{n^{(2)}} \left[\frac{u_2 - y_i^{(2)}}{u_2} \right] - \frac{1}{n^{(1)}} \sum_{i=1}^{n^{(1)}} \left[\frac{u_1 - x_i^{(1)}(1+g)}{u_1} \right] \right.$$

$$\left. + \frac{1}{n^{(2)}} \sum_{i=1}^{n^{(2)}} \left[\frac{u_2 - y_i^{(2)}/(1+g)}{u_2} \right] - \frac{1}{n^{(1)}} \sum_{i=1}^{n^{(1)}} \left[\frac{u_1 - x_i^{(1)}}{u_1} \right] \right\} \quad (5.19)$$

上式的含义是在保持社会平均收入水平不变的情形下,由于收入分布的改变,而使得该群体的收入缺口(或盈余)的变化幅度。

由此可计算出第 i 类群体的总绝对收入缺口比率弹性,纯经济增长绝对收入缺口比率弹性和收入分配绝对收入缺口比率弹性。

二 增长效应分解结果

在这里,我们只针对1989—2009年、1989—2000年和2000—2009年三个时期的利群增长进行分解(见表5-10、表5-11、表5-12)。到2009年,商业服务人员、农业劳动者和城乡无业者三个阶层为收入缺口阶层,而其他阶层则为收入盈余阶层。

1989—2009年,国家与社会管理者、企业经营者、高级专业技术人员、一般专业技术工作者、办事人员这五个阶层属于收入盈余增加的阶层,这些阶层的平均收入不但高于全社会平均收入,并且与全社会平均收入的距离进一步加大。到2009年,个体工商户和产业工人尽管属于收入盈余阶层,但其盈余比率在下降,其中个体工商户收入盈余比率下降了44个百分点,产业工人的收入盈余比率下降了2个百分点。而商业服务人员、农业劳动者和城乡失业人员则属于三个存在收入缺口的低收入阶层。

表5-10　　　　　　　1989—2009年群体利群增长效应

指标	弹性			效应		总效应	利群增长指数(PGGI)
	总绝对缺口比率弹性	经济增长绝对缺口比率弹性	收入分配绝对缺口比率弹性	增长效应	分配效应		
国家与社会管理者	-0.02	-0.75	0.72	-8.58	8.32	-0.26	-0.97
企业经营者	-0.10	-0.80	0.70	-9.26	8.06	-1.20	-0.87
高级专业技术人员	-0.06	-0.67	0.61	-7.75	7.06	-0.69	-0.91
一般专业技术工作者	-0.03	-0.51	0.48	-5.92	5.52	-0.40	-0.93
办事人员	-0.03	-0.61	0.57	-6.99	6.60	-0.39	-0.95

续表

指标	弹性			效应			总效应	利群增长指数（PGGI）
	总绝对缺口比率弹性	经济增长绝对缺口比率弹性	收入分配绝对缺口比率弹性	增长效应	分配效应		
个体工商户	0.04	-1.26	1.30	-14.48	14.92	0.44	-1.03
商业服务人员	(0.00)	(-0.45)	(0.45)	(-5.19)	(5.22)	(0.03)	(-1.00)
产业工人	0.00	-0.59	0.59	-6.76	6.78	0.02	-1.00
农业劳动者	(0.02)	(-0.44)	(0.46)	(-5.10)	(5.31)	(0.21)	(-1.04)
城乡无业/失业/半失业者	(0.03)	(-0.74)	(0.78)	(-8.57)	(8.94)	(0.38)	(-1.04)

说明：括号表示报告年份该群体的收入缺口为正，下同。

1989—2009年，收入盈余效应最高的前五个社会阶层分别为企业经营者、高级专业技术人员、一般专业技术人员、办事人员和国家与社会管理者。其中企业经营者的收入盈余比率增加了约120个百分点，其收入盈余比率从1989年的40.1%上升到2009年的160%。效应分解显示，企业经营者是这五个阶层中最受益于经济增长的阶层，其纯经济增长效应为9.26倍。

尽管经济增长效应对于个体工商户的收入盈余贡献最大，20年的经济发展，其增长效应使得盈余比率增加14.48倍，但收入分配效应使得收入盈余比率下降14.92倍，二者综合影响使得个体工商户的收入盈余比率下降了44个百分点。从另一个角度可以看出，早期的个体工商户收入水平提高较快，即赚钱相对比较容易，但在后期，随着市场经济的发展和完善，市场竞争加剧，个体工商户内部的收入增速开始出现分化。

此外，产业工人的收入盈余比率只下降了两个百分点，20年间，与社会平均收入的相对距离几乎没有变动。

商业服务人员、农业劳动者和城乡失业人员在20年的经济发展中，与全社会平均收入的距离在增大，尽管纯经济增长效应使得三个阶层的收入缺口比率有所下降，但由于收入增速低于其他阶层，收入分配效应使得三个阶层的收入缺口比率总效应为正，即收入缺口有所增加。

综合总效应和纯增长效应，1989—2009年，中国经济发展表现出明显的利群性，整体上可以划分为四个层次：

第一层次为最高受益阶层，主要包括国家与社会管理者、企业经营者和高级专业技术人员。这些群体不但收入盈余比率在增加，并且纯经济增长效应在群体中也位于前列。

第二层次为中受益阶层，主要包括一般专业技术人员和办事人员。尽管纯经济增长效应不高，但其总效应为负，即收入盈余在增加。

第三层次为平受益阶层，主要包括个体工商户和产业工人，尽管个体工商户和产业工人属于收入盈余阶层，并且个体工商户纯经济增长效应也很高，但总效应却显示该阶层的收入盈余比率在下降。

第四层次为非受益阶层，主要包括商业服务人员、农业劳动者和城乡无业失业者，该类阶层的平均收入与社会平均收入的差距在加大。

从阶段性看（见表5-11），2000年以前，经济发展只对农业劳动者和城乡无业失业者不利，但对于其他阶层还是有利的。从纯经济增长效应看，个体工商户、企业经营者最得益于经济增长。这一时期，个体工商户、企业经营者、高级专业技术人员和国家与社会管理者为第一受益阶层。第二受益阶层则为一般专业技术工作者、办事人员、产业工人和商业服务人员；农业劳动者和城乡无业失业人员为两个非受益经济增长的阶层。

表 5-11　　　　　　　　1989—2000 年群体利群增长效应

指标	总绝对缺口比率弹性	经济增长绝对缺口比率弹性	收入分配绝对缺口比率弹性	增长效应	分配效应	总效应	利群增长指数（PGGI）
国家与社会管理者	-0.13	-0.89	0.77	-2.75	2.36	-0.39	-0.86
企业经营者	-0.34	-1.00	0.66	-3.07	2.04	-1.03	-0.66
高级专业技术人员	-0.17	-0.81	0.64	-2.49	1.96	-0.53	-0.79
一般专业技术工作者	-0.22	-0.66	0.44	-2.02	1.34	-0.68	-0.66
办事人员	-0.13	-0.73	0.60	-2.25	1.84	-0.41	-0.82
个体工商户	0.23	-1.38	1.61	-4.25	4.96	0.71	-1.17
商业服务人员	-0.08	-0.55	0.47	-1.70	1.44	-0.26	-0.85
产业工人	-0.08	-0.71	0.63	-2.18	1.92	-0.26	-0.88
农业劳动者	(0.08)	(-0.49)	(0.57)	(-1.51)	(1.75)	(0.24)	(-1.16)
城乡无业/失业/半失业者	(0.28)	(-0.77)	(1.05)	(-2.35)	(3.22)	(0.87)	(-1.37)

2000—2009年，商业服务人员、农业劳动者和城乡无业失业人员三

个阶层为非受益于经济增长的阶层,其他阶层则属于受益阶层(见表 5-12)。从纯经济增长效应看,企业经营者为第一受益阶层,国家与社会管理者、高级专业技术人员和个体工商户为第二受益阶层,一般专业技术工作者和办事人员为第三受益阶层。

表 5-12　　　　　　　2000—2009 年群体利群增长效应

指标	弹性 总绝对缺口比率弹性	弹性 经济增长绝对缺口比率弹性	弹性 收入分配绝对缺口比率弹性	效应 增长效应	效应 分配效应	总效应	利群增长指数(PGGI)
国家与社会管理者	0.06	-1.14	1.19	-2.35	2.47	0.12	-1.05
企业经营者	-0.08	-1.64	1.55	-3.39	3.22	-0.17	-0.95
高级专业技术人员	-0.08	-1.17	1.09	-2.42	2.26	-0.16	-0.93
一般专业技术工作者	0.13	-1.01	1.15	-2.10	2.38	0.28	-1.13
办事人员	0.01	-0.99	1.00	-2.05	2.07	0.02	-1.01
个体工商户	-0.13	-1.14	1.01	-2.36	2.10	-0.26	-0.89
商业服务人员	(0.14)	(-0.68)	(0.81)	(-1.41)	(1.69)	(0.28)	(-1.20)
产业工人	0.13	-0.85	0.98	-1.76	2.03	0.27	-1.15
农业劳动者	(-0.01)	(-0.40)	(0.38)	(-0.82)	(0.79)	(-0.03)	(-0.96)
城乡无业/失业/半失业者	(0.06)	(-0.33)	(0.39)	(-0.69)	(0.81)	(0.12)	(-1.17)

需要指出的是,2000—2009 年,企业经营者、高级专业技术人员、个体工商户这三个阶层的平均收入水平不仅高于全社会平均收入,并且与全社会平均收入的距离在扩大。而国家与社会管理者、一般专业技术工作者、办事人员和产业工人这四个阶层的平均收入尽管均高于全社会平均收入,但与全社会平均收入差距在缩小。商业服务人员、农业劳动者和城乡无业失业人员三个阶层依然为非受益于经济增长的阶层,并且除农业劳动者与全社会平均收入差距有所缩小外,商业服务人员和城乡无业失业人员这两个阶层与全社会平均收入差距在扩大。

第五节　本章小结

本章在构建利群增长测度方法的基础上,对 1989—2009 年中国经济

增长的利群增长情况进行测度,并作了相应的增长效应分解,主要结论如下:

(1) 1989—2009 年,首先,企业经营者的整体收入增长最快,其次为高级专业技术人员、一般专业技术人员、办事人员、国家与社会管理者,经济增长强烈地有利于这五类群体。产业工人、商业服务人员、个体工商户、农业劳动者和城乡无业(失业、半失业)人员的收入增长均小于全社会平均收入增长。

(2) 利群增长指数分析显示,1989—2009 年,经济发展有利于国家与社会管理者、企业经营者、高级专业技术人员、一般专业技术工作者、办事人员、个体工商户和产业工人。其主要原因在于这些阶层拥有经济增长所需要的特定的人力资源、政治资源或市场资源等各类要素资源。商业服务人员、农业劳动者和城乡无业(失业、半失业)者则没有充分分享到经济发展的好处。

(3) 1989—2009 年,国家与社会管理者、企业经营者、高级专业技术人员、一般专业技术工作者、办事人员这五个阶层属于收入盈余增加的阶层,其收入水平与全社会平均收入水平差距在扩大。个体工商户和产业工人尽管属于收入盈余阶层,但其盈余比率在下降,即个体工商户内部收入增速在分化,而产业工人正经历收入增长瓶颈。商业服务人员、农业劳动者和城乡失业人员则属于三个存在收入缺口的低收入阶层,其收入水平低于全社会平均收入水平。

(4) 1989—2009 年,中国经济发展表现出明显的利群性,其中,国家与社会管理者、企业经营者和高级专业技术人员为高受益阶层,收入盈余比率不仅在增加,并且纯经济增长效应也最高;一般专业技术人员和办事人员为中等受益阶层,其收入盈余在增加,但纯经济增长效应并不高;个体工商户和产业工人为平受益阶层,尽管存在收入盈余,但收入盈余比率在下降;商业服务人员、农业劳动者和城乡无业失业者为非受益阶层,此类阶层不仅存在收入缺口,并且与全社会平均收入的差距在扩大。

第六章

中国利贫增长与利群增长趋同

利贫增长问题的实质是穷人与富人收入增长率的比较问题，尽管前文已经指出，1989—2009年中国的经济增长是低度利富的，但很自然地会引申出一个问题，二者的收入增长率最终是否会最终趋同。本章主要从绝对趋同和收入动态分布角度对不同群体的收入水平和收入增长率的趋同情况进行分析研究。

第一节 利贫增长趋同

有关趋同研究主要集中于国与国之间或一国之内各区域间经济增长率的趋同性上，从现有的研究文献看，既有支持绝对趋同的，也有支持条件趋同的。已有的研究更多的是从人均GDP角度研究经济增长的趋同性。当前有关趋同的研究主要集中在绝对β趋同、相对β趋同、俱乐部趋同、σ趋同、全要素生产率（TFP）趋同和随机性趋同等方面。

关于绝对β趋同，新古典增长理论认为（Solow，1956），在技术进步外生且各国能免费获取新技术的前提下，由于资本边际报酬递减，最终各国的稳态增长率将相同。此种意义上的趋同即为绝对β趋同（Galor，1996），即不管经济体的初始状态如何，人均产出的初始水平越低，则其经济增长率越高，但最终增长率将相同，其稳态收入水平也相同，即人均产出将相同。

关于相对β趋同，与绝对趋同相对应，如果各经济体在技术、人口增长率、要素市场结构等方面具有相同的经济结构，则不管其初始收入水平如何，最终稳态增长率将相同，但其最终稳态收入水平可以不同。这种趋同就是条件β趋同（Galor，1996）。也就是说，如果这些影响因素在不同的经济体中有所不同，则各经济体将有各自的稳态收入水平，各地区之间的经济收入差距将长期存在。对于相对趋同来说，在控制了稳态收入水平的差异后，初始收入水平与潜在的经济增长率呈负相关关系（Barro，1991；Mankiw 等，1992）。

关于俱乐部趋同，其介于绝对趋同与相对趋同之间，即那些在经济结构与初始收入水平二者都相似的国家将形成趋同俱乐部，拥有相同的稳态经济增长率和稳态收入水平。有研究表明（Ben-David，1998；Barro 和 Sala-i-Martin，1992），发达国家之间形成富裕俱乐部，而贫穷国家之间形成贫穷俱乐部，即存在俱乐部趋同现象。

关于 σ 趋同，研究收入分布的离散指标（通常用标准差、变异系数、基尼系数或泰尔指数）是否随时间的推移而减少，若随时间推移离散指标值下降，则意味着 σ 趋同。如果存在 σ 趋同，则最终稳态收入水平将相同，其稳态增长率也将相同。即 β 趋同研究的人均产出增长率与初始收入水平的相关关系，二者呈负相关关系并不能说明收入分布的离散化趋势能降低。存在 β 趋同，不一定意味着有 σ 趋同，但存在 σ 趋同，则一定存在 β 趋同。

关于全要素生产率（TFP）趋同，TFP 趋同从全要素生产率角度研究技术进步在各国的趋同性。诸多学者研究认为，不同国家劳动生产率的不同更多地取决于全要素生产率而非资本密集度（Klenow 和 ROdrigue-Clare，1997；Hall 和 Jones，1999；Parente 和 Precott，2000；Easterly 和 Levine，2001）。

关于随机性趋同，如果某个经济体的产出与所有经济体的平均产出比值的对数值为平稳的，则这些经济体就存在随机性趋同。从随机性趋同的含义看，影响不同经济产出增长的因素都是短期的，即经济体之间的异质性随着时间的推移，其对经济增长的影响将衰减。一般通过单位根检验来验证其平稳性。

本书的研究说明，1989—2009 年，中国各省的贫困人群在分享经济发展成果方面却是存在差异的，各省份富人的平均收入增长率要大于穷人的平均收入增长率，即经济发展是利富的，此外，不管经济发展了多少年，贫困问题一直是各国都普遍需要面对的问题。一个很自然的问题是，即使各国的经济增长发生了趋同，那么贫困人口和非贫困人口之间的收入差距就可以消失吗？就中国而言，假如中国各省的经济增长（如人均收入）出现了趋同，那么各省的贫困发生率、贫困人口与非贫困人口之间、贫困人口之间、非贫困人口之间的收入差距会缩小吗？当发生条件 β 趋同时，穷人与富人的收入增长率还是可以保持相同，但实际收入差距却在扩大，这时经济增长是属于低度利富的。本书已有的研究也表明，1989—2009 年中国的经济发展总体是低度利富的。因此如果发生条件 β 趋同，经济又呈现出低度利富式增长，则中国的收入分布应该是双峰形式的。

此外，我们还需要关心的一个问题是，如果全局发生 β 趋同，那么单就各个省份的穷人而言，其最终的收入增长是否会发生 β 趋同，同样各省富人之间的收入增长是否会发生 β 趋同，即是否会形成地区间的富人俱乐部和地区间的穷人俱乐部。

因此，从收入角度去研究贫困人群与非贫困人群的收入增长趋同较纯粹经济增长角度的区域间的趋同研究具有更重要的现实意义。

一 计量模型与方法

从趋同研究实证方法看，主要有截面数据回归法、面板数据回归法、时间序列分析法、收入分布法。其中前三种主要针对的是 β 趋同研究，收入分布法则侧重 σ 趋同研究。对于利贫增长的趋同研究而言，更为关注的是贫困人群与非贫困人群的收入增长率是否存在趋同，因此宜采用 β 趋同来进行研究。但如果想研究贫困人群与非贫困人群的最终收入水平是否会相同，则宜采用 σ 趋同研究，也可以从收入分布动态学角度进行此类研究。诸多研究表明，经济区域在地理上具有空间相关性和空间依赖性，传统的经典计量方法忽略了空间效应，尽管面板数据考虑到了时间相关性和空间（截面）相关性，但其假设任何时刻的所有个体（空间）相等，因而忽略了空间效应。为此，学者将截面空间与面板数据相结合，从空间面板角度进行相关问题研究。因此在本书的研究中，首先需要检验各区域间是否存在空间自相关，如果存在，则引入空间效应，然后选取相应的空间面板模型。如果在本书的样本中不存在空间自相关，则就无须引入空间效应。据此，本书首先确定是否存在空间自相关，然后选择空间面板或普通面板模型去研究相应的 β 趋同。

如果要采用空间面板计量模型，首先要确定空间自相关。检验空间自相关的方法有 Moran's I 检验（Moran，1950）、拉格朗日 LM - Error 检验以及拉格朗日 LM – Lag 检验（Anselin，1988）。其中 Moran's I 检验最为常用，主要用于全局空间自相关检验。计算公式如下：

$$Moran's\ I = \frac{1}{\sum_{i=1}^{n}\sum_{j=1}^{n}w_{ij}} \times \frac{\sum_{i=1}^{n}\sum_{j=1}^{n}w_{ij}(y_i - \bar{y})(y_j - \bar{y})}{\frac{1}{n}\sum_{i=1}^{n}(y_i - \bar{y})^2} \quad (6.1)$$

式中，n 为空间单元数量，y_i 为空间单元 i 的某个指标值，$\{w_{ij}\}$ 为空间权重矩阵，表示各空间单元间联系的紧密程度。可以发现，Moran's I 指数与线性相关系数 r 非常相似。因此，Moran's I 指数值也在 –1 与 1 之间。与线性相关系数的显著性检验要求相似，对于计算得到的 Moran's I 指数值也需进行显著性检验。如果 Moran's I 指数的 P 值显著，则说明空间效应应被纳入有关的回归方程中。Moran's I 指数还可以进一步转换为标准分布的 Z 统计量来检验空间单元之间是否存在空间自相关。Z 值计算公式为：

$$Z = \frac{I - E(I)}{\sqrt{VAR(I)}} \quad (6.2)$$

式中，$E(I) = -\frac{1}{n-1}$，$VAR(I) = \frac{n^2 S_1 + n S_2 + 3 S_0^2}{S_0^2(n^2 - 1)} - E^2(I)$，其中，$S_0 = \sum_{i=1}^{n}\sum_{j=1}^{n}w_{ij}$，$S_1 = \frac{1}{2}\sum_{i=1}^{n}\sum_{j=1}^{n}(w_{ij} + w_{ji})^2$，$S_2 = \sum_{i=1}^{n}(w_{i\cdot} + w_{\cdot j})^2$，$w_{i\cdot}$ 和 $w_{\cdot j}$ 为空间权重矩阵第 i 行和第 j 列的和。

在计算 Moran's I 指数时要用到空间权重矩阵，关于空间权重矩阵的构建主要有三种：

第一种，邻接权重矩阵。若两个空间单元邻接，则赋值为 1，否则赋值为 0。邻接标准可以采用 Rook 邻接（共边为邻接）、Bishop 邻接（共点为邻接）和 Queen 邻接（共边或共点均为邻接）。也可以按是否直接邻接设置为一阶邻接（直接邻接）、二阶邻接（单一间隔邻接）、高阶邻接（多重间隔以上邻接）。

第二种，距离权重矩阵。一种方式是以两个空间单元各自重心（通常是经济中心）的距离的倒数作为连续权重值。还可以设置距离阈值确定距离权重，如果两个空间单元的重心距离小于阈值，则设权重为 1，否则设权重为 0。

第三种，经济权重矩阵。经济权重实际上是距离权重的推广，其采用单一或多个指标来衡量空间单元之间的经济特征,并以这些指标构建经济距离。林光平等(2006)提出的经济权重矩阵 $W^* = W \times E$,其中 E 中各元素为:

$$E = \left\{ \frac{1}{|\bar{Y}_i - \bar{Y}_j|} \quad 若 i = j \right. \tag{6.3}$$

其中,$\bar{Y}_i = \frac{1}{T}\sum_{t=1}^{T} y_{it}$,$y_{it}$ 为第 i 空间单元第 t 年的实际人均收入。

经济权重适用于一个空间单元对多个空间单元地理上邻接的情况,因为如果一个空间单元与其他多个单元具有相同的地理邻接,但在经济密切程度上却可能有明显差异,经济权重就能体现出这种差异。

需要指出的是,不管何种方式构造出的初始权重矩阵,由于各行的总和不为 1,因此需要进行归一化处理,使得空间权重矩阵的各行的总和为 1。

有了空间权重矩阵,就可以计算出 Moran's I 指数,下一步就可以对 Moran's I 指数进行显著性检验,检验结果如果显著,则说明存在空间自相关,那在接下来的计量模型中就需要引入空间效应。检验的结果如果不显著,则就可以用普通的面板数据进行计量分析,而无须引入空间效应。

Cliff 和 Ord(1972)提出了第二种 Moran's I 检验的检验方法,该方法是对于要计算 Moran's I 指数的指标进行常数项最小二乘回归,得到残差向量 e,然后利用如下公式计算 Moran's I 值[①]:

$$Moran's\ I = \frac{n}{\sum_{i=1}^{n}\sum_{j=1}^{n} w_{ij}} \times \frac{e'We}{e'e} \tag{6.4}$$

式中,e' 为 e 的转置,W 为空间权重矩阵,n 为空间单元个数。

在本书中,由于只有 7 个省份,其各省份几乎都不相邻,因此这里采用省会城市之间的公路里程的倒数作为空间权重,并对各行进行相应的归一化处理。各省会城市之间的公路里程如表 6-1 所示。

---

① 本书即采用该方法,具体计算采用 matlab 来进行。

表 6-1　　　　　　　　　　　省会城市间公路里程　　　　　　　　　　单位：公里

	江苏（南京）	山东（济南）	河南（郑州）	湖北（武汉）	湖南（长沙）	广西（南宁）	贵州（贵阳）
江苏（南京）	0	684	746	674	1066	2023	1968
山东（济南）	684	0	434	893	1285	2297	2270
河南（郑州）	746	434	0	531	923	1935	1896
湖北（武汉）	674	893	531	0	392	1404	1377
湖南（长沙）	1066	1285	923	392	0	1012	957
广西（南宁）	2023	2297	1935	1404	1012	0	6550
贵州（贵阳）	1968	2270	1896	1377	957	6550	0

资料来源：携程物流网：http://info.jctrans.com/gongju/lccx.asp。

取公路里程的倒数作为权重，并对各行进行归一化后即得到本书研究所需的距离空间权重矩阵。

在趋同研究方面，本书选取贫困发生率、地区穷人人均收入、地区富人人均收入、地区人均收入作为趋同研究指标。通过已经得到的距离空间权重矩阵，有关指标的 Moran's I 值及显著性检验见表 6-2。

从空间自相关检验看，各指标的 Moran's I 指数检验并不显著，其原因可能是本书的 7 个省份多数彼此之间在地理位置上比较远，因此空间上的依赖性并不显著，如果将样本数量扩大到全国的所有省份，则相应的空间自相关检验也许存在，例如纪超（2010）利用 2009 年 27 个省域之间的收入差距进行的空间自相关检验表明，空间依赖性存在。但由于本书只有 7 个省份的数据，加之目前的检验说明这 7 个省份之间的空间相关性并不显著。鉴于此，在本书有关各省的贫困发生率、人均收入、富人人均收入、穷人人均收入的趋同研究中无须引入空间效应。

表 6-2　　　　　　　　　　　空间自相关检验

年　份	1989	1991	1993	1997	2000	2004	2006	2009
Moran's I_H	-0.146	-0.200	-0.162	-0.150	-0.203	-0.195	-0.173	-0.210
Z 统计量	0.267	-0.418	0.055	0.207	-0.464	-0.357	-0.075	-0.542
P 值	0.790	0.676	0.956	0.836	0.643	0.721	0.940	0.588
Moran's I_inc	-0.165	-0.193	-0.131	-0.203	-0.231	-0.246	-0.249	-0.276
Z 统计量	0.023	-0.326	0.453	-0.457	-0.812	-0.995	-1.034	-1.380
P 值	0.982	0.745	0.650	0.648	0.417	0.320	0.301	0.168

续表

年份	1989	1991	1993	1997	2000	2004	2006	2009
Moran's I_ pinc	-0.106	-0.117	-0.217	-0.285	-0.256	-0.233	-0.251	-0.145
Z 统计量	0.760	0.630	-0.629	-1.495	-1.133	-0.831	-1.062	0.276
P 值	0.447	0.529	0.530	0.135	0.257	0.406	0.288	0.782
Moran's I_ rinc	-0.156	-0.153	-0.129	-0.240	-0.252	-0.241	-0.154	-0.253
Z 统计量	0.133	0.170	0.481	-0.926	-1.070	-0.933	0.163	-1.083
P 值	0.894	0.865	0.630	0.354	0.285	0.351	0.871	0.279

说明：Moran's I_H，_inc，_pinc，_rinc 分别表示以贫困发生率、地区人均收入、地区穷人人均收入、地区富人人均收入计算的 Moran's I 指数。

二 绝对 β 趋同截面回归

Barro 和 Martin（1990）指出，新古典增长模型中的传统经济增长过程可表示为：

$$(1/T) \cdot \log(y_{it}/y_{i,t-T}) = x_i^* + \log(\hat{y}_i^*/y_{i,t-T}) \cdot (1 - e^{-\beta T})/T + u_{it} \tag{6.5}$$

式中，y_{it} 为 i 地区在 t 时期的人均产出（也可以是人均收入或劳均收入），x_i^* 为 i 地区的稳态人均产出增长率，$\hat{y}_{i,t}$ 为有效劳均产出（将工人数按照技术进步效应进行折算），$\hat{y}_i^*$ 为稳态水平的有效劳均产出。

申海（1999）对上式进行了变化：

$$(1/T) \cdot \log(y_{it}/y_{i,t-T}) = x_i^* + \log(\hat{y}_i^*/y_{i,t-T}) \cdot (1 - e^{-\beta T})/T + u_{it}$$
$$= x_i^* + \log(\hat{y}_i^*) \cdot (1 - e^{-\beta T})/T - \log(y_{i,t-T}) \cdot (1 - e^{-\beta T})/T + u_{it} \tag{6.6}$$

令 $B = x_i^* + \log(\hat{y}_i^*) \cdot (1 - e^{-\beta T})/T$，得到：

$$(1/T) \cdot \log(y_{it}/y_{i,t-T}) = B - \log(y_{i,t-T}) \cdot (1 - e^{-\beta T})/T + u_{it} \tag{6.7}$$

对于上述方程，可以采用非线性最小二乘法来求出收敛系数 β。当然，我们也可以继续变换为：

$$\log(y_{it}/y_{i,t-T}) = c_1 + c_2 \log(y_{i,t-T}) + w_{it} \tag{6.8}$$

式中，$c_1 = TB$，$c_2 = -(1 - e^{-\beta T})$，$w_{it}$ 为新的误差项，其中的未知参数可以采用普通最小二乘法估计。

由于上式中的 y_{it} 可以采用不同的经济指标,故此我们分别选取贫困发生率(H)、各省人均收入(inc)、各省贫困人口人均收入($Pinc$)、各省富人人均收入($Rinc$)分别进行回归收敛系数 β 的计算,选取的初始年份为 1989 年,终点年份为 2009 年,表 6 - 3 给出了各种指标的收敛系数 β 的回归结果。

表 6 - 3　　　　　　　　绝对 β 趋同的截面回归结果

指标	c_2	Std. Error	p 值	R^2	D. W.	收敛速度 β(%)
H	-0.2719	0.3311	0.4489	0.1189	2.0806	1.59
inc	-0.4186	0.6271	0.5339	0.0818	2.3784	2.71
$Pinc$	0.5496	0.2808	0.1077	0.4337	2.8704	-2.19
$Rinc$	-0.9998	0.5036	0.1029	0.4426	2.4744	42.34

从结果看,以相对贫困线作为贫困标准,只有各省富人人均收入和穷人人均收入的 β 收敛系数通过显著性检验,但是穷人人均收入的收敛速度 β 小于零,即各省穷人之间的收入增长率并不趋同,而富人的收敛速度大于零且通过显著性检验,说明各省富人的人均收入增长率具有趋同趋势。整体上看,各省富人之间的收入差距会缩小,而穷人之间的收入差距会拉大。此外各省整体的人均收入增长率趋同没有通过显著性检验,即各省人均收入并不呈现出绝对 β 收敛。同样,各省的贫困发生率的变化也没有表现为绝对 β 趋同。

以上我们首先采用 Barro 的简约回归方程研究了绝对 β 趋同,但此后有学者对该简约回归方程提出了批评,例如,De Long(1988)就认为,Baumol(1986)在采用上述方程对 16 个工业化国家 1870—1979 年的趋同研究时犯了选择性偏误问题,De Long 在扩大样本量重新估计后发现并不存在趋同。为此,之后学者开始在简约方程右边加入一些结构性因素作为控制变量,由此展开了条件 β 趋同研究。Barro 和 Sala - i - Martin(1992)及 Mankiw 等(1992)先后将人力资本和储蓄率作为控制变量加入方程并以截面回归研究了条件 β 趋同。但横截面回归存在变量遗漏问题和内生性问题,由此学者转而用面板数据方法、空间计量模型、时间序列等方法进行趋同研究,条件趋同研究也就成为经济增长分析的经典框架。但 Quah(1996)认为,趋同研究重要的是各国之间的经济增长绩效的比较,而不是各国与自身稳态水平的比较,条件趋同研究违背了趋同研究的最初本意。为此,他提出从收入分布本身的变动角度去研究趋同,至此之后,收入分布动态学成为学者研究趋同的新方法。以下本书从收入分布变动角度研究 1989—2009 年 7 个省份穷人与富人的收入趋同以及各群体的收入趋同。

三 绝对 β 趋同动态收入分布

核密度估计是用于估计收入分布密度函数的一种非参数方法,设随机变量 Y 的密度函数为 $f(y)$ 且未知,如果有 Y 的 n 个独立同分布样本观察值 y_i($i = 1,2,\cdots,n$),则可以用核密度函数估计收入分布密度为:

$$\hat{f}(y) = \frac{1}{nh}\sum_{i=1}^{n}K(\frac{y - y_i}{h}) \qquad (6.9)$$

其中 $K(\frac{y_i - y}{h})$ 为核函数,要求满足:

$$K(x) \geq 0, \int_{-\infty}^{+\infty}K(x)dx = 1, \int_{-\infty}^{+\infty}K^2(x)dx < +\infty, \lim_{x \to \infty}K(x)x = 0$$

$$(6.10)$$

常用的核函数有均匀核 $K(u) = \frac{1}{2}I(|u| \leq 1)$、三角核 $K(u) = (1 - |u|)I(|u| \leq 1)$、Epanechikov 核 $K(u) = \frac{3}{4}(1 - u^2)I(|u| \leq 1)$、高斯核 $K(u) = \frac{1}{\sqrt{2\pi}}e^{-\frac{u^2}{2}}$、指数核 $K(u) = e^{|u|}$ 等,其中高斯核(标准正态分布密度)最为常用。带宽 h 决定了对数据的平滑程度,不能太大,也不能太小。带宽太大会掩盖一些重要的数据特征,太小又会产生太多的尖刺。关于带宽的选择,Silverman(1986)认为,最小化积分均方误(integrated mean square error,IMSE)的带宽与样本量 5 次方根成反比:

$$h = 0.9\min(\sigma_y, \frac{R}{1.34})n^{-\frac{1}{5}} \qquad (6.11)$$

式中,n 为样本量,σ_y 为标准差,R 为四分位距。应该指出,这种带宽只适用于非条件分布的核密度估计。

1. 收入趋同分析

(1)省际人均收入的趋同分析

本书首先观察 7 个省份人均收入的密度函数见图 6-1。

第六章 中国利贫增长与利群增长趋同

从图 6-1 看，1989 年和 2009 年，7 个省份的人均收入均存在两个明显的峰值，如果从趋同定义上看，存在两个俱乐部趋同，从密度函数变迁来看，位于低收入的地区数在减少，需要指出的是，这只是建立在 7 个省份之上的观察结论，由于我国有 31 个省、市、自治区（不含港、澳、台），因此这一结论的普适性有待增大样本做推论。

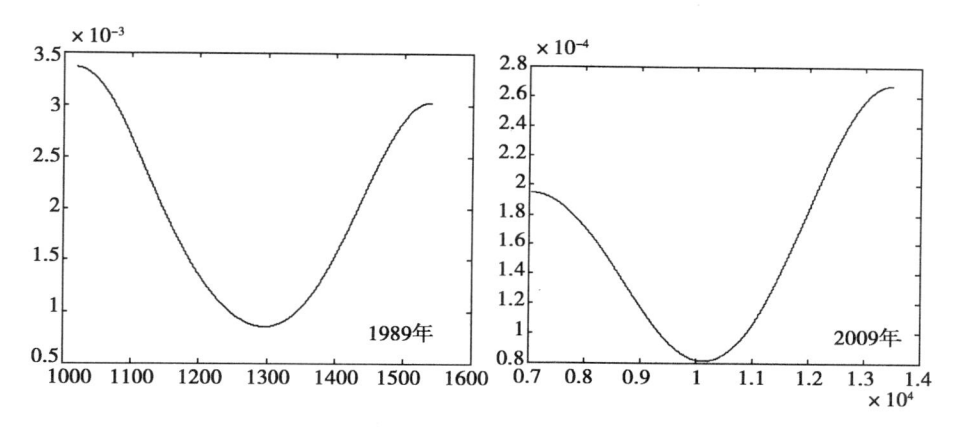

图 6-1　1989 年与 2009 年省际人均收入密度函数

针对本书的 7 个省份，我们还可以从收入位序上作进一步分析（见附录一），我们对 1989—2009 年各省收入位序做非参数配对样本 Friedman 检验显示（见表 6-4），这 20 年当中，7 个省份的人均收入排序并没有发生根本性的变化，原来在收入排序上处于低位的省份，20 年后依然处于低收入水平。

表 6-4　各省收入位序非参数配对样本 Friedman 检验结果

年　份	1989	1991	1993	1997	2000	2004	2006	2009
秩均值	4.64	4.64	5.21	4.79	4.29	3.93	4.50	4.00
卡　方	1.901								
显著性	0.965								

从快速聚类看（见表 6-5），如果聚为 2 类，则江苏、山东、湖南、广西属于高收入水平组，河南、湖北和贵州则属于低收入水平组。如果聚为 3 类，则广西从高收入水平组分离出来，单独成为中等收入水平组，而河南、湖北和贵州依然属于低收入水平组。

表 6-5　　　　　　　　　收入水平俱乐部趋同分类

省 份	2 类	距 离	省 份	3 类	距 离
江 苏	1	3.614	江 苏	1	2.925
山 东		4.131	山 东		3.636
湖 南		2.562	湖 南		1.886
广 西		5.836	广 西	2	0
河 南	2	3.621	河 南	3	3.621
湖 北		3.333	湖 北		3.333
贵 州		1.563	贵 州		1.563

结合核密度估计结果，我们认为聚为 2 类比较合理，符合核密度的估计结果，即 7 个省份的收入呈现双俱乐部趋同。

为进一步从统计显著性上进行分析，利用得到的微观家庭收入数据，针对各省人均收入均值进行多个独立样本的非参数多样本 Kruskal – Wallis 检验。需要说明的是，如果收入分布呈正态分布，也可以采用单因素方差分析。为此本书首先对各年的收入分布进行单样本 Kolmogorov – Smirnov 正态性检验（简称"K – S 检验"）。单样本 K – S 检验是以两位苏联数学家柯尔莫哥（Kolmogorov）和斯米诺夫（Smirnov）的名字来命名的，是一种拟合优度检验，用于研究样本观察值的经验分布与设定的理论分布间是否吻合，通过分析两个分布之间差异来确定是否有理由认为样本的观察结果来自所设定的理论分布总体。设 $S_n(x)$ 是一个 n 次观察的随机样本观察值的经验分布函数；$F_0(x)$ 是一个特定的理论分布函数。定义 $D = |S_n(x) - F_0(x)|$，显然若对每一个 x 值来说，$S_n(x)$ 与 $F_0(x)$ 差异很小，则表明经验分布函数与特定分布函数的拟合程度很高，有理由认为样本数据来自假定的理论分布总体。K – S 检验主要考察的是绝对差数 $D = |S_n(x) - F_0(x)|$ 中那个最大的偏差，即利用下面的统计量 $D_{max} = \max|S_n(x) - F_0(x)|$ 作出判断。K – S 检验的步骤为：首先，提出假设 $H_0: S_n(x) = F_0(x)$，$H_1: S_n(x) \neq F_0(x)$；其次，计算各个 D，找出统计量 D_{max}；最后，根据给定的显著性水平 α 和样本数据个数 n，做出 D_{max} 与临界值 D_α 的大小比较，若 $D_{max} \geq D_\alpha$，则在 α 水平上，拒绝 H_0；若 $D_{max} < D_\alpha$，则不能拒绝 H_0。

本书家庭年人均收入的 K – S 检验结果如表 6 – 6 所示，K – S 检验结果表明，1989—2009 年收入分布均不服从正态分布①。因此，本书选择非参数检验中的 Kruskal – Wallis 检验进行均值差异性检验。Kruskal – Wallis 检验的思路是，首先将所有组的样本数据进行混合并按升序排序，再求出各变量值的秩；然后，通过考察各组秩的均值之间是否存在显著差异。如果各组秩的均值不存在显著差异，则是各组数据充分混合，数值相差不大的结果，可以认为所有组的总体分布无显著差异；反之，如果各组秩均值存在显著差异，则说明这些组的数据不能混合，其中有些组的数值普遍偏大或偏小，这样就可以认为多个总体的分布有显著差异。

表 6 – 6　　　　　单样本 Kolmogorov – Smirnov 正态性检验

年 份		1989	1991	1993	1997	2000	2004	2006	2009
样本量		3784	3600	3391	2681	2839	2537	2506	2302
正态参数	均值	1259.13	1311.25	1839.90	3463.71	4151.79	5354.76	6622.68	10824.9
	标准差	1231.75	1266.57	1945.08	3023.18	4639.46	6406.60	10710.6	18858.2
偏差	绝对值	0.17	0.17	0.18	0.14	0.19	0.20	0.27	0.28
	正	0.17	0.17	0.17	0.14	0.16	0.18	0.21	0.23
	负	-0.17	-0.17	-0.18	-0.13	-0.19	-0.20	-0.27	-0.28
Kolmogorov – Smirnov Z		10.504	10.50	10.37	10.61	7.18	9.88	10.16	13.43
渐近显著性（双侧）		0.000	0.000	0.000	0.000	0.000	0.000	0.000	0.000

省际的人均收入均值差异非参数检验表明（见表 6 – 7），1989—2009 年各省之间的收入均值具有显著差异。

表 6 – 7　　　　　　　省际人均收入均值差异检验

年份	1989		1991		1993		1997	
	样本量	秩均值	样本量	秩均值	样本量	秩均值	样本量	秩均值
江 苏	440	2104.9	427	1942.9	414	1816.4	340	1673.9
山 东	471	1716.0	450	1678.7	407	1538.3	338	1376.0
河 南	477	1452.5	450	1331.3	413	1062.9	411	1076.8
湖 北	478	1420.3	463	1678.8	433	1365.1	418	1270.4

---

① 本书对历年贫困人口和非贫困人口的收入分布也作了正态性 K – S 检验，结果都拒绝收入分布正态性假设。限于篇幅，此处不再列出检验结果。

续表

年份	1989 样本量	1989 秩均值	1991 样本量	1991 秩均值	1993 样本量	1993 秩均值	1997 样本量	1997 秩均值
湖南	479	1831.9	438	1705.0	433	1674.7	406	1527.0
广西	480	1764.6	463	1478.5	449	1722.0	394	1434.4
贵州	480	1317.9	475	1306.0	448	1308.0	374	1075.6
卡方	232.84		167.67		241.35		188.09	
P值	0.000		0.000		0.000		0.000	

年份	2000 样本量	2000 秩均值	2004 样本量	2004 秩均值	2006 样本量	2006 秩均值	2009 样本量	2009 秩均值
江苏	313	1647.1	284	1605.9	313	1647.1	284	1605.9
山东	324	1381.2	284	1197.0	324	1381.2	284	1197.0
河南	372	987.3	319	902.4	372	987.3	319	902.4
湖北	402	1153.2	373	1066.0	402	1153.2	373	1066.0
湖南	401	1338.1	347	1242.4	401	1338.1	347	1242.4
广西	380	1341.5	346	1073.8	380	1341.5	346	1073.8
贵州	354	1135.8	343	1028.6	354	1135.8	343	1028.6
卡方	173.75		209.06		173.75		209.06	
P值	0.000		0.000		0.000		0.000	

需要指出的是，非参数检验只能表明各省之间的人均收入均值有差异，但却不能明确哪些省份之间的人均收入彼此有差异，哪些省份之间的人均收入彼此没有差异。事实上，如果人均收入分布为正态分布，则可以通过比较两省份之间的收入均值差异来确定各省的人均收入的俱乐部归类。但由于本书的人均收入分布为非正态分布，因此前文的快速聚类能一定程度上体现双俱乐部趋同。

（2）省际贫困人口之间人均收入趋同分析

省际贫困人口之间的收入趋同核密度估计显示（见图6-2），1989—2009年，各省份穷人之间的人均收入分布呈单峰分布[1]，即不同省份贫困人口之间的人均收入出现单峰趋同。

---

[1] 本书对1991年、1993年、1997年、2000年、2004年、2006年的贫困人口和非贫困人口的人均收入核密度估计显示也都呈现单峰分布，限于篇幅，此处省略核密度估计图。

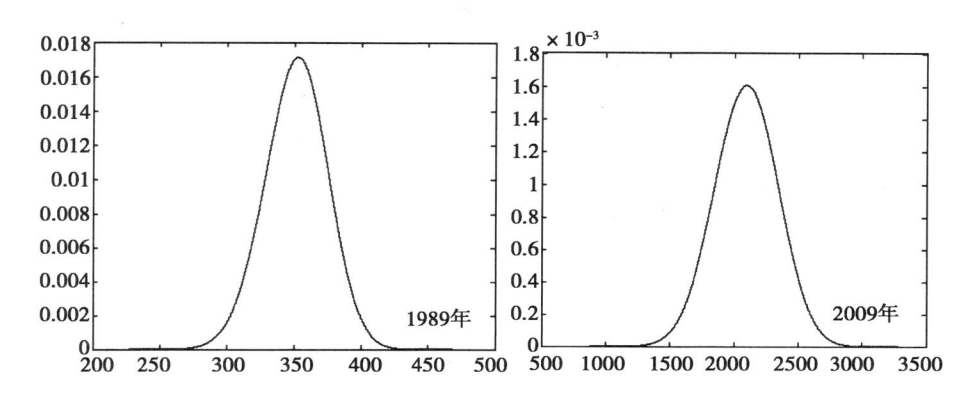

图 6-2 1989 年与 2009 年各省贫困人口人均收入核密度估计

尽管核密度估计显示出各省贫困人口之间或非贫困人口之间的收入分布呈单峰分布，但这只是一种图示方法。核密度估计能看出人均收入的分布情况，但除非分布呈现多峰分布，我们能看出人均收入的明显差异。否则，如果人均收入呈现单峰分布，例如本书的不同省份贫困人口之间的人均收入和非贫困人口之间的收入分布都呈现单峰分布，这是否就意味着各省贫困人口之间的人均收入或非贫困人口之间的人均收入就没有显著差异了呢？

本书的检验结果如表 6-8 所示，从检验结果看，1989—1993 年各省贫困人口之间的人均收入没有显著差异，而 1997—2004 年各省贫困人口之间的人均收入存在显著差异，2006 年彼此差异并不显著，2009 年各省贫困人口之间的人均收入又重新呈现显著差异。显然这种差异单凭单峰核密度估计是不能发现的，而上文的 1989—2009 年各省贫困人口的绝对趋同的截面回归分析显示，各省贫困人口之间的人均收入收敛速度 β 小于零，各省贫困人口之间的人均收入差距在扩大，结合 Kruskal – Wallis 检验，1989 年各省贫困人口之间的人均收入差异不显著，到 2009 年差异显著，这二者的结论是一致的。

表 6-8   分省贫困人口数与收入秩均值

年份	1989		1991		1993		1997
	样本量	秩均值	样本量	秩均值	样本量	秩均值	样本量
贫困人口							
江苏	36	308	50	291	48	338	36

续表

年份	1989		1991		1993		1997
	样本量	秩均值	样本量	秩均值	样本量	秩均值	样本量
山 东	71	281	62	253	76	296	76
河 南	105	266	110	280	142	262	133
湖 北	94	294	53	328	96	296	88
湖 南	67	294	76	281	63	289	65
广 西	63	314	97	282	55	289	59
贵 州	139	284	128	305	100	301	109
卡方	4.350		7.816		8.446		25.632
P 值	0.629		0.252		0.207		0.000

年份	2000		2004		2006		2009
	样本量	秩均值	样本量	秩均值	样本量	秩均值	样本量
贫困人口							
江 苏	41	472	20	426	55	376	31
山 东	77	301	68	376	101	404	64
河 南	172	346	137	288	141	360	134
湖 北	124	376	134	347	110	390	109
湖 南	109	271	94	339	102	370	85
广 西	82	401	103	371	111	334	121
贵 州	110	407	128	345	116	355	96
卡方	48.960		18.315		7.657		12.685
P 值	0.000		0.005		0.264		0.048

（3）省际非贫困人口之间人均收入趋同分析

省际非贫困人口之间收入核密度估计也显示，1989—2009 年，各省非贫困人口之间的收入也呈现单峰分布，不同省份非贫困人口之间的人均收入也呈现单峰趋同。

值得注意的是，尽管绝对趋同的截面回归显示，各省富人的人均收入水平具有趋同趋势，核密度估计分析也显示，1989—2009 年各省非贫困人口之间人均收入分布呈单峰状。但 Kruskal – Wallis 检验显示（见表 6 –

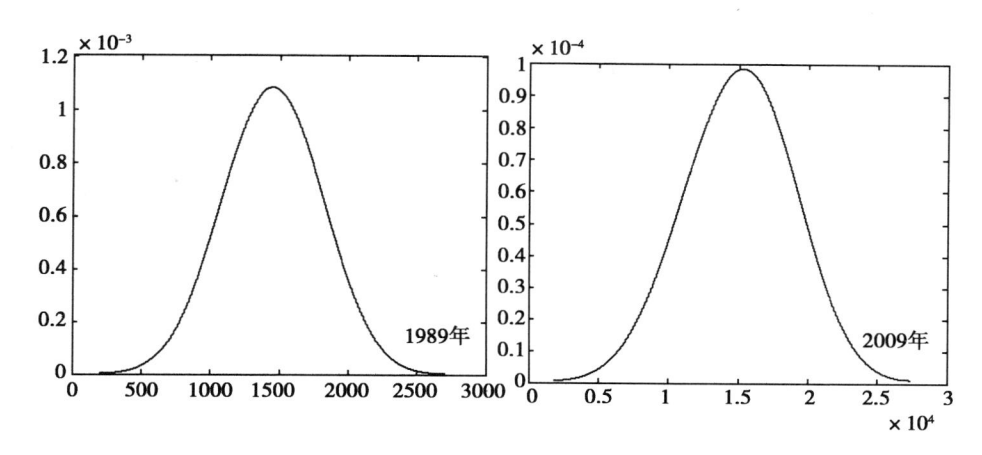

第六章 中国利贫增长与利群增长趋同

图6-3 1989年与2009年各省非贫困人口人均收入核密度估计

9），1989—2009年各省非贫困人口之间的人均收入还是存在显著差异的。也就是说，尽管从长期看，非贫困人口之间的人均收入会趋同，但至少在目前阶段，彼此之间的人均收入差异还是相当显著的。

表6-9　　　　　　　　分省非贫困人口数与收入秩均值

年份	1989 样本量	1989 秩均值	1991 样本量	1991 秩均值	1993 样本量	1993 秩均值	1997 样本量	1997 秩均值
江苏	404	1690	377	1586	366	1430	304	1266
山东	400	1396	388	1331	331	1244	262	1147
河南	372	1212	340	1096	271	902	278	884
湖北	384	1121	410	1277	337	1090	330	963
湖南	412	1507	362	1428	370	1331	341	1205
广西	417	1409	366	1220	394	1342	335	1066
贵州	341	1164	347	1099	348	1017	265	831
卡方	156.82		121.25		151.67		128.11	
P值	0.000		0.000		0.000		0.000	

年份	2000 样本量	2000 秩均值	2004 样本量	2004 秩均值	2006 样本量	2006 秩均值	2009 样本量	2009 秩均值
江苏	272	1109	264	1011	218	874	224	842
山东	247	1003	216	772	180	815	198	792
河南	200	824	182	681	172	651	158	608

续表

年份	2000		2004		2006		2009	
	样本量	秩均值	样本量	秩均值	样本量	秩均值	样本量	秩均值
湖北	278	785	239	785	239	736	239	787
湖南	292	1021	253	894	268	855	227	749
广西	298	885	243	688	222	672	186	605
贵州	244	749	215	751	217	675	212	619
卡方	103.13		93.787		58.608		70.044	
P 值	0.000		0.000		0.000		0.000	

2. 收入增长率趋同分析

以上我们只是从收入分布角度分析了收入水平的趋同情况，但收入增长率是否存在趋同趋势，还不能做出确认。由于随时间跨度不同，增长率值大不相同，时间跨度越长，则增长率值越大，为便于密度函数的可比性，本书对各个省份相同年份收入增长率进行标准化，然后再进行核密度估计。具体标准化方法是，例如，针对 1989—2009 年，计算出 7 个省份穷人和富人的收入增长率，这样在这个时间跨度上就有 14 个数据，对这些数据标准化后再做核密度估计，标准化采用指标值减去均值再除以标准差的方式完成，分析 1989—2006 年或其他时间跨度的收入增长率的核密度估计也同样处理。

(1) 贫困人口与非贫困人口之间收入增长率趋同

对于本书而言，利贫增长更为关注的是贫困人口与非贫困人口之间收入增长率的比较。以 1989 年为基年，各种时间跨度的省际贫困人口与非贫困人口之间的收入增长率核密度估计见图 6-4 和图 6-5。

核密度估计清晰地显示了 1989 年以后省际贫困人口与非贫困人口收入增长率分布的演变，1989—2000 年，贫困人口与非贫困人口之间的收入增长率明显呈现单峰分布①，如果时间跨度延长，则 1989—2004 年收入增长明显呈现双峰分布，即 2000 年之后不同省份的贫困人口与非贫困人口的收入增长率开始出现分化，出现了高增长率一族和低增长率一族，即

---

① 1989—1991 年，1989—1993 年，1989—1997 年三个时期各省贫困人口与非贫困人口收入增长率核密度估计也均为单峰分布。

出现两个俱乐部趋同（见图6-4）。

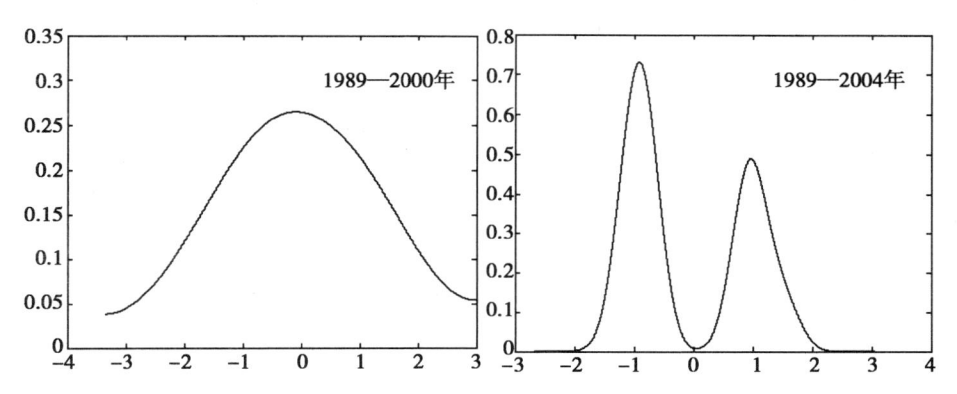

图6-4 1989—2000年与1989—2004年收入增长率核密度估计

1989—2006年的核密度估计图显示（见图6-5），高增长率一族开始出现分化，到2009年，收入增长率开始出现3个峰值，说明7个省份贫困人口与非贫困人口之间的收入增长率开始分化为3个群，即出现3个俱乐部趋同。

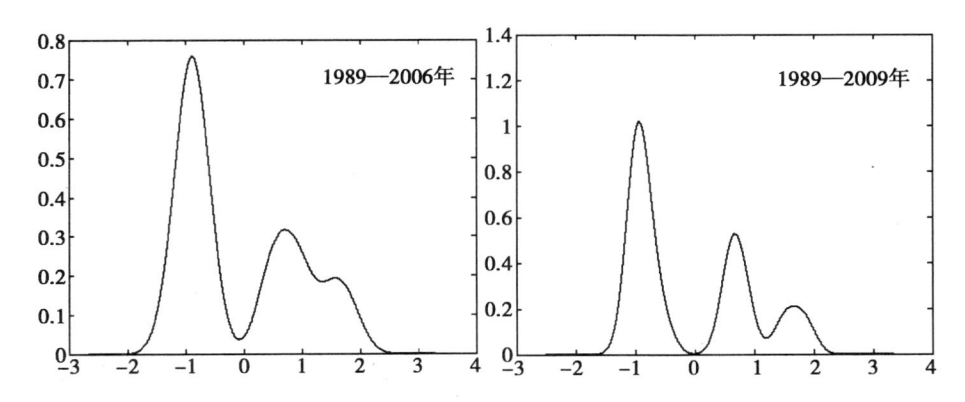

图6-5 1989—2006年与1989—2009年收入增长率核密度估计

为弄清楚到底哪些群体分化为同一组，我们对1989—2004年的各省贫困人口与非贫困人口的收入增长率进行标准化，然后快速聚类为2类，对1989—2009年各省贫困人口与非贫困人口的收入增长率也进行标准化，并快速聚类为3类，结果见表6-10。

从2分类聚类结果看，1989—2004年广西贫困人口和非贫困人口的收入增长率都较低，与其他省份的贫困人口收入增长率均处于低增长的第一组，其他省份的非贫困人口增长率均较高，处于高增长的第二组。即整体上经济增长是利富的，并且增长率呈现两个峰值分布。

表6-10　　　　　　　　　收入增长率俱乐部趋同分类

1989—2004年			1989—2009年		
省份	2类	距离	省份	3类	距离
江苏_P	低增长	0.171	江苏_P	低增长	0.019
山东_P		0.228	山东_P		0.078
河南_P		0.257	河南_P		0.121
湖北_P		0.020	湖北_P		0.058
湖南_P		0.178	湖南_P		0.114
广西_P		0.007	广西_P		0.039
贵州_P		0.079	贵州_P		0.097
广西_R	高增长	0.088	广西_R	中等增长	0.330
江苏_R		0.487	江苏_R		0.088
山东_R		0.195	河南_R		0.101
河南_R		0.118	湖南_R		0.150
湖北_R		0.039	贵州_R		0.038
湖南_R		0.132	山东_R	高增长	0.160
贵州_R		0.239	湖北_R		0.160

说明：表中"_P"表示某省贫困人群，"_R"表示某省份非贫困人群。

从3分类聚类结果看，1989—2009年，低收入增长组成员没有任何变动，只是在高收入增长组的成员构成上有所分化，其中山东和湖北的非贫困人口的收入增长率最高，进入高增长一组。整体上看，1989—2009年，收入增长率呈现3峰分布，并且经济增长为利富的，即富人的收入增长率处于高增长组，高于贫困人口的收入增长率。

对各省贫困人口与非贫困人口之间的收入增长率均值差异非参数检验显示（见表6-11），各省贫困人口与非贫困人口之间的人均收入增长率具有显著差异。再结合核密度估计和聚类分析，我们认为，1989—2009年，中国贫困与非贫困人口之间的收入增长率在2000年前为单峰趋同，但收入增长率均值还是存在显著差异的。

2000年以后，收入增长率开始出现分化，1989—2004年开始出现双峰俱乐部，即贫困人口与非贫困人口的收入增长率开始显现两极分化。到

2009年，贫困人口之间的收入增长率仍为单峰趋同，但彼此之间仍有显著差异。而非贫困人口之间的收入增长率从2006年开始出现分化，即到2009年非贫困人口内部的收入增长率又出现双峰趋同。

表6-11　省际贫困人口与非贫困人口人均收入增长率均值差异检验

年份	1989—2000 样本量	1989—2000 秩均值	1989—2004 样本量	1989—2004 秩均值	1989—2006 样本量	1989—2006 秩均值	1989—2009 样本量	1989—2009 秩均值
江苏	313	1345.37	284	1325.85	273	1125.86	255	1094.05
山东	318	1323.89	277	1200.20	275	1124.98	257	1115.56
河南	371	1120.52	318	1024.24	312	1054.87	291	925.17
湖北	402	1272.99	373	1137.61	349	1206.74	348	1146.07
湖南	401	1186.14	347	1114.86	370	1116.97	312	992.04
广西	380	1265.38	346	999.28	333	982.27	307	855.30
贵州	354	1408.17	343	1244.83	333	1242.53	308	1150.16
卡方	38.295		59.276		36.329		69.144	
P值	0.000		0.000		0.000		0.000	

（2）贫困人口内部与非贫困人口内部收入增长率趋同

从以上分析得知，除广西壮族自治区外，我国贫困人口构成低收入增长率一组，在非贫困人口中，则分化为中等增长组和高增长组。一个自然而然的想法是，在各省贫困人口内部以及各省非贫困人口内部，其各自的收入增长率是否呈现单峰趋同或者是多峰趋同。为此，对1989—2009年贫困人口内部与非贫困人口内部的收入增长率作核密度估计如图6-6所示。

从核密度估计图看，1989—2009年各省贫困人口内部和非贫困人口内部的收入增长率都呈现出单峰分布。其中贫困人口内部的单峰分布与聚类分析结果相一致。而聚类分析结果显示非贫困人口内部有分化，但核密度估计图却呈单峰分布，这说明核密度估计对于内部分化的敏感性较低，即有可能两个不同的分布混合后还是只有一个峰值（McLachlan和David，2000）。因此，结合聚类和核密度估计，我们认为省际贫困人口内部的收入增长率没有出现俱乐部趋同，出现了单峰趋同。而省际非贫困人口内部的收入增长率则出现了双峰俱乐部趋同。事实上，收入增长率均值差异的非参数检验显示（见表6-12），1989—2000年、1989—2004年、1989—2006年和1989—2009年各省贫困人口之间的人均收入增长率均值具有显

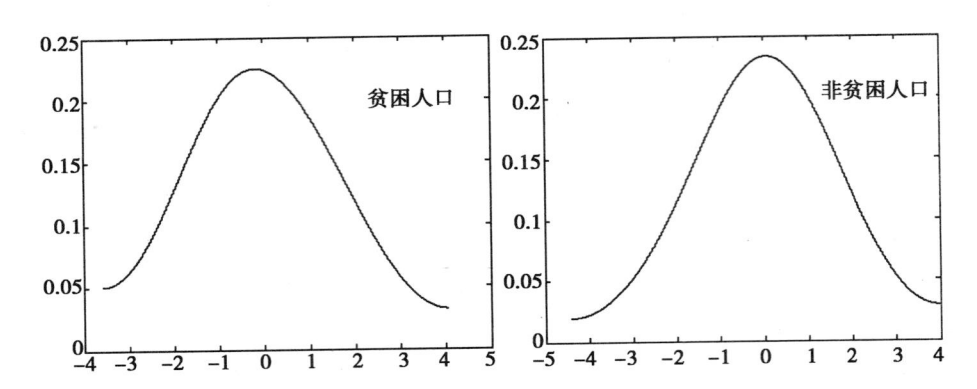

图 6-6　1989—2009 年贫困人口与非贫困人口收入增长率核密度估计

著差异，并且非贫困人口之间的人均收入增长率也具有显著差异。

表 6-12　省际贫困与非贫困人口内部人均收入增长率均值差异检验

年份	1989—2000 样本量	秩均值	1989—2004 样本量	秩均值	1989—2006 样本量	秩均值	1989—2009 样本量	秩均值
贫困人口								
江 苏	290	1159.4	261	1104.7	251	948.2	234	911.9
山 东	255	1088.4	219	921.6	221	893.6	207	897.2
河 南	283	867.5	235	784.4	230	810.0	210	709.9
湖 北	316	1020.2	293	918.8	273	979.4	273	931.2
湖 南	342	977.0	296	892.8	316	899.8	269	792.0
广 西	324	1000.4	290	775.0	279	782.5	258	672.4
贵 州	229	1047.7	215	950.7	209	916.2	194	850.1
卡 方	41.38		70.87		29.94		67.01	
P 值	0.000		0.000		0.000		0.000	
非贫困人口								
江 苏	23	243.6	23	334.3	22	258.7	21	290.3
山 东	63	258.4	58	288.9	54	243.4	50	235.0
河 南	88	214.3	83	210.8	82	206.8	81	179.7
湖 北	86	239.9	80	210.9	76	216.1	75	215.6
湖 南	59	245.1	51	265.2	54	273.0	43	248.6
广 西	56	315.4	56	243.1	54	226.5	49	193.5
贵 州	125	254.1	128	226.5	124	238.9	114	221.2
卡 方	17.68		28.06		10.53		20.03	
P 值	0.007		0.000		0.104		0.003	

第二节 利群增长趋同

一 绝对 β 趋同截面回归

前文已经指出,7个省份之间不存在空间相关性,因此,这里直接就各阶层的人均收入增长进行绝对趋同研究。具体方法依然采用 Barro 和 Martin（1990）的绝对增长方程：

$$\log(y_{it}/y_{i,t-T}) = c_1 + c_2\log(y_{i,t-T}) + w_{it} \quad (6.12)$$

式中,c_1、c_2 为待估计参数,其中 $c_2 = -(1 - e^{-\beta T})$,$w_{it}$ 为误差项。其中的未知参数可以采用普通最小二乘法估计如表 6-13 所示（时间跨度1989—2009年）：

表 6-13　　　　　　　绝对 β 趋同的截面回归

指标	c_2	Std. Error	p 值	R^2	收敛速度 β(%)
群体收入	-0.24407	0.56460	0.6873	0.02132	1.399

从回归结果看,虽然回归系数 c_2 为负,但未通过显著性检验,说明各阶层人均收入增长并不存在绝对 β 趋同。也说明不同阶层之间的收入差异将长期存在,这与现实情况相一致,事实上,人类社会发展至今,不同阶层之间的收入差距一直存在。

二 绝对 β 趋同动态收入分布

1. 群体收入趋同分析

为可以看出分布的方差变化情况,这里不针对原始收入数据直接进行核密度估计,而是通过对十个阶层的各年收入进行标准化后,再进行核密度估计。

通过核密度估计图发现（见图 6-7）,1989 年各阶层收入分布呈双峰状,其中收入较低阶层的峰值要大大高于高收入阶层的分布峰值。事实上,高收入阶层的收入分布波峰相较于低收入阶层的波峰而言,更像一个丘陵。然而,到 2009 年,十个阶层的人均收入分布呈现出单峰趋势,较1989 年的分布而言,2009 年的各阶层收入分布更为合理,比较接近对称分布。

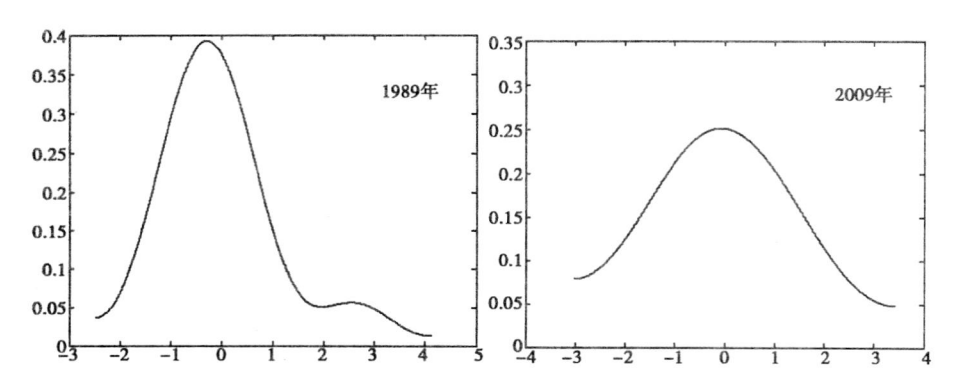

图 6-7 1989 年与 2009 年群体收入核密度估计

需要指出的是，尽管各阶层之间的收入分布更为合理，但这并不意味着各阶层之间的收入差距缩小了，从核密度估计图可以看出，2009 年的收入分布方差较 1989 年的收入方差要大得多，说明各阶层之间的收入差异加大了。事实上，1989 年，最高收入阶层的人均年收入为 3213 元，最低收入阶层的人均年收入为 1137 元，二者之比约为 2.83∶1。而到 2009 年，最高收入阶层的人均年收入为 44230 元，最低收入阶层的人均年收入为 7127 元，二者之比约为 6.21∶1。尽管到 2009 年十个阶层的人均收入分布呈单峰分布，但各阶层之间的人均收入应该存在显著差异，为此，对其做非参数 Kruskal – Wallis 检验，检验结果见附录二。

检验结果显示，从 1989 年以来，我国十个阶层的人均收入水平一直就存在显著差异，由于在前文我们已经对十个阶层进行过聚类，这里不再复述。只在强调，虽然 1989 年的核密度估计显示出呈两个俱乐部趋同，但我们不能由 2009 年的单峰就得出十个群体之间的人均收入没有显著差异的结论，其理由前文已提及。综合地说，如果核密度估计显示出多峰，则说明可能存在俱乐部趋同，结合聚类分析，可以明确各对象属于哪个俱乐部。但如果核密度估计呈现单峰，不能贸然得出收入均值无差异的结论。事实上，本书的研究结论显示，1989—2009 年，十个阶层一直是呈现俱乐部趋同的。

2. 群体收入增长率趋同分析

对标准化后的各阶层收入增长率进行核密度估计显示，1989—1991 年，各阶层收入增长率呈现双峰形态，其中大部分群体的收入增长率较高，少部分群体的收入增长率较低。随着时间跨度增大，双峰分布形态消失，演变为单峰分布。例如1989—1993年、1989—2000年、1989—2009年的群体收入增长率分布都呈明显的单峰状态，其中1989—2009年的群体收入增长率分布呈现类似正态分布形状，说明随着时间跨度的加大，群体收入分布增长率分布趋于稳态的正态分布形状。

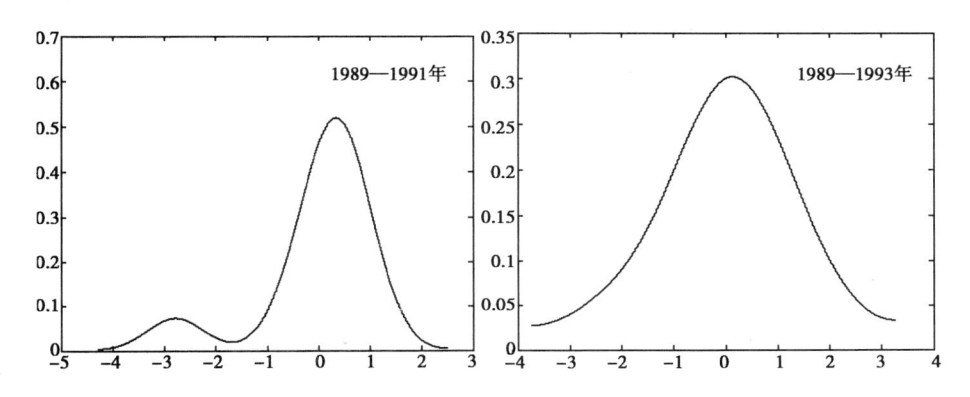

图6-8 1989—1991年与1989—1993年收入增长率核密度估计

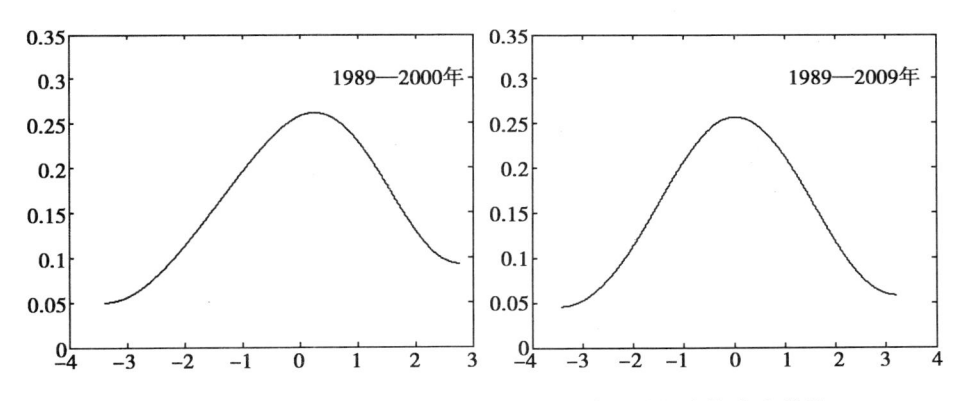

图6-9 1989—2000年与1989—2009年收入增长率核密度估计

尽管随着时间跨度增大，各阶层的收入增长率呈现正态分布状，但这是否意味着各阶层间的收入增长率就没有显著差异了呢？参照收入均值差异的非参数检验方法，这里也对1989年至此后各年的阶层间收入增长率均值进行显著性差异 Kruskal-Wallis 检验，检验结果见附录三。

检验结果显示，除了初期即1989—1991年，十个阶层间的收入增长率没有显著差异外，随着时间的推移，各阶层间的收入增长率开始分化，1989—1993年，一直到2009年，各阶层间的收入增长率一直存在显著差异。结合核密度估计，我们可以得知，尽管 1989—1991 年群体收入增长率的核密度估计图呈双峰分布，但通过非参数检验我们知道，其实这两个峰的均值之间并没有显著差异，只不过十个群体的收入增长率呈现两个俱乐部趋同而已。而核密度估计的单峰分布也并不能说明群体之间的收入增长率没有显著差异，通过非参数检验可以知道，只是这样有着显著差异的群体收入增长率的分布呈现单峰而已。

第三节　本章小结

本章从绝对趋同和动态收入分布分析两种角度研究了贫困与非贫困人口以及各社会阶层的收入水平和收入增长率的趋同，主要结论如下。

从收入水平趋同看：

（1）以相对贫困线作为贫困标准，各省人均收入并不呈现出绝对 β 收敛。同样，各省的贫困发生率的变化也没有表现为绝对 β 趋同。

（2）从收入水平看，1989—2009 年各省之间的收入均值具有显著差异，并呈现双峰俱乐部趋同。其中，江苏、山东、湖南、广西属于高收入水平组，河南、湖北和贵州则属于低收入水平组。

（3）省际贫困人口之间的收入水平呈单峰趋同，1989—1993 年各省贫困人口之间的人均收入没有显著差异，而 1997—2004 年各省贫困人口之间的人均收入存在显著差异，2006 年彼此差异并不显著，2009 年各省贫困人口之间的人均收入又重新呈现显著差异。

（4）省际非贫困人口之间人均收入水平呈单峰趋同，但 1989—2009 年各省非贫困人口之间的人均收入之间还是存在显著差异的。

（5）中国社会阶层按收入水平整体上可以划分为三类，第一类是高收入群体，包括国家与社会管理者、企业经营者、高级专业技术人员和个体工商户。第二类群体为中等收入群体，包括一般专业技术工作者、办事人员、商业服务人员和产业工人。第三类群体为低收入群体，包括农业劳动者和城乡无业（失业、半失业）者。

从收入增长率趋同看：

（1）1989—2000 年，贫困人口与非贫困人口之间的收入增长率明显呈现单峰分布，随着时间跨度的延长，1989—2004 年收入增长明显呈现双峰分布，贫困人口与非贫困人口收入增长率开始分化，富人收入增长率开始高于贫困人口收入增长率。2009 年，收入增长率开始出现 3 个俱乐部趋同。山东和湖北的非贫困人口属于收入高增长组，各省的穷人属于收入低增长组，其他省份非贫困群体为收入中等增长组。

（2）省际贫困人口内部的收入增长率没有出现俱乐部趋同，出现单峰趋同，省际非贫困人口内部的收入增长率则出现了双峰的俱乐部趋同。

（3）1989—2009 年的各阶层收入增长率分布都呈明显的单峰状态，但 1989—2009 年，各阶层之间的收入增长率一直存在显著差异。

第七章

基于面板分位数回归利贫增长与利群增长影响因素研究

第一节 研究因素

通过上文的利贫效应分解可以看出,要减少贫困,仅依靠经济增长是不够的,其他诸多因素也或多或少地影响贫困的增加或减少。很显然,贫困程度与初始收入分布有关,但初始收入分布是否影响减贫效应的一个重要因素还尚未可知。经济学界普遍认为,从长期来看,收入不平等对经济增长是有害的。已有诸多学者就高度不平等对经济增长的损害进行了研究(Aghion 等,1999)。由于难以参与有关要素资源市场,使得穷人难以获得提升各种资本(人力资本等)的机会(Ravallion,2002)。因此,如果贫困发生率越高,则经济增长率越低。事实上,如果经济的增长伴随不平等程度下降,则意味着穷人分享了更多的经济增长成果。研究表明,那些不平等程度高的国家或地区拥有更低的减贫增长弹性(Ravallion,1997;Timmer,1997;World Bank,2000)。Ravallion (2002) 认为,收入基尼系数只是其他各种维度不平等的综合反映,事实上有些维度的不平等对于经济增长的影响要高于另一些维度的不平等对经济增长的影响。其中家庭财富的不平等和人力资本的不平等是影响穷人参与分享经济增长程度的重要因素。家庭财富或人力资本越贫困,则经济增长的减贫能力越弱。

由此可见,资本贫困或分布状况是影响经济增长利贫的重要因素,以下本书首先从家庭禀赋层面考虑各种资本对经济增长利贫的影响,继而从个人禀赋层面研究利群增长的影响因素。至于宏观层面的投资、出口、制度等影响因素此处暂不涉及。

收入增长的研究涉及两个方面,一是人均毛收入增长研究,二是人均纯收入增长研究。人均纯收入增长研究较人均毛收入增长研究多增加了一个支出因素，因此研究人均纯收入的增长必然从收入、支出和人口规模这三个角度出发研究相应的影响因素。例如，王凤（2005）从农民人均农业收入函数 $yf = [TR - TCS]/L = [(P - ACS) \cdot Q]/L$ 出发（式中 yf 为农民人均农业收入，TR 为农产品出售所得，P 为农产品单价，ACS 为单位农产品所耗费的中间品价值，Q 为产量，$P - ACS$ 为单位农产品增加值，L 为农民数量），指出单位农产品增加值、农产品总量和农业人口是影响农民农业收入的主要因素。

关于毛收入增长方面的研究，既有宏观层面研究（沈坤荣等，2007；温涛等，2005；宋元梁等，2005；谢光国，2001），也有微观层面研究。其中，微观层面主要有两个角度，一是从各种收入来源研究收入增长制约因素（李敬强等，2009；杨灿明等，2007；李颖等，2006；盛来运，2005）。二是从收入影响因素，主要是家庭特征和各种要素资本的角度研究各因素的影响程度，这些具体因素体现在各种不同性质的家庭财富或资本差异上，如家庭财产、人力资本、社会资本、自然资本和金融资本等。

1. 家庭财产方面

新古典经济增长理论认为，由于物质资本的边际报酬递减规律，长期看，物质资本对收入增长的影响将会降低，不会造成人均产出的不同，不会导致经济差距（Solow，1956）。但在短期，诸多研究表明，家庭财产对于农户或个体的收入增长具有重要影响。例如，Adam 和 Jane（1995）与 McCulloch 和 Baulch（2000）的研究均表明，缺乏家庭财产也是收入增长缓慢的一个重要特征，在这些财产中，是否拥有土地的所有权尤为重要（Gaiha 和 Deolaiker，1993；Jalan 和 Ravallion，1999，2000；Mehta 和 Shah，2001），缺乏固定财产的家庭无法依靠自己的力量进一步远离贫困。但在研究家庭财产对收入影响研究上，不同的学者纳入了不同的指示变量。例如高梦滔等（2006）在研究农户收入差距影响因素时采用生产性固定资产、人均土地作为家庭财产的度量；段庆林（2002）则单独以生产性固定资产作为家庭财产，研究了其对中国农民收入增长的影响。邢鹂等（2008）则以有无通电、生产性设备、役畜数量、灌溉地占耕地面积、人均土地、人均承包地和人均出租土地作为家庭财产的度量。

2. 人力资本方面

人力资本主要体现在人力资本数量、人力资本质量和人力资本稳定性三个方面。

（1）人力资本数量。家庭规模作为人力资本的构成要素之一，主要体现在劳动力数量和非劳动力数量方面。显然，劳动力数量多，则不管以是农业劳动为主的家庭或是以非农劳动为主的家庭，都直接增加家庭的总收入。非劳动力数量由于对家庭收入水平高低的贡献几乎为零，因此家庭负担系数是在研究收入方面必须考虑的一个因素。对农村家庭而言，家庭小型化是增加农民收入的最有效措施（段庆林，2002）。

（2）人力资本质量。教育和技能作为人力资本质量的主要体现，在收入影响中起绝对作用。诸多研究表明（邹薇，2006；肖富群，2010；周逸先，2001），人力资本对家庭的收入水平的高度具有相当重要的影响。一些研究发现，人力资本是影响收入增长或长期贫困的一个重要因素，如文盲和收入增长缓慢之间存在着正相关，从而导致长期贫困（如，Jalan 和 Ravallion，1999，2000，有关中国农村的研究；Mehta 和 Shah，2001，有关印度的研究）。但除了通过正规教育获得的人力资本外，Gaiha 和 Deolaiker（1993）有关印度南部地区农村的研究发现，先天缺陷（如缺乏经营技能）也是和收入增长或长期贫困有着紧密联系的。此外，很多研究发现，持续发展的教育水平或教育时间可以有效地提高收入增长，从而减少长期贫困的可能性（Adam 和 Jane，1995，有关巴基斯坦的研究；Campa 和 Webb，1999，有关秘鲁的研究）。在另外一些研究中，发展较高水平的教育，如初中教育，可以有效地防止长期贫困（McCulloch 和 Baulch，2000，有关巴基斯坦的研究；Jalan 和 Ravallion，1999，2000，有关中国的研究）。此外，缺乏基础教育是导致收入不平等的一个重要来源（Atkinson，1997；Li 等，1998）。世界银行有关贫困变化的研究也强调指出，一国在实施各种促进经济增长的政策中必须高度重视人力资源的提升（World Bank，1990，2000；Bruno 等，1998）。除了教育水平等人力资本要素影响收入不平等外，人口数量作为人力资本的构成要素之一，也对经济增长的减贫效应产生影响。

家庭户主的人力资本存量与家庭收入水平密切相关，户主人力资本存量越高，家庭收入来源就越广，收入水平就越高（白菊红，2004）。一般而言，户主本身的受教育程度不仅影响自身的工资性收入以及收入来源的多元化，而且更为重要的是，户主的受教育程度与后代的受教育程度直接相关。事实上，一个受过良好教育的户主，其对于经济发展的适应性和洞察力上要远灵敏于其他家庭。尽管有"穷人的孩子早当家"这一说法，但我们不得不承认，贫困代际传递的一个重要因素是因为家庭的主要支柱如父母对于后代的发展不能提供足够的资金和智力支持，也就是说后代的发展更多的是通过以时间换空间的形式赢取自己的发展空间。而所谓的"前人栽树，后人乘凉"这一说法则说明，那些拥有更多原始资本的家庭，在赢取各种收益的过程中，资源约束不是其制约因素，其在收入的增长中可以通过以空间换取时间的方法来快速积累各种资源。

（3）人力资本稳定性。疾病、死亡和各种肢体危害性事件是影响人力资本稳定性的主要因素。许多研究发现（Pryer，1993；Hulme，2003；刘国恩，2004），对于贫困人群来讲，疾病和健康是一个非常突出的问题。在很多情况下，收入增长缓慢甚至下降以致陷入长期贫困往往是因为家庭主要收入者的患病。李谷成（2006）在对农民收入增长与教育、健康的长期均衡关系和因果关系研究的基础上，指出教育和健康是影响收入增长的重要因素。

需要指出的是，在人力资本指标的选取上，不同的研究者由于研究范围不同或囿于数据可得性，选取的研究指标也有所不同。例如，徐现祥等（2005）以6岁以上人口平均受教育年数作为各省区人力资本存量的度量指标考察了中国经济增长的趋同。任国强（2004）以不同文化程度的农村劳动力人数作为自变量研究了人力资本对农民非农就业与非农收入的影响。

3. 社会资本方面

社会资本作为一种资本形态出现，为研究者所认知存在着一个相对过程，主要表现在学者对这一概念的定义上存在逐步完善的过程。Loury（1977）最早提出了社会资本这一概念，他认为社会资本是镶嵌于社会关系网络之中，并能带来价值或利益的资产。此后诸多学者如Coleman（1988）、Putnam（1993）和Fukuyama（1995）等在此基础上继续丰富了社会资本的概念内涵。一些学者将社会资本进而分为结构型社会资本（Structural Social Capital）和认知型社会资本（Cognitive Social Capital）两大类（Bain 和 Hicks，1998；Krishna 和 Shrader，2000）。结构型社会资本包括联系的广度和强度，认知型社会资本包括支持、信任、规范。依据社会资本的构成要素，有关社会资本的测度也主要是从社会关系网络的规模水平、网络的资源存量和社会网络的质量等角度来进行，但在具体的指示指标选择上也存在诸多差异。例如，刘林平等（2007）在研究农民工工资决定的影响因素时，以参加工会、请客送礼费用、是否使用网络增加工资这三个因素作为社会资本的衡量指标，研究后认为社会资本对农民工工资水平没有显著影响。谢勇（2009）则以是否有直系亲属、婚姻状况等作为社会资本指标研究了农民工就业情况，认为通过社会资本获得就业的农民工工资水平相对较低。此外，包晓霞（2012）则从互惠行为、参与行为和社会联结构型三个构成要素去测算了中国西北贫困地区农户的社会资本，研究结果显示，互惠行为是贫困家庭社会资本积累的主要形式，并且贫困家庭的社会资本具有社会网络规模小，社会关系构型同质性等特点。

4. 自然资本方面

自然资本在可持续发展中得到广泛研究，但在自然资本对家庭的收入增长影响上的研究还相当不足，主要是有关收入的调查数据中很少涉及自然环境方面的调查。事实上，由于环境恶劣，交通不便，使得以农业为主要收入的家庭收入增长缓慢，更易陷入长期贫困之中。我们认为，自然资本对家庭收入的影响主要体现在自然资本的可获得性和自然资本的交易便利性上，并且二者缺一不可。自然资本丰富，但由于区域相对封闭，由此资源不能顺利流动，进而制约了资源交易。但由于自然资本可获得性的度量比较困难，因而退而求其次的一个办法是将自然资本的交易便利性作为考虑因子纳入有关研究中，比较常见的是考虑家庭所在地与区域经济中心的距离作为自然资本的一个近似测度。在缺乏有关距离指标时，可以将地区作为自然资本变量纳入研究模型中，但也有研究认为土地是自然资本的指示变量，例如黄建伟（2010）在考察了失地农民前后收入后认为，关键自然资本（如土地）的丧失使得失地农民的收入水平下降。杨云彦（2012）用土地数量和土地质量来作为家庭的自然资本研究其对外出务工劳动力回流的影响。

5. 金融资本

基于家庭或农户层面的金融资本对收入的影响主要从信贷方面研究的较多，而基于家庭存款或财富方面对于收入水平影响的研究较为缺乏。主要原因是，一方面家庭存款数据取得较为困难，另一方面存款或财富与物质资本的关联性较强，因而在引入物质资本后无须再引入金融资本中的存款因素。但也有学者将物质资本和金融资本合为经济资本进行研究，例如，杨云彦（2012）在其研究中即以家庭财富、总收入和年生产性支出作为经济资本的衡量指标。本书即采取家庭财产作为经济资本进行相关研究。

以上我们从研究变量的选择上进行了有关梳理，从研究方法上看，现有的研究中多以截面回归、分类回归或协整分析为主，此类研究主要是针对收入均值的影响因素研究，可以揭示平均收入水平的影响因素，也能一定程度上反映出收入水平的影响因素，但其刻画的信息是有所欠缺的。尽管也有学者利用分位数回归研究了我国城乡家庭收入差异的影响因素（段景辉等，2009），但其仅局限于截面数据的分位数回归，没有利用到面板数据的优越性。就本书的收入增长影响因素研究而言，采用截面回归和协整分析方法只能揭示平均收入增长率的影响因素，不能揭示高收入增长率或低收入增长率的影响因素是否存在差异，而在利贫或利群增长研究中，恰恰关心的是哪些因素导致高的收入增长率，哪些因素导致低的收入增长率。考虑到上述因素，同时为了利用面板数据的优越性，本书采用面板分位数回归模型进行相关研究。

第二节 计量模型

面板数据模型与分位回归模型是两种广泛应用的计量模型，分位回归模型考虑到了不可观察的异质性，与最小二乘法相比，分位数回归不需要对回归模型中的随机误差项做正态分布的假定，在误差项不服从正态分布的情况下，分位数回归的估计结果更有效，并且普通最小二乘法回归只能揭示解释变量对被解释变量均值的影响，不能解释不同分位水平下的参数估计值，普通最小二乘法由于对误差平方和最小进行参数估计，因而参数估计对于异常值比较敏感，而分位数回归由于是通过加权残差绝对值之和最小来进行参数估计，因而参数估计值对于异常值的敏感程度大为降低，其估计值也更为稳健。此外，线性规划解法使得分位数回归估计更简单。因此，通过估计条件分位函数能使得我们更完整地刻画出因变量 Y 对自变量 X 的条件分布。也就是说，我们可以研究解释变量对分布形状的影响，即可以研究自变量对不同层次因变量的回归系数的条件影响。但对于分位数回归也存在一种批评，即分位数回归在选择分位比例 θ 的时候具有武断性。但这并不影响本书的相关研究，本书的主要目的在于刻画收入增长率的分布结构，进而研究其影响因素，即不同收入增长率的影响因素是否一致。

面板数据模型是综合截面数据与时间序列数据的二维数据模型，通过面板数据模型可以估计个体效应和时间特定效应。此外，面板数据能比截面数据和时间数据提供更多的信息，并能减小多重共线性。

设第 t 和 $t-T$ 两个时期的收入水平影响因素估计模型分别为：

$$y_{i,t} = \alpha_i + \beta X_{i,t} + \varepsilon_{i,t} \tag{7.1}$$

与

$$y_{i,t-T} = \alpha_i + \beta X_{i,t-t} + \varepsilon_{i,t-t} \tag{7.2}$$

式中 $y_{i,t}$、$y_{i,t-T}$ 为第 t 时期和第 $t-T$ 时期的收入，α_i 为个体效应，$X_{i,t}$ 为控制变量，$\varepsilon_{i,t}$ 为随机误差项，则有：

$$y_{i,t}/y_{i,t-T} = (\alpha_i + \beta X_{i,t} + \Delta\varepsilon_{i,t})/(\alpha_i + \beta X_{i,t-T} + \Delta\varepsilon_{i,t-T}) \tag{7.3}$$

可见影响收入水平高低的因素也同样影响收入增长率的高低，要研究影响收入增长率高低的因素可以通过估计影响收入水平高低的因素来进行。为此对第 t 时期收入水平影响因素估计模型改写为：

$$\ln(y_{i,t}) = \alpha_i + \beta X_{i,t} + \varepsilon_{i,t} \tag{7.4}$$

上式即为个体固定效应面板模型，对上式如果采用分位数回归则为固定效应面板分位数回归。对于时间跨度较长的微观数据而言，通常能得到平衡面板的个体数量将急剧减少，这从另一个角度上看是得不偿失的。在不存在固定效应情况下，可以利用单个截面个体数据多的优势得到一致估计量。因此本书也从两个角度来进行研究，一个是不考虑个体效应，利用某个时间截面数据个体多的优势进行单个截面的分位数回归研究；另一个则考虑个体效应，利用面板分位数回归，但接受平衡面板个体数量少的缺点。在此基础上，综合对二者作对比分析，以便相互补充。

由于截面数据的分位回归技术已经相当成熟，在这里仅就个体固定效应面板模型的分位数回归方法进行表述。

Koenker 在 1978 年提出分位数回归思想之后，便开始考虑将其纳入面板数据模型中，2004 年，Koenker 提出了固定效应的纵向数据（Longitudinal Data）的分位数回归模型。传统的个体固定效应动态面板数据模型为：

$$y_{i,t} = \alpha_i + x'_{it}\beta + \mu_{i,t} \tag{7.5}$$

式中，$y_{i,t}$ 为因变量，α_i 为个体固定效应，x_{it} 为外生变量，则 y_{it} 的第 τ 分位条件分位面板固定效应模型可以写成：

$$Q_{y_{it}}(\tau|x_{it}) = \alpha_i + x'_{it}\beta(\tau) \tag{7.6}$$

式中 α 表示其取值与分位 τ 无关，而 $\beta(\tau)$ 则与分位 τ 有关。

一 模型参数估计

Koenker（2004）提出了一个当 $\alpha(\tau)=0$ 时的惩罚分位回归方法来估计上式中的有关参数。令 y_{it} 的估计值为 $\hat{y}_{it}$，则面板分位数回归的参数估计式为：

$$\begin{aligned}(\hat{\alpha},\hat{\beta}) &= \min_{\alpha,\beta}\Big[\sum_{k=1}^{q}\sum_{y_{it}\geqslant \hat{y}_{it}}\sum_{t=1}^{t}w_k\tau|y_{it}-\alpha_i-x'_{it}\beta(\tau_k)| \\ &+ \sum_{k=1}^{q}\sum_{y_{it}<\hat{y}_{it}}\sum_{t=1}^{t}w_k(1-\tau)|y_{it}-\alpha_i-x'_{it}\beta(\tau_k)|\Big] \\ &= \min_{\alpha,\beta}\sum_{k=1}^{q}\sum_{i=1}^{n}\sum_{t=1}^{t}w_k\rho_{\tau_k}[y_{it}-\alpha_i-x'_{it}\beta(\tau_k)]\end{aligned} \tag{7.7}$$

其中 $\rho_\tau(u)=\begin{cases}\tau u,& u\geqslant 0\\(1-\tau)u,& u<0\end{cases}$，Koenker 和 Bassett（1978）将其称为分段线性分位数损失函数（the linear quantile loss function）。权重 w_k 代表了各个分位在损失函数中的相对地位，一种取法就是权重取值均为 1，即代表各分位信息的重要性同等。

当 q、N、T 取值较大时，求解上式变得不切实际。上式中由于存在绝对值，因此采用求导方式求极值变得不可行，采用内点法求解便成为一个可行的选择。Koenker（2004）引入惩罚函数 λ_1 以代替传统的高斯惩罚函数：

$$P_1(\alpha) = \sum_{i=1}^{n}|\alpha_i|$$

引入该惩罚函数除了可以保持原来的线性规划形式外，在惩罚函数收敛上较高斯惩罚函数具有计算优势和统计优势（Tibshirani，1996；Donoho，Chen 和 Saunders，1998）。

在引入惩罚函数后，则可以通过求解以下式子得到参数估计值：

$$(\hat{\alpha},\hat{\beta}) = \min_{\alpha,\beta}\sum_{k=1}^{q}\sum_{i=1}^{n}\sum_{t=1}^{t}\rho_{\tau_k}[y_{it}-\alpha_i-x'_{it}\beta(\tau_k)] + \lambda\sum_{i=1}^{n}|\alpha_i| \tag{7.8}$$

当 $\lambda\to 0$ 即为固定效应估计的标准式，当 $\lambda\to\infty$ 时，则 $\alpha_i\to 0$，我们便得到没有个体固定效应的估计。但由于这里我们设定存在个体固定效

应，显然 λ 的取值要小。对于某个分位，考虑如下设计矩阵（the design matrix）

$$[X \vdots I_n \otimes e_t] \tag{7.9}$$

式中，$X = (x_{it})$ 为 $n \times t$（设为 p）个变量，$Z = I_n \otimes e_t$ 为关联矩阵，由单位阵 I_n 与 e_t 的张量积构成，e_T 为 $t \times 1$ 的各元素值均为 1 的列向量，则 q 个分位（$q > 1$）的设计矩阵可表示为：

$$[W \otimes X \vdots w \otimes (I_n \otimes e_m)] \tag{7.10}$$

再结合惩罚项，则扩展的设计矩阵为：

$$\begin{bmatrix} W \otimes X & w \otimes (I_n \otimes e_m) \\ 0 & \lambda I_n \end{bmatrix}_{(q+n) \times (qp+n)} \tag{7.11}$$

二 参数估计渐进性

需要指出的是，λ 的选择是一个基本问题，在实证研究中，研究者关心的是不同的 λ 选择是否会影响参数 $\beta(\tau)$ 的区间估计。对于这个问题，Koenker（2004）在其研究中并没有给出明确说明。在其之后，Lamache（2006）对惩罚项的选择进行了探讨。设参数 $[\alpha', \beta(\tau)']'$ 的估计值为 $[\hat{\alpha}(\lambda)', \hat{\beta}(\tau)']'$，将式：

$$\rho_{\tau_k}[y_{it} - \hat{\alpha}_i - x'_{it}\hat{\beta}(\tau_k)] \tag{7.12}$$

改写为：

$$\rho_{\tau_k}[y_{it} - \xi_{it}(\tau) - \hat{\delta}_{0i}/\sqrt{t} - x'_{it}\hat{\delta}_1(\tau_k)/\sqrt{nt}] \tag{7.13}$$

式中 $\xi_{it}(\tau) = Q_{Y_{it}}(\tau | x_{it}, \alpha_i) = \alpha_i + x'_{it}\beta(\tau)$，并且有：

$$\hat{\delta}_0 = \begin{pmatrix} \hat{\delta}_{01} \\ \vdots \\ \hat{\delta}_{0n} \end{pmatrix} = \begin{pmatrix} \sqrt{t}(\hat{\alpha}_1 - \alpha_1) \\ \vdots \\ \sqrt{t}(\hat{\alpha}_n - \alpha_n) \end{pmatrix} \tag{7.14}$$

$$\hat{\delta}_1 = \begin{pmatrix} \hat{\delta}_1(\tau_1) \\ \vdots \\ \hat{\delta}_1(\tau_q) \end{pmatrix} = \begin{pmatrix} \sqrt{tn}[\hat{\beta}(\tau_1) - \beta(\tau_1)] \\ \vdots \\ \sqrt{tn}[\hat{\beta}(\tau_q) - \beta(\tau_q)] \end{pmatrix} \tag{7.15}$$

再者，$|\hat{\alpha}_i| = |\alpha_i + (\hat{\alpha}_i - \alpha)| = |\alpha_i + \hat{\delta}_{0i}/\sqrt{t}|$，对于给定的 λ，则上面的最小化问题等价于：

第七章 基于面板分位数回归利贫增长与利群增长影响因素研究

$$\min_{\delta_0,\delta_1} V_{nt}(\delta) = \min_{\delta_0,\delta_1} \sum_{k=1}^{q} \sum_{i=1}^{n} \sum_{t=1}^{t} w_k \{\rho_{\tau_k}[y_{it} - \xi_{it}(\tau) \\
- \delta_{0i}/\sqrt{t} - x'_{it}\delta_1(\tau_k)/\sqrt{nt}) - \rho_{\tau_k}(y_{it} - \xi_{it}(\tau))]\} \\
+ \lambda\{\sum_{i=1}^{n} |\alpha_i + \delta_{0i}/\sqrt{t}| - |\alpha_i|\} \quad (7.16)$$

注意到可以作以下正则条件假设，使得函数 V_{nt} 得到最小化：

条件 A1：y_{it} 在不同的个体间是独立的，并且具有不同的条件分布函数 F_{it} 和条件分布密度，且 $0 < f_{it} < \infty$，条件分布密度函数的一阶导数有界。

条件 A2：变量 α_i 随机独立于 x_{it}，并且具有均值为 0 的独立无条件分布函数 G_i，分布密度函数 g_i ($i = 1,\cdots,n$) 连续。

条件 A3：存在正定矩阵 H_0、H_1、H_2 和 H_3，并且具有如下形式：

$$H_0 = \lim_{\substack{n\to\infty \\ t\to\infty}} \frac{1}{tn} \begin{pmatrix} \Omega_{11}X'M'_1M_1X & \cdots & \Omega_{11}X'M'_1M_qX \\ \vdots & \ddots & \vdots \\ \Omega_{q1}X'M'_qM_1X & \cdots & \Omega_{qq}X'M'_qM_qX \end{pmatrix} \quad (7.17)$$

$$H_1 = \lim_{\substack{n\to\infty \\ t\to\infty}} \frac{1}{tn} \begin{pmatrix} w_1X'M'_1\Phi_1M_1X & \cdots & 0 \\ \vdots & \ddots & \vdots \\ 0 & \cdots & w_qX'M'_q\Phi_qM_qX \end{pmatrix} \quad (7.18)$$

$$H_2 = \lim_{\substack{n\to\infty \\ t\to\infty}} \frac{1}{m} \begin{pmatrix} \tilde{X}'_1\tilde{X}_1 & \cdots \tilde{X}'_1\tilde{X}_q \\ \vdots & \ddots & \vdots \\ \tilde{X}'_q\tilde{X}_1 & \cdots \tilde{X}'_q\tilde{X}_q \end{pmatrix} \quad (7.19)$$

$$H_3 = \lim_{\substack{n\to\infty \\ t\to\infty}} \frac{1}{m} \begin{pmatrix} \tilde{X}'_1\Psi\tilde{X}_1 & \cdots \tilde{X}'_1\tilde{X}_q \\ \vdots & \ddots & \vdots \\ \tilde{X}'_q\tilde{X}_1 & \cdots \tilde{X}'_q\Psi\tilde{X}_q \end{pmatrix} \quad (7.20)$$

式中，$\Omega_{kl} = w_k(\tau_k \wedge \tau_l - (\tau_k\tau)w_l$，$M_k = I - P_k$，$P_k = Z(Z'\Phi_kZ)^{-1}Z'\Phi_k$，$\Phi_1 = diag(f_{it}(\xi_{it}(\tau)))$ 为对角阵，$\Psi = diag(g(0))$，$\tilde{X}_k = (Z'\Phi_kZ)^{-1}Z'\Phi_kX$

条件 A4：$\|x_{it}\|$ 有上界，且 $\max_{it}\|x_{it}\|/\sqrt{tn} \to 0$。

条件 A5：存在常量 $c > 0$，并且有 $n^c/t \to 0$。

条件 A6：调整参数 $\lambda/\sqrt{t} \to \lambda \geq 0$。

在上述正则条件假设下，$\arg\min V_{nt}(\delta_1)$ 的分布趋同于 $\arg\min V_0(\delta_1)$，

其中 $V_0(\delta_1) = -\delta'_1(B+\lambda C) + \frac{1}{2}\delta'(H_1 + 2\lambda H_3)\delta_1$，$B$ 和 C 为均值为 0，方差分别为 H_0 和 H_2 的正态分布独立向量。

设 $\Gamma_0(\lambda) = H_0 + \lambda^2 H_2$，$\Gamma_1(\lambda) = H_1 + 2\lambda H_3$，则在 $\operatorname{argmin} V_{nt}(\delta_1)$ 的分布趋同于 $\operatorname{argmin} V_0(\delta_1)$ 的情况下，有：

$$\sqrt{nt}\,[\hat{\beta}(\tau) - \beta(\tau)] \text{ 分布趋同于 } N[0, \Gamma_1(\lambda)^{-1}\Gamma_0(\lambda)\Gamma_1(\lambda)^{-1}] \tag{7.21}$$

并且，带有惩罚项的分位数回归估计值 $\hat{\beta}(\tau, \lambda^*)$ 是渐进服从均值为 $\beta(\tau)$，方差为 $\Gamma_1(\lambda^*)^{-1}\Gamma_0(\lambda^*)\Gamma_1(\lambda^*)^{-1}$ 的正态分布。其中，$\lambda^* = \operatorname{argmin}\{tr\Gamma_1(\lambda)^{-1}\Gamma_0(\lambda)\Gamma_1(\lambda)^{-1}\}$。并且 Lamache（2006）还进一步证明，$\lambda$ 的最优值存在且唯一。如果存在如下条件：

条件 A7：X 的第 r 列 $x_k = (x_{11,r}, \cdots, x_{nt,r})'$ 随时间变化，即至少存在一个 s，使得 $x_{it,r} \neq x_{is,r}$。

在条件 A1—A7 的情况下，则第 k 个分位 τ_k 的分位回归的惩罚函数的 λ 最优值具有如下形式：

$$\lambda^* = \frac{8\Omega_{kk}x'_r M'_k M_k x_r \tilde{x}'_{kr} \Psi \tilde{x}_{kr}}{w_k x'_r M'_k \Phi_k M_k x_r \tilde{x}'_{kr} \tilde{x}_{kr}}$$

尽管 Lamache（2006）给出了最优 λ 的估计式，但事实上 λ 取值只会影响计算的收敛速度，并不影响参数的区间估计值。

第三节 变量选取与描述性分析

本书收入增长影响因素研究主要涉及两个对象，第一个是从利贫角度出发，研究家庭人均收入增长影响因素。第二个则是从利群增长角度出发，研究个体收入增长影响因素。需要指出的是，家庭层面与个体层面的资本构成和测度指标是有差异的。为此，本书在选取收入增长影响因素时，考虑到研究对象的差异，进而选择不同的控制变量。

一 家庭层面收入增长影响变量与描述性分析

由于家庭与个体在收入构成和资源分配上存在较大差异，因此利贫问题研究一般以家庭为研究单位，在这里首先以家庭为单位研究家庭层面的人均收入增长的影响因素。我们将家庭层面的收入增长影响因素分为家庭特征、家庭财产、各种资本（人力资本、社会资本、自然资本）以及制度性因素。

尽管诸多文献认为各种资本对收入增长有着重要影响，但在各种资本指示变量的选择上却是仁者见仁，智者见智。对于家庭层面人均收入增长的影响因素，本书选取家庭特征、家庭财产和家庭资本以及制度性因素（医疗保障）作为控制变量①，结合 CHNS 的调查数据，最终家庭层面收入增长影响因素选取的相关变量如表 7-1 所示，其中家庭属性变量的描述性统计见表 7-2。

家庭特征方面，1989—2009 年，86% 以上的中国家庭户主由男性构成，并且整体上保持较为稳定。说明中国家庭中男性地位比较占优，这与中国的传统思想有关，特别是在农村，由于以体力劳动为主，男性劳动力在家庭中的地位不言而喻。但从户主婚姻状况的变化看，尽管配偶双方均健在的家庭比重在 2009 年仍达到 87.7%，但单身户主家庭的比重却呈上升趋势，例如 1989 年户主丧偶的家庭比重为 4.3%，到 2009 年上升到占比重 9.6%。其原因可能是，由于人均寿命增加，而男女平均寿命的增幅却并不同步，因而导致丧偶比重家庭呈上升趋势。关于这一推测，从户主的平均年龄变化也可以看出端倪，1989 年户主的平均年龄为 40.02 岁，标准差为 17.11 岁，到 2009 年户主平均年龄达到了 43.76 岁，标准差却达到 24.63 岁。

尽管中国家庭的户主年龄呈上升趋势，但家庭规模却呈小家庭化发展态势。1989 年，中国平均每户家庭的人口数为 4.2 人，到 2004 年即已下降到户均 3.3 人，其后基本保持平稳，2006 年户均 3.38 人，2009 年户均 3.32 人。

从户主文化程度上看，1989 年中国家庭户主的平均受教育年限为 5.38 年，即 5 年小学水平，经过 20 多年的发展，到 2009 年户主的平均受教育年限才增加到 6.84 年，接近于初中一年级水平。整体上看中国目前大量家庭户主的文化程度较低，这在农村会表现得更为突出，存在大量的农村家庭户主依然属于文盲。

家庭人力资本方面，在中国家庭小型化的同时，家庭中的劳动力数量却呈下降趋势，1989 年平均每户劳动力数量为 2.13 个，到 2009 年下降

---

① 是否有医保，1989 年数据缺失，这里若回答有交保金、报销门诊或住院费中的一项则认为有医疗保险代替计算所得。

表 7-1 家庭层面收入增长影响变量均值与标准差

单位:%

变量类型	变量名称	变量含义	变量解释	1989 年	1991 年	1993 年	1997 年	2000 年	2004 年	2006 年	2009 年
家庭特征	sex_hz	户主性别	男=1;女=0	0.86 (0.34)	0.87 (0.33)	0.87 (0.34)	0.86 (0.35)	0.87 (0.33)	0.87 (0.34)	0.87 (0.34)	0.87 (0.34)
	edu_hz	户主文化程度	户主受教育年限（年）	5.38 (4.56)	6.07 (4.53)	6.16 (4.59)	6.01 (4.64)	6.13 (4.93)	6.84 (5.19)	6.83 (5.60)	6.84 (5.37)
	age_hz	户主年龄	户主年龄（岁）	40.02 (17.11)	42.20 (16.36)	42.44 (17.33)	43.18 (18.44)	43.46 (19.36)	42.72 (23.34)	42.67 (24.30)	43.76 (24.63)
	agesq_hz	户主年龄平方	户主年龄平方	1894 (1311)	2048 (1313)	2101 (1340)	2204 (1430)	2263 (1462)	2369 (1680)	2410 (1740)	2521.41 (1782)
	marriage_hz	户主婚姻	1=已婚,0=其他	0.93 (0.25)	0.91 (0.28)	0.91 (0.28)	0.89 (0.32)	0.88 (0.33)	0.87 (0.33)	0.88 (0.32)	0.88 (0.33)
	size_hm	家庭规模	家庭人口数（人）	4.20 (1.50)	4.08 (1.44)	4.04 (1.46)	3.74 (1.41)	3.60 (1.39)	3.30 (1.39)	3.38 (1.51)	3.32 (1.54)
家庭人力资本	labour_hm	家庭劳动力人数	劳动力人数（18—60岁）（人）	2.13 (1.02)	2.21 (1.06)	2.15 (1.12)	2.00 (1.08)	1.88 (1.09)	1.52 (0.99)	1.41 (0.95)	1.41 (0.97)
	age_lab	劳动力人均年龄	劳动力年龄总和（岁）/劳动力人数（人）	35.63 (7.667)	36.38 (7.49)	37.18 (7.50)	38.26 (7.81)	39.59 (8.01)	42.96 (8.49)	43.79 (8.53)	44.37 (8.59)
	edu_lab	劳动力平均文化水平	劳动力受教育年限总和（岁）/劳动力人数（人）	5.87 (3.69)	6.62 (3.51)	6.82 (3.56)	7.14 (3.55)	7.73 (3.70)	8.63 (3.84)	8.90 (4.26)	9.01 (4.07)
	gov_num	政府等事业单位工作人数	政府或事业单位工作人员数（人）	0.59 (0.97)	0.57 (0.95)	0.53 (0.93)	0.42 (0.77)	0.39 (0.73)	0.23 (0.53)	0.22 (0.53)	0.23 (0.53)
	admin_num	有无官员及经理	是否有管理者/行政官员/经理（1=是,0=否）	0.08 (0.27)	0.10 (0.30)	0.09 (0.29)	0.10 (0.29)	0.09 (0.28)	0.08 (0.27)	0.07 (0.25)	0.07 (0.25)
家庭社会资本	gift	收到礼品的价值	朋友及其他亲属送的钱和礼品价值（元）	70.39 (367)	77.03 (292)	125.70 (445)	272.66 (874)	395.74 (1499)	596.24 (1736)	709.61 (2359)	857.58 (2175)

续表

变量类型	变量名称	变量含义	变量解释	1989 年	1991 年	1993 年	1997 年	2000 年	2004 年	2006 年	2009 年
家庭财产	own_house	房屋所有权	对住房/公寓拥有所有权（1 = 有，0 = 无）	0.76 (0.42)	0.79 (0.41)	0.81 (0.40)	0.83 (0.37)	0.87 (0.34)	0.90 (0.30)	0.92 (0.28)	0.93 (0.25)
	value_appl	家用电器价值	彩电、冰箱、洗衣机、空调等价值（元）	236 (646)	1353 (2131)	1706 (2625)	2810 (3827)	3568 (6647)	3380 (5124)	3860 (5471)	5166 (6792)
	value_traff	交通工具价值	自行车、摩托车、汽车等价值（元）	96.30 (933)	457 (2444)	1070 (6095)	3106 (23638)	3297 (20665)	4483 (31481)	5197 (30969)	7311 (30503)
	value_agr	农业机械价值	拖拉机、灌溉设备等农机价值（元）	49.12 (510)	211.83 (1208)	258.45 (1296)	557.70 (3245)	598.09 (3998)	556.21 (3657)	653.13 (4159)	678.10 (3901)
自然资本	urban	城乡	1 = 城镇，0 = 农村	0.33 (0.47)	0.32 (0.47)	0.30 (0.46)	0.33 (0.47)	0.32 (0.47)	0.32 (0.47)	0.32 (0.47)	0.32 (0.47)
	water	水源类型	1 = 水厂，0 = 其他	0.34 (0.47)	0.40 (0.49)	0.40 (0.49)	0.49 (0.50)	0.49 (0.50)	0.51 (0.50)	0.54 (0.50)	0.57 (0.50)
制度性变量	insur_num	医保人数	家庭有医保总人数（人）	0.74 (1.14)	0.83 (1.20)	0.69 (1.12)	0.65 (1.04)	0.55 (0.96)	0.62 (0.89)	1.05 (1.02)	1.79 (0.91)

说明：括号内为标准差。

到1.41人，这与中国家庭规模小型化有关。但从劳动力平均年龄看，1989—2009年，中国家庭劳动力平均年龄则从35.63岁增加到44.37岁，一方面家庭劳动力人数在减少，另一方面劳动力平均年龄却在增加，说明中国家庭出现一定程度的老龄化。在劳动力文化程度的变化上看，中国家庭劳动力平均受教育年限从1989年的5.87年增加到2009年的9.01年，其贡献当来自家庭中较年轻劳动力文化程度的提高。

表7-2　　　　　　　　家庭属性变量描述统计　　　　　　　　单位：%

变量含义		1989年	1991年	1993年	1997年	2000年	2004年	2006年	2009年
户主性别	男性占比	86.2	87.4	86.6	86.1	87.4	86.8	86.7	86.8
户主婚姻	未婚占比	1.5	1.8	0.9	2.3	3.2	2.2	0.8	0.6
	在婚占比	93.3	91.4	91.4	88.6	87.7	87.3	88.3	87.7
	离婚占比	0.4	0.5	0.4	0.8	1.2	1.5	1.8	1.6
	丧偶占比	4.3	5.9	7.1	7.9	7.7	8.7	8.9	9.6
	其他占比	0.4	0.4	0.2	0.4	0.2	0.3	0.2	0.4
有政府单位工作人员家庭比重		34.0	32.8	30.5	27.2	26.3	17.5	17.4	17.7
有管理者/行政官员/经理家庭比重		8.1	9.9	9.4	9.6	8.5	8.2	6.7	6.8
有住房所有权家庭比重		76.4	79.2	80.6	83.1	86.5	90.0	91.8	93.1
农村家庭比重		66.9	67.6	69.6	67.2	67.9	68.2	68.0	67.7
水源为水厂的家庭比重		33.1	39.6	39.5	47.7	48.1	50.5	53.8	56.3

家庭社会资本方面，1989年中国家庭中有在政府或事业单位工作的成员数为0.59人，到2009年下降为户均0.23人。考虑到中国家庭规模小型化趋势，可以推算，家庭中有人在政府或事业单位工作的比例在下降。事实上，1989年34%的家庭有成员在政府或事业单位工作，到2009年，这一比重降到17.7%。家庭中是否有成员为政府官员或管理者或经理，是衡量家庭社会网络广度的一个重要标志，对于这一点，1989—2009年拥有上述人员的家庭比例变化不大，例如，1989年8.1%的家庭中有成员为政府官员或企业经理或管理者，2009年这比例为6.8%，在这中间虽有波动，但整体上变化不大。从收到礼品价值的变化上看，1989年平均

每户家庭收到的礼品价值为70元左右，标准差为367元，标准差系数为19.2%，到2009年增加到户均收到礼品价值约858元，标准差为2175元，标准差系数为39.4%，从数据比较可以得知，各户收到礼品平均价值在增加的同时，礼品价值的高低差异也在增加。

家庭财产方面，1989年76.4%的家庭对于住房拥有自己的所有权，到2009年，93.1%的家庭拥有自己的住房，增加了16.7个百分点，考虑到中国家庭规模小型化的现状，可以发现，这20年中国家庭的住房条件是有了很大改善的。从家庭的家用电器价值、交通工具价值和农业机械价值的增幅上看，1989—2009年，户均家用电器价值从236元增加到5166元，增加了20.9倍，户均交通工具价值则从96.3元增加到7311元，增加了74.9倍，户均农业机械价值则从49.12元增加到678.1元，增加了12.8倍。考虑到城镇家庭中很少拥有农业机械的情况，实际上农村家庭的农业机械价值增幅会更大。整体上看，20年来，中国家庭的财产增幅是显著的。

家庭自然资本方面，1989—2009年中国城镇家庭数量占所有家庭数量的比重没有太多变化，1989年33%的家庭属于城镇家庭，到2009年仍只有32%的家庭属于城镇家庭。也就是说，中国的城市化水平的发展更多地体现为农村家庭成员的城市化，而非农村家庭的城市化。如果以水厂作为水源能在某种程度上衡量一个家庭生活的自然环境，则1989年34%家庭的水源来自水厂，到2009年这一比例增加到57%。结合城镇家庭数所占比重没有太大变化这一事实，享受自来水厂供水家庭数的增加更多地是来自农村供水工程的增加，而非来自农村家庭向城市家庭转变的结果。

在享受医疗保险方面，1989年中国家庭中户均约0.74个人享有医疗保险，到2009年，这一数字增加到户均1.79人。考虑到家庭规模小型化的状况，1989—2009年这20年，中国的医疗保险的覆盖面得到了迅速提高。

二 个体层面收入增长影响变量与描述性分析

考虑到家庭因素对于个体收入增长的情况，本书在个体层面收入增长影响因素研究时选取的因素包括家庭特征变量、个体特征变量、个体人力资本、个体社会资本、家庭财产、家庭自然资本以及个人是否享有医疗保险等制度性因素，具体变量的描述统计情况见表7-3。由于家庭特征及相关资本在前文已有叙述，这里不再重复，仅就个体特征、个体人力资本和个体社会资本三个方面进行描述统计分析。

个人特征方面，1989年18—60岁的劳动年龄人口中未婚比重为17.1%，到2009年降为6.7%，说明随着生活水平的改善，中国的结婚比率在提高。此外，在婚比重整体上呈提高趋势，其从另一个角度验证了未婚比重的下降趋势。值得注意的是，在未婚比重下降的同时，离婚比重却呈上升趋势，1989年，劳动年龄人口中，离婚人口比重为0.3%，到2009年这一比重上升到了1.5%。

个人人力资本方面，个人受教育年限从1989年的6.22年提高到2009年的9.02年，说明20年来，中国教育事业得到了大力发展。从劳动人口的平均年龄变化上看，1989—2009年，中国劳动人口的平均年龄从35.42岁上升到43.73岁，从这个角度上看，说明中国劳动人口中，低龄劳动人口所占比重在下降，而高龄劳动人口所占比重在上升，一定程度上说明了中国面临人口老龄化的问题。

表7-3　　　　　　　　　　个体属性变量描述统计　　　　　　　　　单位:%

变量含义		1989	1991	1993	1997	2000	2004	2006	2009
性别	男性占比	49.8	49.7	49.9	50.9	51.7	49.2	49.3	50.3
婚姻	未婚占比	17.1	18.8	18.4	17.1	16.0	8.2	6.4	6.7
	在婚占比	81.3	79.1	79.3	80.3	81.3	88.5	90.1	88.8
	离婚占比	0.3	0.3	0.3	0.6	0.8	1.1	1.2	1.5
	丧偶占比	1.1	1.6	1.7	1.9	1.8	2.0	1.9	2.1
	其他占比	0.2	0.0	0.1	0.0	0.0	0.0	0.2	0.6
政府或事业单位工作人员比重		24.6	23.1	21.5	19.9	19.3	14.0	14.3	14.6
管理者/行政官员/经理人员比重		3.8	4.4	4.2	4.9	4.5	5.5	4.6	4.7
有医保人员比重		30.3	32.3	26.9	27.1	22.9	29.6	55.2	92.7

个人社会资本方面，在职业性质上，1989年约4%的劳动人口为政府官员或企业管理者，2009年这一比例约为5%，20年间没有太大变化。但在工作单位性质上，1989年有24.6%的劳动人口在政府或事业单位部门工作，到2009年这一比重下降到14.6%，下降了10个百分点，导致这一结果的原因在于中国政府的机构精简改革。1993年，针对政企不分问

表7-4　个体层面收入收入增长影响变量定义及统计特征

	变量名称	变量含义	变量解释	1989	1991	1993	1997	2000	2004	2006	2009
家庭特征	sex_hz	户主性别	男=1; 女=0	0.86 (0.34)	0.87 (0.33)	0.87 (0.34)	0.86 (0.35)	0.87 (0.33)	0.87 (0.34)	0.87 (0.34)	0.87 (0.34)
	edu_hz	户主文化程度	户主受教育年限（岁）	5.38 (4.56)	6.07 (4.53)	6.16 (4.59)	6.01 (4.64)	6.13 (4.93)	6.84 (5.19)	6.83 (5.60)	6.84 (5.37)
	age_hz	户主年龄	户主年龄（岁）	40.02 (17.11)	42.20 (16.36)	42.44 (17.33)	43.18 (18.44)	43.46 (19.36)	42.72 (23.34)	42.67 (24.30)	43.76 (24.63)
	marriage_hz	户主婚姻	1=已婚，0=其他	0.93 (0.25)	0.91 (0.28)	0.91 (0.28)	0.89 (0.32)	0.88 (0.33)	0.87 (0.33)	0.88 (0.32)	0.88 (0.33)
	size_hm	家庭规模	家庭人口数（人）	4.20 (1.50)	4.08 (1.44)	4.04 (1.46)	3.74 (1.41)	3.60 (1.39)	3.30 (1.39)	3.38 (1.51)	3.32 (1.54)
个体特征	sex_sef	本人性别	男=1, 女=0	0.50 (0.50)	0.50 (0.50)	0.50 (0.50)	0.51 (0.50)	0.52 (0.50)	0.49 (0.50)	0.49 (0.50)	0.50 (0.50)
	marriage_sef	本人婚姻	1=已婚，0=其他	0.81 (0.39)	0.79 (0.41)	0.79 (0.41)	0.80 (0.40)	0.81 (0.39)	0.89 (0.32)	0.90 (0.30)	0.89 (0.32)
个体人力资本	edu_sef	本人文化程度	本人受教育年限（年）	6.22 (4.33)	6.69 (4.28)	6.97 (4.24)	7.31 (4.12)	7.96 (4.14)	8.59 (4.25)	8.94 (4.64)	9.02 (4.46)
	age_sef	本人年龄	本人年龄（岁）	35.42 (11.25)	36.06 (11.34)	36.75 (11.20)	37.86 (11.11)	39.05 (11.02)	42.43 (10.52)	43.39 (10.11)	43.73 (10.37)
	agesq_sef	本人年龄平方	年龄平方	1381 (851)	1429 (862)	1476 (855)	1556 (857)	1646 (861)	1911 (865)	1984 (846)	2019 (869)
个体社会资本	gov_sef	工作单位	政府或事业单位工作（1=是，0=否）	0.25 (0.43)	0.23 (0.42)	0.22 (0.41)	0.20 (0.4)	0.19 (0.39)	0.14 (0.35)	0.14 (0.35)	0.15 (0.35)
	job_sef	职位性质	1=管理者/行政官员/经理，0=否	0.038 (0.19)	0.044 (0.20)	0.042 (0.20)	0.049 (0.22)	0.045 (0.21)	0.055 (0.23)	0.046 (0.21)	0.047 (0.21)

续表

变量名称	变量含义	变量解释	1989	1991	1993	1997	2000	2004	2006	2009
家庭财产 own_house	房屋所有权	1=对住房/公寓拥有所有权，0=否	0.76 (0.42)	0.79 (0.41)	0.81 (0.40)	0.83 (0.37)	0.87 (0.34)	0.90 (0.30)	0.92 (0.28)	0.93 (0.25)
value_appl	家用电器价值	彩电、冰箱、洗衣机、空调等价值（元）	236 (646)	1353 (2131)	1706 (2625)	2810 (3827)	3568 (6647)	3380 (5124)	3860 (5471)	5166 (6792)
家庭自然资本 urban	城镇或农村	1=城镇，0=农村	0.33 (0.47)	0.32 (0.47)	0.30 (0.46)	0.33 (0.47)	0.32 (0.47)	0.32 (0.47)	0.32 (0.47)	0.32 (0.47)
water	水源类型	1=水厂，0=其他	0.34 (0.47)	0.40 (0.49)	0.40 (0.49)	0.49 (0.50)	0.49 (0.50)	0.51 (0.50)	0.54 (0.50)	0.57 (0.50)
制度性变量 insur_sef	医疗保障制度	1=有，0=无	0.30 (0.46)	0.32 (0.47)	0.27 (0.44)	0.27 (0.44)	0.23 (0.42)	0.30 (0.46)	0.55 (0.50)	0.93 (0.26)

说明：括号内为标准差。

题，在同年3月份的八届人大一次会议上，提出要以适应社会主义市场经济发展的要求进行机构改革，在部委改公司试点上，撤销了航空航天工业部，成立并组建了航空工业总公司和航天工业总公司。之后，1998年3月九届人大一次会议上，新当选的朱镕基总理针对政企不分顽症，继续推进机构精简，国家计委更名为国家发展计划委员会，电力部、煤炭部、化工部等15个部委依次撤销或降格。2003年，国家计委更名为国家发展和改革委员会，设立了国资委、银监会、商务部、国家食品药品监督管理局，进一步转变了政府职能。

此外，1989年30.3%的劳动人口享有医疗保险，到2009年这比例上升到92.7%，20年间，中国医疗保险水平发展迅速。事实上，中国于1994年开始进行以城镇职工基本医疗保险取代公费医疗和劳保医疗制度试点，1996年试点范围扩大到40个城市，1998年，在试点基础上，国务院正式发文《关于建立城镇职工基本医疗保险制度的决定》（国发〔1998〕44号），开始在全国范围推行城镇职工基本医疗保险制度。2007年后，医疗保险范围覆盖到学生、儿童和老人等城镇人员，并开始推进新型农村合作医疗保险制度。从数据上看，有医保的劳动人口比重，从2004年的29.6%迅速增加到2006年的55.2%，2009年已有92.7%的劳动人口享有各种医疗保险。

第四节 面板与截面分位数回归估计

这里对家庭层面和个体层面的收入增长影响因素分别进行1989—2009年平衡面板数据的面板分位数回归和2009年截面数据的截面分位数回归。[①]

一 家庭人均收入增长影响因素回归估计

1. 家庭特征对家庭收入的影响

在家庭特征因素中，无论是面板分位数回归还是截面分位数回归，其结果均显示（见表7-5、表7-6），在各个分位上，户主性别并不是家庭收入增长的显著影响因素，说明家庭的主要收入来源与户主性别不具有明

---

① 面板分位数回归估计采用R软件编程实现，截面分位数回归估计采用eviews6.0实现。

显的相关性。在户主文化程度对家庭收入增长的影响上，面板分位数回归显示不具有明显相关性，而截面分位数回归则显示具有明显相关性，在这里，显然应该以截面分位数回归的结果作为参考依据，因为对于特定的户主而言，其受教育水平在时间序列中一般很少发生变化，显然面板分位数回归对于不具有时变性变量的检验不能采信。就本书而言，截面分位数回归显示，户主的文化程度是影响家庭收入增长的显著因素。在户主年龄对于家庭收入增长的影响方面，截面分位数回归显示影响并不显著，但面板分位数回归却显示，户主年龄对于收入的增长速度具有显著性影响，这里就体现出了面板分位数回归的优越性，如果采用截面分位数回归就不能识别出该因素的显著性。也进一步说明，面板分位数回归和截面分位数回归结合统一分析的必要性。户主的婚姻状况对于家庭收入增长的影响方面，在面板分位数回归和截面分位数回归中均表现为不显著，说明中国家庭的主要收入来源与户主的婚姻状况无关。家庭规模在两种分位数回归中的系数在各个分位均相当显著，考虑到中国家庭的小型化趋势，从统计显著性角度可以看出，家庭小型化有助于家庭收入水平的提高。

表 7-5　　　　　家庭收入增长影响因素（面板分位数回归）

分位	分位回归系数								
	0.1	0.2	0.3	0.4	0.5	0.6	0.7	0.8	0.9
C	2.673**	3.187***	2.829***	3.182***	3.533***	3.483***	3.145***	3.309**	3.401***
sex_hz	-0.092	-0.037	-0.079	-0.138	-0.123	-0.049	-0.007	-0.024	-0.073
edu_hz	0.01	0.014	0.011	0.009	0.01	0.011	0.006	0.000	0.004
age_hz	0.056*	0.055**	0.077**	0.069**	0.069***	0.076***	0.091***	0.092***	0.102***
agesq_hz	-0.348	-0.291	-0.445**	-0.394**	-0.39**	-0.468**	-0.578***	-0.586***	-0.685***
marriage_hz	-0.011	-0.04	-0.059	0.025	0.019	0.001	-0.007	-0.011	0.001
size_hm	-0.176***	-0.205***	-0.206***	-0.197***	-0.2***	-0.194***	-0.196***	-0.196***	-0.207***
labour_hm	0.14**	0.147**	0.122**	0.119**	0.132**	0.127**	0.109**	0.094**	0.056
age_lab	0.026***	0.026***	0.02**	0.022**	0.019**	0.018**	0.013**	0.013**	0.009
edu_lab	0.095***	0.089***	0.088***	0.083***	0.073***	0.068***	0.069***	0.07***	0.062***
gov_num	-0.139**	-0.23***	-0.222***	-0.215***	-0.182***	-0.191***	-0.215***	-0.178***	-0.182**
admin_num	-0.104	-0.036	-0.122	-0.114	-0.015	-0.104	-0.126	-0.011	-0.04
gift	0.108**	0.111**	0.11**	0.107**	0.124**	0.124**	0.108**	0.088**	0.074**
own_house	0.296**	0.318***	0.368***	0.348***	0.356***	0.273***	0.352***	0.478***	0.506***
value_appl	0.104**	0.13**	0.183***	0.225***	0.25***	0.266***	0.276***	0.268***	0.298***
value_traff	0.061**	0.041	0.061*	0.065**	0.076**	0.113**	0.105**	0.125*	0.183**

续表

分位	分位回归系数								
	0.1	0.2	0.3	0.4	0.5	0.6	0.7	0.8	0.9
value_agr	0.074**	0.065**	0.077***	0.071***	0.057***	0.055***	0.051*	0.045	0.053
urban	-0.103	-0.008	-0.061	-0.124	-0.192**	-0.199**	-0.117	-0.114	-0.186
water	0.089	0.074	0.104*	0.158**	0.151**	0.173**	0.13**	0.13**	0.211**
insur_num	0.236***	0.22**	0.201***	0.188***	0.194***	0.177***	0.173***	0.163***	0.185***

说明：*、**、*** 分别表示10%、5%、1%显著水平。

表7-6　　家庭收入增长影响因素（2009年截面分位数回归）

分位	分位回归系数								
	0.1	0.2	0.3	0.4	0.5	0.6	0.7	0.8	0.9
C	7.104***	8.048***	8.200***	8.374***	8.933***	9.341***	9.184***	8.883***	9.969***
sex_hz	-0.082	-0.041	-0.053	-0.068	0	-0.002	-0.019	-0.023	-0.08
edu_hz	0.024**	0.015*	0.013*	0.018**	0.022***	0.021***	0.014**	0.012*	-0.003
age_hz	0.028	0.007	0.011	0.015	0.004	-0.001	0.01	0.026*	0.016
agesq_hz	-0.294	-0.021	-0.064	-0.09	0.093	0.147	-0.045	-0.33	-0.17
marriage_hz	-0.051	-0.001	-0.012	-0.017	-0.025	-0.032	-0.046	-0.026	-0.045
size_hm	-0.287***	-0.281***	-0.266***	-0.253***	-0.235***	-0.238***	-0.249***	-0.253***	-0.262***
labour_hm	0.229***	0.203***	0.18***	0.174***	0.16***	0.166***	0.155***	0.103**	0.081*
age_lab	-0.012**	-0.004	-0.005	-0.008**	-0.006*	-0.005*	-0.007**	-0.008**	-0.009
edu_lab	0.026**	0.037***	0.035***	0.027***	0.019***	0.015**	0.02***	0.019**	0.032**
gov_num	0.202***	0.136***	0.103***	0.077**	0.059**	0.036	-0.011	-0.037	-0.126**
admin_num	0.024	0.062	0.066	0.094	0.091*	0.11**	0.099	0.246**	0.37**
gift	0.172***	0.116***	0.096***	0.072**	0.059**	0.069**	0.081**	0.064	0.038
own_house	0.355**	0.248**	0.267**	0.223**	0.223**	0.252**	0.217**	0.126	0.096
value_appl	0.062**	0.092***	0.095***	0.096***	0.096***	0.125***	0.13**	0.137**	0.223***
value_traff	0.073**	0.063**	0.064**	0.058*	0.103**	0.096**	0.169***	0.154***	0.207***
value_agr	-0.002	0.025	0.016	0.03	0.046	0.038	0.033	0.035	0.017
urban	0.148**	0.074	0.112**	0.04	0.051	0.06	0.059	0.055	0.078
water	0.234***	0.143**	0.097**	0.146***	0.132**	0.1**	0.115**	0.038	0.026
insur_num	0.106*	0.136***	0.117***	0.102***	0.104***	0.091***	0.1***	0.098**	0.074*

说明：*、**、*** 分别表示10%、5%、1%显著水平。

2. 家庭人力资本对家庭收入的影响

劳动力人数的多少是影响家庭收入增长的明显因素,值得注意的是,尽管截面分位数回归显示,劳动力人数在各个分位上都对家庭收入增长呈显著影响,但面板分位数回归却显示,在家庭人均收入的90%分位上,劳动人数对于家庭收入增长的影响并不显著,这说明,对于那些收入增长速度最快的家庭而言,其收入增速与劳动力人数无关,可能更多地与家庭中劳动者所从事的职业等其他因素有关。

劳动力年龄对80%分位及以下分位的家庭人均收入的增长具有显著影响,但在家庭人均收入的90%分位上,面板分位数回归和截面分位数回归均显示影响并不显著,也就是说,那些最高收入家庭的收入增加与家庭劳动力的平均年龄无关。

劳动力文化程度无论是对于低收入家庭或者是高收入家庭的收入增长都具有显著影响,面板分位数回归和截面分位数回归均显示,在所有分位上,劳动力平均受教育年限对家庭收入增长的影响相当显著。

3. 家庭社会资本对家庭收入的影响

由于是否有人在政府或事业单位工作时变性较小,因此以截面分位数回归结果进行分析,家庭是否有人在政府或事业单位工作对于收入的增加具有显著影响。显然,家庭中有成员在政府部门工作,一来可以提升自身的工资性收入,二来还可以给家庭创造其他收入来源,政治资源的价值在家庭收入增长中的作用显然不可低估。

家庭中是否有成员为官员或经理对于高收入家庭的增收具有显著性影响,尽管在面板分位数回归中,回归系数并不显著,但由于这一变量不具有明显的时变性,因而需要借助截面分位回归估计结果来分析,而截面分位回归显示,家庭成员中是否有成员为官员或经理或企业管理者对于那些位于家庭收入50%分位以上家庭的增收具有显著影响,可见那些位于最高收入层的家庭都具有明显的政治资本或经营资本,也就是说,那些官员或企业管理者家庭位于中国家庭收入的顶层。

此外,收到礼品的价值对于各分位收入家庭的增收都具有显著影响,面板分位数回归显示,在所有分位上,收到礼品的价值的回归系数显著异于零,尽管在截面分位数回归中,位于90%分位的回归系数并不显著,但由于收到礼品价值这一变量具有时变性,显然应以面板分位数回归估计为准。

4. 家庭财产对家庭收入的影响

是否具有房屋所有权对于不同收入水平家庭的增收具有显著影响。在这里，尽管房屋所有权不具有明显的时变性，似乎应以截面分位数回归结果估计为准，事实上，在这里还是应以面板分位数回归估计结果为准，其原因在于，这一变量只反映了房屋所有权有没有发生变化，但并没有反映房屋价值本身有没有发生变化，例如 1989 年一个家庭的房屋为旧房子，到 2009 年买了新的房子，这样房屋所有权变量取值没有变化，但这已不能反映房屋的价值已经发生了变化。因此，如果在面板分位数回归中，位于高分位数的回归结果显示房屋所有权对于家庭的增收有显著性，事实上表明，该房屋的所有权与家庭财富具有相关性，即这一所有权具有财富指示性质。故此，若仅以截面分位数回归估计结果分析，则会得出房屋所有权对于高收入家庭的增收没有显著影响的错误结论，很明显，高收入家庭与低收入家庭虽然都具有房屋所有权，但这所有权蕴含的房屋价值是不同的。

家用电器价值和交通工具价值对于所有家庭的收入增长具有显著性，无论是面板分位数回归还是截面分位数回归几乎在所有分位上均表现出显著性影响，说明家庭财产的高低对于家庭增收具有十分重要的影响。

面板分位数回归显示，家庭农业机械价值对于那些位于收入 70% 及以下分位家庭的收入增长具有显著影响，而对于位于收入 70% 分位以上家庭的增收影响并不显著。这从另一个角度反映了中国家庭收入分布的事实，即那些位于高收入的家庭一般不拥有农业机械，也就是说，这些高收入家庭基本上位于城镇。农业机械价值只是对于农村家庭的增收具有明显影响。

5. 家庭自然资本对家庭收入的影响

家庭位于城镇或农村是家庭自然环境的一个间接反映，面板分位数回归显示，城乡收入增长差异只是在中等收入家庭的增收中起显著影响因素，考虑到一个家庭位于农村或城镇在时序上不具有较大的时变性，因而还需参考截面分位数回归估计情况，结合两个回归估计结果，城镇与农村中等收入家庭之间或低收入家庭之间的收入增长具有显著差异，但对于高收入家庭而言，位于农村或城镇并不是家庭增收的显著影响因素，也就是说，其主要收入来源与城乡因素无关。此外，水源类型如自来水厂，在一定程度上反映了家庭的自然环境情况，结合面板分位数回归和截面分位回归估计结果，显然水源类型对于不同收入水平的家庭增收具有显著影响，也就是说自然环境是所有家庭增收的显著性影响因素。整体上我们可以看出，自然环境较城乡因素而言，在家庭增收中更具现实意义，从另一个角度而言，下山脱贫比城镇化更具有减贫意义。

6. 制度性因素对家庭收入的影响

医疗保险因素对于各种收入水平家庭的增收均具有显著意义，无论是面板分位数回归还是截面分位数回归，在所有分位数回归上，医疗保险人数这一因素的回归系数均相当显著。考虑到中国农村人口占绝对多数的现实，拓宽农村医疗保险普及面和提升医疗保险水平，具有十分重要的现实意义。

二 个体收入增长影响因素回归估计

在个体或群体收入增长微观影响因素研究上，现有研究更多地集中在教育、年龄等人力资本以及社会资本因素。例如岳昌君等（2006）利用国家统计局城调队的城镇住户调查数据，研究了城镇居民之间的收入差距，研究表明，高教育程度群体内部的收入差异较小，而低教育程度群体内部的收入差异大，弱收入能力群体的教育收益率要高于强收入能力群体。李树茁等（2007）通过对深圳外来农村流动人口的调查，发现关系网络的规模、构成对农民工的职业阶层提升和收入增长具有显著影响。张翼等（2009）以雇主阶层、自雇阶层、农民阶级、新中产阶层、工人阶级作为研究对象，利用中国社会科学院中国社会状况调查数据（CGSS）研究了各阶层的收入不平等程度，并且发现教育或人力资本严重影响人们的收入水平。李佑静（2010）利用多元线性回归模型对重庆11个社会阶层的收入影响因素分别作了回归估计，结果显示，各阶层收入的主要影响因素存在差异，年龄和性别是社会上层收入的主要影响因素，而中下阶层的收入增长更多地取决于文化程度的高低，此外，户籍因素在办事人员阶层中起显著影响，性别因素也在农业劳动者、个体户、产业工人、商业服务人员、国家机关工作人员的各阶层收入中起显著影响作用，即存在一定的性别不平等现象。尽管上述研究一定程度上揭示了人力资本的重要性，但这些研究基本上局限于面板数据回归模型或截面数据回归模型，是一种均值回归过程。同时，在个体收入影响因素研究上显然还有其他资本因素的影响，并且其影响程度还有待得到更为广泛的研究。为此，本书在考虑家庭背景的基础上,结合个体特征和个体人力资本及社会资本情况,利用面板分位数回归和 2009 年的截面分位数回归对个体层面的收入增长影响进行估计,其估计结果见表 7-7 和表 7-8。

表 7-7　　　　个体收入增长影响因素（面板分位数回归）

分位	分位回归系数								
	0.1	0.2	0.3	0.4	0.5	0.6	0.7	0.8	0.9
C	1.364	2.482**	2.211**	2.373**	1.298	2.143**	2.09**	1.197	1.561*
sex_hz	-0.269	-0.05	0.005	0.03	-0.013	0.082	0.192	0.274*	0.096
edu_hz	0.022	0.006	0.013	0.016	0.004	0.013	0.006	0.001	0.001
age_hz	0.007	0.006	0.006	0.003	0.002	0.001	0.001	-0.001	0.002
marriage_hz	0.03	-0.096	-0.207	-0.171	-0.091	-0.162	-0.234	-0.234	-0.182
size_hm	-0.052	-0.049**	-0.053**	-0.057**	-0.051**	-0.043**	-0.063***	-0.055**	-0.02
sex_sef	-0.39**	-0.269*	-0.133	-0.045	0.016	0.119	0.204	0.294**	0.144
marriage_sef	-0.012	0.026	0.14	0.131	0.177	0.233	0.341*	0.333*	0.348**
edu_sef	0.047**	0.062***	0.064***	0.056***	0.059***	0.049***	0.055***	0.052***	0.058***
age_sef	0.115**	0.096***	0.103***	0.109***	0.137***	0.119***	0.119***	0.148***	0.145***
agesq_sef	-0.778*	-0.502*	-0.578**	-0.61**	-0.937***	-0.741***	-0.768***	-1.089***	-1.078***
gov_sef	0.029	-0.001	-0.132	-0.094	-0.093	-0.141*	-0.219**	-0.315***	-0.318**
job_sef	0.325*	0.3**	0.217*	0.15	0.028	0.114	0.117	0.148	0.046
own_house	0.409**	0.484***	0.527***	0.41**	0.486***	0.445***	0.543***	0.559***	0.563***
value_appl	0.191**	0.301***	0.285***	0.271***	0.296***	0.293***	0.285***	0.272***	0.267***
urban	0.002	-0.047	-0.023	-0.155	-0.132	-0.133	-0.141	-0.115	-0.111
water	0.306**	0.169**	0.213***	0.24***	0.24***	0.214***	0.241***	0.197***	0.096*
insurance	0.684***	0.579***	0.576***	0.616***	0.583***	0.583***	0.581***	0.576***	0.593***

说明：*、**、*** 分别表示 10%、5%、1% 显著水平。

表 7-8　　　　个体收入增长影响因素（2009 年截面分位数回归）

分位	分位回归系数								
	0.1	0.2	0.3	0.4	0.5	0.6	0.7	0.8	0.9
C	10.345***	9.954***	9.575***	9.473***	9.435***	9.569***	9.674***	9.585***	10.296***
sex_hz	-0.128	-0.109*	-0.055	-0.04	-0.062	-0.052	-0.044	-0.029	-0.011
edu_hz	-0.004	-0.002	0.002	0.002	0.001	0.001	0.000	0.002	0.003

续表

分位	分 位 回 归 系 数								
	0.1	0.2	0.3	0.4	0.5	0.6	0.7	0.8	0.9
age_hz	0.001	0.001	0.002	0.003 **	0.002 *	0.002	0.003 **	0.002 *	-0.001
marriage_hz	-0.028	-0.03	0.019	0.005	-0.03	-0.01	0.003	0.026	0.019
size_hm	-0.162 ***	-0.144 ***	-0.149 ***	-0.154 ***	-0.153 ***	-0.154 ***	-0.152 ***	-0.167 ***	-0.176 ***
sex_sef	-0.056	-0.047	-0.06 **	-0.055 **	-0.052 **	-0.046 **	-0.042	-0.041	-0.015
marriage_sef	0.002	-0.05 *	-0.064 **	-0.071 **	-0.065 *	-0.058 **	-0.046	-0.042	-0.014
edu_sef	0.044 ***	0.036 ***	0.031 ***	0.03 ***	0.029 ***	0.028 ***	0.026 ***	0.025 ***	0.017 **
age_sef	-0.05 **	-0.032 **	-0.021 **	-0.013	-0.004	-0.004	-0.006	0.001	-0.002
agesq_sef	0.457 **	0.285 **	0.189 *	0.111	0.033	0.036	0.072	0.011	0.036
gov_sef	0.279 ***	0.187 ***	0.136 **	0.104 **	0.062 *	0.029	-0.014	-0.077	-0.144 *
job_sef	0.03	0.092	0.082	0.119 *	0.137 **	0.138 **	0.193 **	0.121	0.385 *
own_house	0.391 ***	0.395 ***	0.334 ***	0.284 ***	0.281 ***	0.271 ***	0.315 ***	0.311 **	0.185 *
value_appl	0.109 ***	0.131 ***	0.132 ***	0.138 ***	0.148 ***	0.173 ***	0.187 ***	0.193 ***	0.327 ***
urban	0.125 *	0.131 **	0.088 **	0.077 **	0.078 **	0.06	0.051	0.031	0.056
water	0.176 **	0.18 **	0.201 ***	0.149 ***	0.114 ***	0.099 **	0.067 *	0.074 *	-0.012
insurance	0.061	0.083	0.152 **	0.124 **	0.081 **	0.068	0.091 *	0.145 **	0.168 **

说明：*、**、*** 分别表示10%、5%、1%显著水平。

1. 家庭特征对个体收入增长的影响

面板分位数回归和截面分位数回归均显示，户主性别、文化程度和婚姻状况对于家庭其他成员的收入增长没有显著影响，结合前文户主文化程度对家庭收入增长具有显著影响的结论，说明户主文化程度对于户主收入的增加具有显著影响，进而体现在家庭收入增长中，但户主文化程度对于家庭其他成员收入的增加没有太大帮助。

尽管户主的年龄状况对于家庭收入的增长具有显著作用，但面板分位数回归却显示，户主年龄的高低对于家庭成员收入的增长没有显著影响。面板分位数回归显示，在个体收入的20%—80%分位之间，家庭规模对于家庭成员的收入增长具有显著作用，但对那些处于收入10%分位及90%分位的个体而言，家庭人数的多少并不是其收入增长的显著性影响因素。究其原因，我们认为，对于极度贫困的家庭而言，家庭成员数的减少并不能导致家庭成员收入发生根本性变化，例如对于极度贫困家庭而言，可能都上不起学，看不起病，因此多一个家庭成员或者少一个家庭成员，并不能使得其他家庭成员的生活状况发生根本性变化,可能依旧是上不起学、看不起病,家庭生活条件依旧不能改观。同样,对于那些极度富裕的家庭而言,多一个家庭成员或少一个家庭成员对家庭其他成员收入变化的影响几乎可以忽略,不会对家庭成员的主要收入来源构成根本性的威胁或影响。对于这一点,如果采用截面分位数回归,则不能发现这一细微差异。

2. 个体特征对个体收入增长的影响

由于性别变量不具有时变性,这里应以截面分位数回归结果作为分析依据,回归结果表明,性别变量只是对中等收入群体的收入变化起显著影响,而对那些在收入20%分位及以下和70%分位及以上的群体的收入增加不起显著影响。也就是说,在中等收入群体的主要收入来源中存在明显的性别不平等,由于中等收入群体一般以工资性收入为主,可以推断,在工资性收入中存在明显的性别不平等现象。而对于那些较为贫困或相当富裕的群体,其主要收入来源则与性别无关。

同样,由于个体婚姻状况的时变性不强,这里也以截面分位数回归结果作为分析依据。从回归系数显著性上看,个体婚姻状况对于中低收入个体的收入增加具有显著影响。但对于极度贫困或相对富裕个体的收入增长没有显著影响,对于极度贫困的个体而言,其婚姻状况的改变之所以不能带来收入上的改观,其原因可能是,婚姻中的另一方也来自极度贫困的家庭,因而结婚并不能输入大量的资本性资产,同样离婚或丧偶也不会带走大量的资本性资产。对于相对富裕的个体而言,婚姻状况的改变也不能影响其主要的收入来源,因而,婚姻状况的变化对富裕个体收入的影响几乎可以忽略不计。

3. 个体人力资本对个体收入增长的影响

就个体文化程度而言,无论是面板分位数回归还是截面分位数回归,均显示受教育程度对于个体收入的增长具有绝对意义,这与已有的诸多文献的研究结论相一致。从回归系数大小上可以看出,中低收入群体的教育收益率要大于中上收入群体的教育收益率。也就是说,对于那些处于高收入的群体而言,其收入的高低更多地取决于其他因素,教育水平只是其高收入的必要条件而非充分条件。

从年龄大小对收入增长的影响上看,面板分位数回归显示,年龄大小对于不同收入水平群体的收入增长均具有显著影响,如果仅以截面分位回归而言则只会看到年龄因素只在低收入群体起影响作用，这是片面的。显然，年龄大小是个体资本积累的一种间接衡量，对于高收入群体而言，其主要收入来源并非是工资性收入，更多地来自经营性资本收入或政治资本收入，因此，年龄因素必然在这些群体中体现出来，而面板分位数回归正好可以将其反映出来。整体而言，个体收入增长中存在着年龄不平等现象。我们认为，对于影响高收入的各种因素中，那些属于积累性因素的，则其存在年龄不平等现象是自然而然的，但如果影响高收入的因素属于非积累性的，则这些因素中存在年龄不平等是不合理的。也就是说，积累性因素的不平等体现的是时间投入上的不平等，非积累性因素的不平等体现的是社会机会的不平等。例如对于经营性资本收入，由于资本积累的缘故，存在着年龄不平等现象是自然的，但如果高收入是由于非积累性因素造成的，则年龄不平等体现出的是社会机会不平等。

4. 个体社会资本对个体收入增长的影响

就个体而言，来自政府机关或企事业顶层的网络关系是最能带来收益性的社会资本。由于是否在政府机关或事业单位工作这一变量取值的时变性较小，因而借助截面分位数回归估计结果来分析。从截面分位数回归估计结果看，是否在政府或事业单位工作对于中低收入群体改善收入水平具有重要意义，对于这些群体而言，如果能进入政府或事业单位工作，则收入会有显著增加。但对于那些处于收入水平60%—80%分位的群体而言，是否在政府或事业单位工作并非是显著性影响因素，说明对处于中上收入的阶层而言，其收入来源可能来自非工作单位因素。值得注意的是，对于那些位于收入顶端（收入90%分位及以上）的群体而言，是否在政府或事业单位这一因素对于收入水平影响又呈显著影响，其原因在于，位于高收入阶层的群体，如果是在政府或事业单位工作，一般位居管理者位置，因而其收入水平较高。

事实上，从职位角度看，对于那些属于企业管理者或一把手或为政府官员的群体而言，其对于个体是否位于高收入群体具有显著影响。由于职位这一变量时变性较弱，这里以截面分位数回归结果来分析，可以看出，是否是管理者、行政官员或经理这一因素在收入40%以上分位回归系数中呈显著性影响，也就是说，此类群体一般位于较高收入水平。

5. 家庭财产和自然资本对个体收入增长的影响

从家庭财产上看，面板分位数回归和截面分位数回归均显示，住房所有权和家用电器价值均与个体收入水平具有显著相关性，也就是说，家庭财富状况对于个体的收入增长具有显著影响。对此我们认为，那些财产殷实的家庭能给予个体更多的资源和资金支持，从而有利于个体把握各种收入增长机会。从另一个角度看，那些拥有更多财富的家庭能促使其成员更多地利用各种机会，并且这种机会更多的是与资本投入有关的，具有一定的投资门槛或进入壁垒。

从家庭自然资本上看，以截面分位数回归结果看，家庭位于农村或城镇对于中低收入个体（收入50%分位及以下）的增收具有显著影响，但就中高收入群体而言，城乡因素并非是显著性影响因素，事实上，中低收入个体在农村中多为农村家庭主妇或以农业种植为主的农民，其收入增收较为困难，而城镇中低收入群体由于收入并非来源于农业，因此其收入增加的可能性或机会明显大于农村的中低收入群体。对于中等收入个体而言，在农村，其收入来源更多地来自非农收入，这样其收入增加的机会与城镇的中等收入群体相同，例如，可以通过进城务工的形式获得工资性收入，从而确保与城镇中等收入群体具有相同的收入增长机会。同样，对于那些位于高收入的群体而言，其收入来源与城乡因素基本无关。

水源类型对于不同收入群体的增收而言，面板分位数回归和截面分位数回归均显示其具有显著性影响。说明水源类型较城乡因素而言，能更多地刻画家庭所处的自然环境状况，即自然环境的不平等是导致收入不平等的一个重要影响因素。

6. 制度性因素对个体收入增长的影响

由于到2009年已有93%的个体享有医疗保险，因此，这里对于医疗制度对个体收入增长的影响不宜采用2009年的截面分位数回归结果。考虑到1989—2009年享有医疗保险人数的比重从30%上升到93%，因此这段时间医疗保险的变化是十分明显的，尽管就个体而言是否享有医疗保险的时变性较弱，但就大量个体而言，面板数据能体现出医疗保险的显著变化。基于上述情况，这里的分析采用面板分位数回归估计结果，从回归系数显著性看，是否享有医疗保险对于各收入水平的增收影响在各个收入分位上都是相当显著的。

第五节 本章小结

本章利用面板分位数回归模型和截面分位数回归模型相结合的方式，

考察了家庭禀赋对家庭人均收入增长的影响，并研究了家庭禀赋、个体人力资本和个体社会资本对个体收入增长的影响，有关描述统计和面板与截面分位数回归结果表明几点。

（1）在家庭特征上，中国家庭仍以男性户主为主，并且单身户主家庭的比重增加，特别是丧偶的户主家庭比重不断上升，原因可能在于人均寿命增加，但男女人均寿命增幅不同。中国家庭户主平均年龄提高，但家庭规模开始向小家庭化发展，2009年户均人数为3.32人。户主的平均文化程度由1989年的小学5年级水平到2009年的初中一年级水平，整体增幅不大，主要在于大量农村家庭户主的文化程度依然较低。

（2）中国家庭平均劳动力数量在下降，2009年每户平均劳动力人数为1.41人，劳动力平均文化水平从1989年的初中一年级水平提高到2009年的高中一年级水平。随着生活水平的改善，中国人的结婚比例在提高，离婚比例也在上升。个人受教育年限从1989年的6.22年提高到2009年的9.02年。

（3）家庭中有成员在政府或事业单位工作的家庭数比例在下降，但有家庭成员为政府官员或企业管理者或经理的家庭比例整体变化不大。各家庭收到的礼品价值在增加，平均礼品价值从1989年的70元增加到2009年的858元，同时收到的礼品价值差异在增大，1989年，礼品价值的标准差系数为19.2%，2009年为39.4%。20年间，中国家庭的住房条件有了很大改善，家庭财产的增幅也相当显著。

（4）家庭的主要收入来源与户主性别不具有明显的相关性，户主文化程度对于家庭收入的增长具有显著性影响，户主文化程度越高，家庭平均收入水平就越高。户主年龄对于家庭收入的增加也具有重要影响，户主婚姻状况与家庭收入水平无关，家庭小型化有助于家庭人均收入的提高。但劳动力人数对于中低收入家庭的收入增长有显著影响，对于最富裕的家庭而言，其收入水平的高低与劳动力人数无关，更可能与家庭中某个成员所从事的职业有关，例如家庭有成员为企业管理者，则其家庭人均收入水平的高低与家庭劳动力人数的多少无关。但劳动力文化水平对于各收入阶层的家庭收入增长具有显著影响。

（5）如果家庭中有成员在政府机关或事业单位工作，则凭借其政治资源，家庭收入能获得更快的增长。家庭成员中是否有成员为官员或经理或企业管理者，对于那些位于家庭收入50%分位以上的家庭的增收具有显著影响,也就是说,要想成为顶层收入家庭,则家庭成员必须要有人在政府中当官或为企业的一把手。

(6) 家庭财产的高低对于家庭的增收具有十分重要的影响,已有学者得出的房屋所有权对于家庭增收有影响这一结论是不正确的,因为房屋所有权实际上要反映出房屋价值的变化才能说明家庭收入增加了。例如,一个家庭如果一直住在自己所有的茅草屋里,显然,这种所有权并不能反映房屋价值。但如果房屋所有权发生变化,从无房到有房,这实际上反映的是家庭收入水平的变化,因此尽管房屋所有权在收入回归中呈现显著性,但房屋所有权本身不是影响因素,而是房屋价值即家庭财富对于家庭增收有显著影响。

(7) 城乡因素不是高收入家庭收入增长的障碍,但其他自然环境因素是影响各不同收入水平家庭增收的显著因素。也就是说,自然环境改善较城乡因素而言,在家庭增收中更具现实意义,更进一步,下山脱贫比城镇化更具有减贫意义。

(8) 拓宽农村医疗保险普及面和提升医疗保险水平对于农村家庭增收具有重要意义,由于医疗保险可视为一种政府提供的公共产品,因此对于农村家庭而言,政府向每位家庭提供必要的公共产品对于农民增收具有重要意义。

(9) 在个体收入增长影响因素上,户主性别、文化程度、年龄和婚姻状况对于家庭其他成员的收入增长没有显著影响。家庭人数的多少对于极度贫困的家庭而言,并不影响家庭成员的收入增长,对于极度贫困的家庭而言,由于每个个体几乎都无收入来源,因此增加或减少家庭成员显然与个体收入增长无关。同样,家庭人数的多少对于高收入家庭而言,不会影响家庭中某个成员的收入增长。也就是说,家庭人数的多少只对中等收入家庭的成员的收入增长有影响。

(10) 性别变量只是对中等收入群体的收入变化起显著影响,对于低收入个体或高收入个体而言,性别并不是其收入高低的影响因素。

(11) 个体婚姻状况对于中低收入个体的收入增加具有显著性影响,但对于极度贫困或相对富裕个体的收入增长没有显著影响,其原因在于,贫困者的结婚对象往往也是家庭不富裕的人,即所谓门当户对。对高收入个体而言,其结婚与否也不会影响其收入增长。

(12) 文化程度对不同收入层次的个体的增收均具显著性影响,并且中低收入群体的教育收益率要大于中上收入群体的教育收益率，教育水平只是高收入群体的必要条件而非充分条件，即并不是教育水平越高就一定能达到收入顶层，但要达到收入顶层，必须具备一定的教育年限，事实上，本书研究发现，处于顶层收入的企业管理者的平均受教育年限为12年。

（13）年龄大小对于不同收入水平群体的收入增长均具有显著影响，由于年龄大小是个体资本积累的一个间接衡量，因而其在不同收入水平中都起显著影响作用。由此说明，积累性因素的不平等体现的是时间投入的不平等，非积累性因素的不平等体现的是社会机会的不平等。

（14）来自政府机关或企事业顶层的网络关系是最能带来收益性的社会资本，对低收入群体而言，如能进入上述单位工作，则收入水平会得到大幅度提升。但对于那些处于收入水平60%—80%分位的群体而言，是否在政府或事业单位工作并非是显著性影响因素，即对于中上收入阶层而言，其收入来源可能来自非工作单位因素。但对于顶层收入者（90%分位及以上），由于为政府官员或企业一把手，因而其网络关系能给其带来高的收入水平。

（15）家庭财富状况对于个体的收入增长具有显著影响，财产殷实的家庭能给予个体更多的资源和资金支持，从而有利于个体把握各种收入增长机会，特别是那些具有投资门槛的机会。

（16）城乡因素是中低收入阶层增收的显著性影响因素，对高收入阶层而言，并不存在城乡壁垒，其原因在于高收入阶层的收入来源与城乡无关，例如对于企业管理者而言，企业业务遍及全国各地，相当于其利润来源实现了地域多元化，显然城乡因素的影响便不存在了。此外，由于收入来源为农业且来源单一，农村的低收入阶层增收的困难程度要大大高于城镇低收入阶层。对于城镇和农村的中等收入阶层而言，由于收入来源更多来自非农收入，因而二者的增收机会是相同的。

（17）尽管城乡因素对不同收入阶层的影响存在差异，但以水源类型为代表的自然环境对不同收入水平个体的增收均具显著性影响，因而，自然环境的不平等是收入不平等的一个重要影响因素。

第八章

中国利贫与利群增长差异影响因素的公平性

一个家庭或个体能分享到多大的经济增长成果,与其所占有的稀缺资源有关,也与其占有的资源存量有关,较高存量水平有利于资产的积累,即"成功孕育着成功":以往的成功转化为有利的初始资产存量地位,而后者又进一步促进资产的积累。对于家庭或个人的财富积累而言,资源积累效率对于家庭或个人的收入增长具有重要意义,当资源积累效率关键时,从较低的初始水平来构筑资产存量是困难的。如果资产积累过程呈现非连续性,则赶超的难度会更大,尤其是在资产必须达到最低规模的情况下。因而,很自然我们需要关注各类资本在不同的家庭或个人之间的分布状况,也就是需要关注资本的不公平性。本章在收入增长影响因素研究基础上,对于这些影响因素分布的公平性进行度量与分解。在此基础上,进一步探讨有关资本获得的机会公平性问题。

第一节 资本公平性

一 公平性测度方法

关于公平性的测度与分解的方法在第二章中已有论述,需要指出的是,这些不平等测度方法都是针对单个指标(如收入或消费等)的。从第七章的实证分析中可以看出,家庭财产、人力资本、自然资本等因素对于收入增长具有显著性影响。很显然,这些因素的分布在不同的群体中是不同的,因此有必要研究这些资本的公平性到底如何,当然也可以对这些资本的不公平程度按构成要素分解或按人口子群进行分解。对于单项指标,采用第二章的介绍方法即可进行不平等测度或分解。但对于多维指标，例如家庭财产或人力资本等都是由诸多维变量构成，由于不同变量存在量纲差异或计量单位差异，因此，采用按构成要素的方法进行不平等分解显然是行不通的，为此需要对多维测度指标进行标准化处理。就本书而言，家庭人力资本由劳动力人数、劳动力人均年龄、平均文化水平等变量构成，这些变量的计量单位互不相同，因此需要采用标准化处理。同样，家庭社会资本、家庭自然资本、个体人力资本和个体社会资本的构成变量的计量单位也彼此不同，针对这些构成变量都需要进行标准化处理。对于家庭财产指标，由于都为货币价值型变量，因此无须标准化处理，指标可以直接加总，但如果需要在不同的地区和不同的时间点上进行家庭财产的比较，则需要对这些指标进行消胀处理，CHNS 数据提供了通胀指数，因此对于家庭财产指标，这里采用 CHNS 提供的数据对家庭财产相关构成指标（家用电器价值、交通工具价值、农业机械价值）进行消胀处理，本书中，家庭财产资本还包括房屋所有权，由于所有权取值为 0 或 1，因此这里，在进行家庭财产不平等测度时，只采用消胀后的家用电器价值、交通工具价值、农业机械价值这三个指标加总后的家庭财产进行分析。

设 X_m 表示某类资本，其 n 个测度指标为 $X_m = (x_{1m}, x_{2m}, \cdots, x_{nm})$，则指标 x_{im} 的标准化为 $\hat{x}_{im} = \dfrac{x_{im} - \bar{x}_{im}}{s_{im}}$，则某类资本的测度方式为 $X_m = \sum_{i=1}^{n} w_{im} \hat{x}_{im}$，其中 w_{im} 为第 i 个指标的权重，在权重相同的情况下，则资本的测度公式为 $X_m = \sum_{i=1}^{n} \hat{x}_{im}$，这种处理方法本质上是采用主成分分析法，Filmer 和 Pritchett（2001）利用上述方法构造了物质资本指数，并研究了物质资本与儿童入学率之间的关系。显然，通过对主成分进行不平等测度，则得到相应的资本不平等测度。但我们注意到，标准化后的指标值加权和作为某类资本的测度，其平均值为零，而基尼系数、广义熵指数均要求均值不为零。显然，对于主成分的不平等测度不能应用基尼系数或广义熵指数。对此，我们从标准化的本意出发，如我们将正指标 x_{it} 的转化方式改写为 $\hat{x}_{im} = \dfrac{x_{im} - \min(x_{im})}{\max(x_{im}) - \min(x_{im})}$，对于逆指标，则采取 $\hat{x}_{im} = \dfrac{\max(x_{im}) - x_{im}}{\max(x_{im}) - \min(x_{im})}$ 的转化方式。由于权重的确定缺乏客观依据，本书对归一化后的指标采用直接加总的方式。直接加总的一个好处是，可以利用构成要素法进行不平等指数的分解,这样就可以看出某类资产构成指标对该类资产不平等程度的贡献。需要指出的是,针对多维指标的不平等测度还有待于深入研究,本书只是提出了通过标准化,然后加总再进行不平等度量的一种标准化转换思路。但这种标准化实际上得到的是一个相对指标,因此对相对指标进行直接加总,其可靠性是值得怀疑的,为此,还需换个角度进行深入研究。

在具体的不平等测度方法上,本书选取基尼系数和泰尔 - T 指数作为测度指标,其中各类资本的不平等采取对归一化后的加总指标进行不平等测度,而各分项指标采取原值进行测度。具体说明如下:

家庭人力资本不公平测度。家庭人力资本由家庭劳动力人数、劳动力人均年龄、劳动力平均文化水平三个指标构成。在指标合成上,首先对家庭劳动力人数、劳动力人均年龄、劳动力平均文化水平三个指标进行归一化处理,然后直接加总得到家庭人力资本变量,再对人力资本变量进行不平等测度,而各分项指标仍采取原值进行计算不平等程度。

家庭社会资本不公平测度。家庭社会资本由政府单位工作人数、有无行政官员或经理以及受到礼品的价值三项指标构成。首先对这三项指标进行归一化处理,然后再加总得到家庭社会资本变量。在此基础上,进行家庭社会资本不公平测度,而三个分项指标的不公平测度仍采取原值进行测度。

在家庭财产的构成指标选择上,由于房屋所有权这一指标对家庭财产的指示性较弱,为了防止该指标的引入对于家庭财产不平等测度造成较大影响,故家庭财产由家用电器价值、交通工具价值和农业机械价值构成,由于这三项指标为价值型变量,故采取直接加总的办法得到家庭财产变量,然后进行不平等计算。

家庭自然资本由城乡和水源类型两个变量构成,处理方法为进行指标归一化处理,然后加总计算不平等程度,分项指标的不平等程度由归一化后的值来计算。

二 家庭资本公平性度量与分解

1. 家庭资本公平性的度量

1989—2009 年,中国家庭之间各类资本的不平等测度与分解结果见表 8 - 1。

(1) 家庭特征均衡性。从家庭特征上看,户主性别和户主文化程度

表 8-1　不同家庭各类资本不平等测度

			基尼系数									泰尔-L						
		1989	1991	1993	1997	2000	2004	2006	2009	1989	1991	1993	1997	2000	2004	2006	2009
家庭特征	户主性别	0.862	0.874	0.866	0.861	0.874	0.868	0.867	0.868	1.979	2.070	2.011	1.975	2.071	2.022	2.012	2.021
	户主文化	0.470	0.415	0.414	0.432	0.448	0.425	0.459	0.439	0.444	0.351	0.351	0.383	0.414	0.370	0.428	0.397
	户主年龄	0.235	0.212	0.221	0.232	0.240	0.297	0.309	0.305	0.125	0.102	0.120	0.133	0.150	0.234	0.255	0.251
	户主婚姻	0.105	0.130	0.132	0.159	0.165	0.170	0.159	0.168	0.740	0.903	0.086	0.109	0.116	0.113	0.098	0.104
	家庭规模	0.254	0253	0.260	0.279	0.290	0.327	0.340	0.356	0.114	0.116	0.124	0.146	0.155	0.200	0.211	0.230
人力资本	劳动力人数	0.127	0.119	0.118	0.113	0.115	0.110	0.114	0.108	0.027	0.023	0.023	0.021	0.022	0.020	0.021	0.019
	劳均年龄	0.235	0.236	0.260	0.274	0.300	0.347	0.358	0.366	0.130	0.131	0.155	0.181	0.208	0.278	0.298	0.308
	劳动力平均文化水平	0.239	0.215	0.207	0.206	0.202	0.195	0.187	0.184	0.094	0.077	0.072	0.069	0.066	0.061	0.057	0.056
社会资本	政府等单位工作人数	0.353	0.296	0.291	0.276	0.265	0.247	0.268	0.250	0.231	0.160	0.158	0.141	0.132	0.109	0.131	0.115
	有无官员及经理	0.797	0.780	0.791	0.790	0.816	0.829	0.848	0.838	1.329	1.239	1.289	1.285	1.419	1.484	1.606	1.538
	收到礼品的价值	0.746	0.753	0.769	0.784	0.788	0.854	0.855	0.852	1.196	1.224	1.297	1.382	1.410	1.803	1.816	1.793
家庭财产	房屋所有权	0.919	0.901	0.906	0.904	0.915	0.918	0.933	0.932	2.511	2.310	2.367	2.345	2.464	2.500	2.699	2.690
	家用电器价值	0.909	0.890	0.895	0.879	0.869	0.845	0.836	0.813	2.306	2.032	2.030	1.879	1.874	1.635	1.642	1.443
	交通工具价值	0.903	0.675	0.675	0.620	0.644	0.600	0.590	0.571	2.089	0.845	0.840	0.703	0.825	0.711	0.673	0.615
	农业机械价值	0.236	0.208	0.194	0.169	0.135	0.100	0.082	0.069	0.269	0.233	0.216	0.185	0.145	0.105	0.086	0.072
		0.920	0.701	0.697	0.639	0.655	0.596	0.580	0.546	2.254	0.919	0.906	0.745	0.850	0.664	0.619	0.544
自然资本	城乡	0.931	0.774	0.862	0.906	0.898	0.919	0.915	0.893	3.119	1.838	2.282	2.577	2.383	2.729	2.586	2.167
	水源类型	0.992	0.967	0.960	0.957	0.956	0.949	0.949	0.945	4.507	3.152	2.932	2.945	3.008	2.874	2.850	2.736
制度变量	医保人数	0.627	0.603	0.615	0.547	0.553	0.534	0.517	0.501	0.862	0.800	0.831	0.667	0.681	0.636	0.601	0.568
		0.669	0.676	0.696	0.672	0.679	0.682	0.680	0.677	1.106	1.126	1.191	1.115	1.136	1.145	1.139	1.130
		0.659	0.599	0.599	0.511	0.514	0.494	0.460	0.434	1.075	0.913	0.913	0.716	0.721	0.681	0.617	0.570
		0.721	0.703	0.741	0.741	0.767	0.694	0.517	0.257	1.097	1.040	1.173	1.184	1.289	1.030	0.575	0.139

的不均衡性要高于户主年龄、户主婚姻状况和家庭规模的不均衡性。中国家庭中户主性别比例失衡，整体上以男性为主，特别在农村仍存在较严重的重男轻女现象。其主要原因在于农业以体力劳动为主，因而加强了男性在家庭中的威望与地位。尽管中国家庭户主性别比例失衡，但前文分析已经指出，家庭收入增长与户主性别无关，因此对于家庭户主的性别比例失衡不需要纳入政策关注范畴。尽管户主文化水平对于家庭其他成员收入水平没有显著影响，但对家庭收入水平却有显著影响，而户主文化水平的差异一方面较其他家庭特征的差异更为明显，另一方面从1989—2009年的户主文化水平差异的变化看，户主文化水平基尼系数并没有大幅度下降，1989年对应的户主文化程度基尼系数为0.47，到2009年也只是下降到0.439，由于我国只是从1977年开始恢复高考，并且仅从1999年才开始扩招，因此户主文化程度的失衡纠偏还需一些时日。户主婚姻不公平基尼系数显示，1989—2009年中国家庭户主的婚姻状况差异程度加大，主要原因在于离婚率有所上升。从家庭规模变化上看，1989—2009年中国家庭规模差异程度增大，1989年家庭规模基尼系数为0.254，到2009年上升到0.356。前文已有分析指出，近20年来，中国家庭的规模呈小家庭化发展态势。结合家庭规模基尼系数上升的事实，可以推断家庭规模小型化在城市中表现得更为明显，而农村则体现得相对较弱，即城市中小型家庭所占比重较农村小家庭所占比重要高。由于家庭小型化对于家庭收入增长具有显著影响，因此对于农村而言，在实施城镇化的过程中，应鼓励大家庭的小型化变革。

（2）家庭人力资本公平性。家庭人力资本基尼系数从1989年的0.127下降到2009年的0.108，从趋势上看，中国家庭人力资本均衡性在增强，考虑到中国家庭小型化趋势以及劳动力文化水平的提高，家庭人力资本基尼系数会进一步走低。从人力资本基尼系数数值看，中国家庭人力资本不公平程度也位于较低水平。

从人力资本要素看，家庭劳动力平均文化水平差异在1989—2009年一直呈下降态势，劳动力平均文化水平基尼系数从0.353下降到0.25，与中国的教育事业的发展现实相吻合。与此同时，劳动力平均年龄的差异也在缩小，劳均年龄基尼系数从0.239下降到0.184，其主要原因是由于高校扩招，包括研究生招生数量的扩招，导致进入就业市场的劳动者平均年龄提高，反映在劳动年龄基尼系数上呈下降态势。值得注意的是，劳动力人数的基尼系数在不断提高,基尼系数值从1989年的0.235上升到2009年的0.366,考虑到前文所说的中国家庭平均劳动力人数从1989年的2.13人下降到2009年的1.41人的事实,说明中国家庭中独孤或孤寡老人的家庭比重在上升,因此,从民生角度看,国家应该关注独孤或孤寡家庭的生计问题。

（3）社会资本公平性。社会资本近年来一直是学者研究的热点,但关于社会资本对于收入增长影响的研究文献并不多,谢周亮（2009）在对社会资本对于收入增长影响研究时发现,低收入组的社会资本投资收益率更高。从社会资本公平角度看,1989—2009年,中国家庭社会资本的不平等程度在上升,社会资本基尼系数从1989年的0.797上升到2009年的0.838。在这当中,家庭是否有成员在政府工作或为企业管理者这一指标的不公平程度最高,说明中国不同家庭进行政府工作或进入企业管理层的机会较少。值得注意的是,收到礼品价值的不平等程度在下降,说明20年来中国家庭之间的收受礼品情况越来越普遍,考虑到其中很多行为属贿赂范畴,间接说明经济运行中的腐败现象有所蔓延。

（4）家庭财产公平性。1989—2009年,这20年来中国家庭的家庭财产基尼系数从0.903下降到0.571,似乎家庭财富差距有所缩小,但需要指出的是,本书的家庭财产只包括家电、交通工具和农业机械的价值,对于房屋价值以及存款等财富指标并未涉及,因此这里对于家庭财产公平性的测度与实际财富的分布状况是存在一定差异的,考虑到中国家庭的财富大多体现在房屋价值和居民储蓄这两项指标上,因此本书的家庭财产的公平性测度的缺陷也是显而易见的,但由于数据的限制,这里也只能仅此分析家电、交通工具和农业机械这些总价值的变化,因此,尽管本书的家庭财产基尼系数是下降了,但并不真正说明中国家庭的财富水平更为均匀化,实际上有可能中国家庭的财富基尼系数是上升的,也就是可能出现了两极分化,但这在本书中不能有所揭示,本书的家庭财产公平性测度结果提示我们,对于考虑家庭财产或财富资本的时候,一定要选取那些在整体财富中占据重要位置的指标来计算家庭财产。例如,1989—2009年家庭电器的价值不平等程度快速下降,而交通工具价值的基尼系数和农业机械价值的基尼系数下降则较慢,说明那些价值高的物品对于财富公平度的测算具有重要影响,但由于城镇家庭不拥有农业机械,因此单以农业机械价值作为分析指标缺乏合理性,对于一个家庭而言,家电、交通工具和农业机械这三项价值之和，在整个家庭财富中所占的比例可能较低，因而会导致本书家庭财产不公平程度测算得出较大偏差。为此，本书这里就家庭财产公平性的变化不作出任何明确结论，并且在下文的家庭财产不公平分解上也不再进行分析。但由于家庭电器的不平等程度在快速下降，说明中国家庭的整体生活条件在改善，这是不容置疑的。

（5）自然资本公平性。城乡和水源类型综合起来能在一定程度上反映家庭所处自然环境的变化，整体上看，中国家庭所处的自然环境有一定改善，自然资本基尼系数从1989年的0.627下降到2009年的0.501。但从构成要素看，家庭所在地（城镇与农村）的不平等程度并没有下降，20年中，城乡基尼系数基本维持稳定，其原因，本书前面已有分析到，即中国近20年来的城市化实质上是农村家庭成员的城市化，而非农村家庭的城市化，即农村中只有部分家庭成员通过各种途径在城镇中生存扎根，而不是整个家庭从农村搬到了城市。这其中尤以高考的方式实现从农民身份向城镇居民身份转换的方式最为明显，而家庭中的其他成员则依然生活在农村。20世纪90年代后，虽然有农村富余人员进城务工，但本质上其农民身份依然未变。水源类型基尼系数从1989年的0.659下降到2006年的0.146，到2009年又快速下降到0.434，考虑到城镇基本上以自来水厂供水为主，说明20年来，中国农村的农民饮水条件得到了极大改善，也间接说明中国农村家庭的自然环境条件有所改善。

（6）医疗保障公平性。从家庭医保人数基尼系数看，20年间，中国医保保障覆盖面得到快速扩张，医保人数基尼系数从1989年的0.721下降到2009年的0.257，中国家庭得到医保的实惠程度显然不言而喻，但从医保基尼系数变动看，中国农村家庭真正得到实惠却是始于2006年以后，尤以2009年为最。

2. 家庭资本不平等的分解

由于基尼系数为政府采纳较多，这里仅就基尼系数进行子群分解。实际中，基尼系数的分解大多表示为如下形式：

$$Gini = G_B + G_B + R = \sum_{j=1}^{k} s_j f_j Gini_j + G_W + R = \sum_{j=1}^{k} S_{Gini}^k + G_W + R$$

(8.1)

式中，s_j为子群j在所测算的指标（如收入）占指标（如总收入）的比重，f_j为子群j所在人口比重，G_B、G_W、R分别为组间基尼系数、组内基尼系数和交互项,其含义和计算方法在第二章中已有论述,这里不再重复。S_{Gini}^k 为第 k 组的绝对贡献,所有组的绝对贡献之和即为组内贡献绝对额,即组内基尼系数。

这里以相对贫困线为标准,对 1989—2009 年中国家庭各类资本公平性按贫困人口与非贫困人口进行子群分解结果见表 8-2。

表 8-2　　　　　　　贫困人口与非贫困人口资本不平等分解

资本类型	年份	基尼系数 穷人	基尼系数 富人	绝对贡献 穷人	绝对贡献 富人	相对贡献(%) 穷人	相对贡献(%) 富人	基尼系数	绝对贡献 组内	绝对贡献 组间	绝对贡献 层迭	相对贡献(%) 组内	相对贡献(%) 组间	相对贡献(%) 层迭
家庭人力资本	1989	0.127	0.114	0.088	0.003	69.39	2.48	0.127	0.091	0.017	0.019	71.87	13.50	14.63
	1991	0.117	0.114	0.085	0.002	71.93	2.06	0.119	0.088	0.015	0.016	73.99	12.36	13.64
	1993	0.117	0.110	0.082	0.003	69.36	2.51	0.118	0.085	0.016	0.017	71.87	13.59	14.54
	1997	0.111	0.114	0.080	0.003	70.73	2.26	0.113	0.083	0.017	0.013	72.99	15.22	11.79
	2000	0.111	0.117	0.073	0.004	63.32	3.69	0.115	0.077	0.027	0.011	67.01	23.27	9.71
	2004	0.109	0.107	0.072	0.004	66.02	3.25	0.110	0.076	0.018	0.016	69.27	16.26	14.47
	2006	0.110	0.115	0.073	0.004	63.51	3.62	0.114	0.077	0.026	0.011	67.14	22.84	10.03
	2009	0.106	0.102	0.072	0.003	66.62	2.82	0.108	0.075	0.026	0.007	69.44	23.78	6.77
劳动力平均文化水平	1989	0.344	0.381	0.244	0.009	69.13	2.62	0.353	0.252	0.038	0.062	71.74	10.65	17.61
	1991	0.231	0.263	0.165	0.006	70.01	2.64	0.296	0.171	0.008	0.056	72.65	3.58	23.77
	1993	0.282	0.317	0.201	0.008	69.20	2.57	0.291	0.209	0.036	0.046	71.77	12.45	15.79
	1997	0.268	0.302	0.197	0.006	71.33	2.17	0.276	0.203	0.036	0.037	73.50	13.01	13.49
	2000	0.253	0.292	0.170	0.009	64.25	3.48	0.265	0.180	0.052	0.033	67.73	19.69	12.58
	2004	0.239	0.247	0.165	0.007	66.68	2.81	0.247	0.172	0.052	0.023	69.49	21.04	9.47
	2006	0.252	0.292	0.172	0.008	64.23	3.22	0.268	0.181	0.066	0.021	67.44	24.78	7.78
	2009	0.240	0.263	0.168	0.007	67.31	2.73	0.250	0.175	0.054	0.021	70.04	21.76	8.21
家庭社会资本	1989	0.765	0.940	0.620	0.004	77.78	4.90	0.797	0.624	0.156	0.017	78.27	19.64	2.09
	1991	0.750	0.928	0.621	0.003	79.61	3.70	0.780	0.624	0.145	0.011	79.99	18.60	1.41
	1993	0.762	0.922	0.601	0.008	75.99	0.95	0.791	0.609	0.135	0.048	76.94	17.00	6.05
	1997	0.765	0.910	0.615	0.006	77.83	0.77	0.790	0.621	0.137	0.032	78.60	17.39	4.01
	2000	0.781	0.944	0.602	0.007	73.73	0.83	0.816	0.608	0.197	0.011	74.56	24.15	1.29
	2004	0.799	0.949	0.630	0.006	75.98	0.68	0.829	0.636	0.199	-0.006	76.66	24.01	-0.67
	2006	0.822	0.928	0.643	0.005	75.86	0.63	0.848	0.649	0.226	-0.027	76.49	26.66	-3.15
	2009	0.813	0.930	0.640	0.006	76.37	0.74	0.838	0.646	0.196	-0.004	77.11	23.42	-0.53

续表

资本类型	年份	基尼系数 穷人	基尼系数 富人	绝对贡献 穷人	绝对贡献 富人	相对贡献(%) 穷人	相对贡献(%) 富人	基尼系数	绝对贡献 组内	绝对贡献 组间	绝对贡献 层迭	相对贡献(%) 组内	相对贡献(%) 组间	相对贡献(%) 层迭
家庭财产	1989	0.891	0.953	0.663	0.015	74.43	1.70	0.903	0.679	0.094	0.130	75.13	10.44	14.44
	1991	0.641	0.796	0.504	0.007	74.74	1.07	0.675	0.512	0.114	0.050	75.81	16.84	7.35
	1993	0.644	0.785	0.482	0.012	71.47	1.70	0.675	0.494	0.107	0.074	73.17	15.86	10.97
	1997	0.590	0.721	0.441	0.011	71.07	1.72	0.620	0.451	0.106	0.063	72.79	17.00	10.21
	2000	0.610	0.736	0.402	0.022	62.31	3.46	0.644	0.424	0.111	0.110	65.77	17.20	17.03
	2004	0.571	0.658	0.374	0.021	62.38	3.57	0.600	0.396	0.107	0.098	65.95	17.80	16.25
	2006	0.572	0.606	0.349	0.026	59.18	4.47	0.590	0.376	0.107	0.108	63.65	18.13	18.22
	2009	0.556	0.568	0.357	0.020	62.56	3.55	0.571	0.377	0.103	0.091	66.11	18.00	15.88
家庭自然资本	1989	0.581	0.819	0.443	0.010	70.61	1.61	0.627	0.453	0.114	0.060	72.22	18.21	9.56
	1991	0.572	0.750	0.433	0.012	71.78	1.92	0.603	0.444	0.074	0.084	73.70	12.32	13.98
	1993	0.575	0.785	0.419	0.015	68.16	2.44	0.615	0.434	0.086	0.095	70.59	13.97	15.43
	1997	0.521	0.659	0.372	0.015	68.03	2.75	0.547	0.387	0.058	0.102	70.79	10.53	18.69
	2000	0.512	0.680	0.331	0.024	59.85	4.30	0.553	0.355	0.091	0.107	64.15	16.46	19.39
	2004	0.496	0.548	0.311	0.027	58.22	5.03	0.534	0.338	0.071	0.125	63.25	13.30	23.45
	2006	0.471	0.541	0.279	0.032	53.90	6.17	0.517	0.311	0.084	0.122	60.08	16.31	23.62
	2009	0.463	0.617	0.288	0.026	57.44	5.13	0.501	0.313	0.073	0.114	62.56	14.64	22.80
医疗保障	1989	0.674	0.936	0.543	0.004	75.30	0.53	0.721	0.547	0.158	0.016	75.83	21.95	2.22
	1991	0.657	0.934	0.543	0.003	77.29	0.41	0.703	0.546	0.147	0.010	77.70	20.87	1.43
	1993	0.699	0.929	0.561	0.005	75.63	0.64	0.741	0.565	0.155	0.021	76.27	20.88	2.85
	1997	0.710	0.896	0.557	0.009	75.18	1.18	0.741	0.566	0.119	0.056	76.36	16.11	7.52
	2000	0.721	0.953	0.556	0.006	72.48	0.82	0.767	0.562	0.200	0.005	73.30	26.02	0.67
	2004	0.646	0.894	0.493	0.010	71.09	1.39	0.694	0.503	0.168	0.023	72.49	24.18	3.34
	2006	0.484	0.642	0.330	0.019	63.74	3.65	0.517	0.348	0.080	0.089	67.39	15.39	17.22
	2009	0.245	0.506	0.168	0.009	65.40	3.47	0.257	0.177	0.028	0.052	68.87	10.86	20.27

(1) 人力资本不平等分解

从表8-2中可以看出，在对中国家庭人力资本不平等程度的贡献上，穷人一直高于富人，例如1989年贫困人口对人力资本基尼系数的绝对贡献额为0.088，相对贡献为69.39%；而富人的绝对贡献额为0.003，相对贡献为2.48%。到2009年，这一绝对贡献额分别为0.072和0.003，对应的相对贡献分别为66.62%和2.82%，说明中国家庭人力资本的不平等更多地体现在穷人家庭间的人力资本不平等上。但从各组自身情况看，2009年贫困人口家庭间的人力资本基尼系数为0.106，仅略高于非贫困人口家庭之间的人力资本基尼系数0.102。1989—2009年，贫困人口与非贫困人口对人力资本基尼系数的绝对贡献总和（组内绝对贡献）分别为0.091和0.075，有一定程度的下降，而组间的绝对贡献从0.017上升到了0.026。从组内、组间以及层选项的相对贡献看，1989—2009年，组内人力资本不公平的相对贡献只是从71.87%略微降到69.44%，下降幅度并不大，但组间基尼系数相对贡献却从13.5%快速上升到23.78%，结合层选项相对贡献从14.63%下降到6.77%的情况，可以推断，中国贫困人口家庭与非贫困人口家庭之间的人力资本差距在加大。

由于劳动力文化水平是人力资本构成的一项重要要素，这里专门对该指标按贫困人口与非贫困人口进行了不平等分解。1989—2009年，中国贫困家庭与非贫困家庭之间的劳动力平均文化水平差距在扩大，即富裕家庭平均劳动力文化水平提高更快。家庭劳动力文化水平组间基尼系数的相对贡献从1989年的10.65%上升到2009年的21.76%，可能由于数据原因，1991年的组间基尼系数相对贡献仅为3.58%，但从其他年份的相对贡献看，这年数据的异常并不改变整体的上升趋势。此外，层选项的相对贡献也从1989年的17.61%下降到2009年的8.21%。结合二者变化，可以断定首先中国贫困家庭与非贫困家庭的劳动力平均文化水平差异在进一步扩大。从这一角度看，高考录取和大学收费政策可以针对贫困家庭作进一步的针对性研究，尤其是高考录取上可以考虑对贫困家庭学生采取降低录取分数线的政策；其次，必须注意那些贫困家庭孩子从小学到高中阶段的辍学问题，防止这些家庭的孩子中途终止学业。

（2）家庭社会资本不平等分解

从全社会看，家庭社会资本不平等程度在上升，但穷人内部和富人内部的社会资本不平等程度变化却呈相反趋势。1989—2009年，全部家庭的社会资本基尼系数从0.797上升到了0.838，其中穷人内部社会资本基尼系数从0.765上升到0.813，两者变化趋势一致，但富人内部的社会资本不平等程度比较稳定，一直在0.910与0.949之间波动，但其内部社会资本不平等程度要高于穷人。家庭社会资本组内基尼系数相对贡献从78.27%下降到77.11%，与此同时，组间基尼系数相对贡献从19.64%上升到23.42%，说明穷人与富人之间的家庭社会资本差距也在扩大。由于本书中的社会资本主要以是否有机会在政府或事业单位工作，是否为企业管理者和收到礼品价值等指标构成，因此对于贫困家庭而言，在政府或事业单位采取招考录用的方式面前仍存在一定劣势，主要是富人家庭能够提供给子女更多的学业机会。

（3）医疗保障不平等分解

正如前文分析的那样，随着医保覆盖面的扩大，组内医保基尼系数的相对贡献从1989年的75.83%下降到2009年的68.87%，与此同时，组间医保基尼系数的相对贡献也从21.95%下降到10.86%，说明无论是穷人内部还是富人内部，甚至是穷人和富人之间的医保不平等程度都在下降。事实上，1989—2009年，全社会医保基尼系数从0.721下降到0.257，与此同时，穷人内部的医保基尼系数也从0.674下降到0.245，富人内部的医保基尼系数也从0.936下降到0.306。值得注意的是，1989—2004年富人内部医保基尼系数一直维持在高位，其原因在于农村富裕家庭由于出身农村，家庭成员很难享受到城镇医保待遇，直到2006年以后，随着医保范围扩大到农村，才使得富裕家庭的医保基尼系数得到大幅度下降。

三 个体资本公平性度量与分解

1. 个体资本公平性的度量

除了家庭层面存在资本不平等外，对个体而言，也存在人力资本和社会资本方面的不平等，其度量结果见表8-3。

就个体人力资本不平等而言，1989—2009年，个体人力资本基尼系数从0.201下降到0.148，个体之间的人力资本均衡性得到加强，其中受教育年限不平等基尼系数从0.389下降到0.27，这其中得益于义务教育的普及和大学的扩招。从年龄分布看，劳动者年龄的差异程度在减小，年龄基尼系数从0.349下降到了0.221，其原因在前文已有分析，即由于高中入学率的提高和高校扩招，延迟了劳动力进入就业市场的时间，降低了劳动力市场劳动力年龄的差异程度。

在个体社会资本不平等程度上，基尼系数和泰尔-L指数均显示，个体社会资本的不平等程度在加深，其中基尼系数从1989年的0.764上升到2009年的0.85，泰尔-L指数也相应地从1.39上升到1.822。

其中，对于个体是否有机会进入工作单位方面，其基尼系数从 0.754 上升到 0.854，其原因是政府实行机构精简，导致个体进入政府或事业单位工作的概率降低。在是否有机会成为政府行政官员或企业管理者方面，即个体职位性质这一指标的公平性上，职位性质不平等基尼系数在 1989—2009 年一直维持在 0.951 与 0.962 之间波动，说明成为政府官员和企业管理者的概率没有明显变化，从另一个角度看，在中国机构精简过程当中，对领导职位的精简力度并不十分明显。

表 8 – 3　　　　　　　个体层面资本不平等程度

	年份	个体人力资本	本人受教育年限	本人年龄	个体社会资本	工作单位	职位性质
基尼系数	1989	0.201	0.389	0.349	0.764	0.754	0.962
	1991	0.199	0.356	0.341	0.775	0.769	0.956
	1993	0.191	0.337	0.326	0.788	0.785	0.958
	1997	0.180	0.312	0.307	0.799	0.801	0.951
	2000	0.171	0.285	0.288	0.812	0.807	0.955
	2004	0.155	0.272	0.237	0.847	0.860	0.945
	2006	0.149	0.287	0.219	0.852	0.857	0.954
	2009	0.148	0.270	0.221	0.850	0.854	0.953
泰尔 – L 指数	1989	0.068	0.311	0.202	1.390	1.404	3.280
	1991	0.066	0.266	0.195	1.433	1.466	3.132
	1993	0.061	0.240	0.179	1.494	1.537	3.170
	1997	0.053	0.203	0.160	1.542	1.616	3.007
	2000	0.047	0.168	0.143	1.601	1.644	3.110
	2004	0.039	0.145	0.099	1.805	1.967	2.904
	2006	0.036	0.163	0.084	1.838	1.946	3.070
	2009	0.035	0.145	0.088	1.822	1.923	3.064

2. 个体资本不平等的分解

从个体角度而言，我们更为关注的是按阶层划分后，各阶层资本公平性的变化，各阶层人力资本不平等和教育年限不平等的分解结果见表 8 – 4。

（1）个体人力资本不平等分解

阶层内部人力资本不平等。1989 年，首先农业劳动者内部的人力资

表 8-4　各阶层人力资本不平等分解

<table>
<tr><th rowspan="2"></th><th rowspan="2">阶　层</th><th colspan="9">个 体 人 力 资 本</th><th colspan="9">教 育 年 限</th></tr>
<tr><th>1989年</th><th>1991年</th><th>1993年</th><th>1997年</th><th>2000年</th><th>2004年</th><th>2006年</th><th>2009年</th><th>1989年</th><th>1991年</th><th>1993年</th><th>1997年</th><th>2000年</th><th>2004年</th><th>2006年</th><th>2009年</th></tr>
<tr><td rowspan="10">基尼系数</td><td>国家与社会管理者</td><td>0.1385</td><td>0.1261</td><td>0.1198</td><td>0.1206</td><td>0.1093</td><td>0.1125</td><td>0.1016</td><td>0.0993</td><td>0.2404</td><td>0.2169</td><td>0.2005</td><td>0.2177</td><td>0.1832</td><td>0.1457</td><td>0.1464</td><td>0.1354</td></tr>
<tr><td>企业经营者</td><td>0.1221</td><td>0.1052</td><td>0.1120</td><td>0.1213</td><td>0.1117</td><td>0.1015</td><td>0.1187</td><td>0.0856</td><td>0.2332</td><td>0.2116</td><td>0.2061</td><td>0.1476</td><td>0.2143</td><td>0.1850</td><td>0.1875</td><td>0.1681</td></tr>
<tr><td>高级专业技术人员</td><td>0.1383</td><td>0.1356</td><td>0.1394</td><td>0.1179</td><td>0.1077</td><td>0.0904</td><td>0.0853</td><td>0.0859</td><td>0.1622</td><td>0.1394</td><td>0.1469</td><td>0.1419</td><td>0.1221</td><td>0.1125</td><td>0.1023</td><td>0.1054</td></tr>
<tr><td>一般专业技术工作者</td><td>0.1519</td><td>0.1474</td><td>0.1424</td><td>0.1428</td><td>0.1296</td><td>0.1138</td><td>0.1068</td><td>0.1037</td><td>0.1752</td><td>0.1652</td><td>0.1544</td><td>0.1260</td><td>0.1358</td><td>0.1220</td><td>0.1025</td><td>0.1031</td></tr>
<tr><td>办事人员</td><td>0.1351</td><td>0.1395</td><td>0.1179</td><td>0.1159</td><td>0.1212</td><td>0.1089</td><td>0.1051</td><td>0.1089</td><td>0.2028</td><td>0.1848</td><td>0.1874</td><td>0.1525</td><td>0.1444</td><td>0.1448</td><td>0.1311</td><td>0.1402</td></tr>
<tr><td>个体工商户</td><td>0.1719</td><td>0.1322</td><td>0.1453</td><td>0.1431</td><td>0.1302</td><td>0.1434</td><td>0.1379</td><td>0.1281</td><td>0.2397</td><td>0.1970</td><td>0.1975</td><td>0.2036</td><td>0.1798</td><td>0.1602</td><td>0.1894</td><td>0.1977</td></tr>
<tr><td>商业服务人员</td><td>0.1572</td><td>0.1469</td><td>0.1439</td><td>0.1721</td><td>0.1822</td><td>0.1632</td><td>0.1435</td><td>0.1451</td><td>0.2793</td><td>0.2409</td><td>0.2103</td><td>0.2154</td><td>0.1762</td><td>0.1958</td><td>0.2103</td><td>0.2110</td></tr>
<tr><td>产业工人</td><td>0.1604</td><td>0.1626</td><td>0.1652</td><td>0.1635</td><td>0.1640</td><td>0.1413</td><td>0.1377</td><td>0.1413</td><td>0.2742</td><td>0.2328</td><td>0.2124</td><td>0.1773</td><td>0.1784</td><td>0.1704</td><td>0.1885</td><td>0.1758</td></tr>
<tr><td>农业劳动者</td><td>0.1960</td><td>0.1959</td><td>0.1855</td><td>0.1765</td><td>0.1598</td><td>0.1485</td><td>0.1404</td><td>0.1377</td><td>0.4462</td><td>0.4118</td><td>0.3866</td><td>0.3492</td><td>0.3109</td><td>0.2918</td><td>0.3119</td><td>0.2773</td></tr>
<tr><td>城乡无业/失业/半失业者</td><td>0.1216</td><td>0.1523</td><td>0.1349</td><td>0.1386</td><td>0.1339</td><td>0.1427</td><td>0.1314</td><td>0.1455</td><td>0.1371</td><td>0.4592</td><td>0.4534</td><td>0.4352</td><td>0.3449</td><td>0.2748</td><td>0.3167</td><td>0.3348</td></tr>
<tr><td rowspan="13">绝对贡献</td><td>国家与社会管理者</td><td>0.0002</td><td>0.0002</td><td>0.0002</td><td>0.0002</td><td>0.0002</td><td>0.0000</td><td>0.0000</td><td>0.0001</td><td>0.0003</td><td>0.0004</td><td>0.0004</td><td>0.0004</td><td>0.0003</td><td>0.0001</td><td>0.0001</td><td>0.0001</td></tr>
<tr><td>企业经营者</td><td>0.0000</td><td>0.0000</td><td>0.0000</td><td>0.0000</td><td>0.0001</td><td>0.0000</td><td>0.0000</td><td>0.0001</td><td>0.0000</td><td>0.0000</td><td>0.0000</td><td>0.0000</td><td>0.0000</td><td>0.0001</td><td>0.0001</td><td>0.0001</td></tr>
<tr><td>高级专业技术人员</td><td>0.0001</td><td>0.0001</td><td>0.0001</td><td>0.0001</td><td>0.0001</td><td>0.0001</td><td>0.0001</td><td>0.0002</td><td>0.0002</td><td>0.0001</td><td>0.0002</td><td>0.0001</td><td>0.0001</td><td>0.0002</td><td>0.0002</td><td>0.0003</td></tr>
<tr><td>一般专业技术工作者</td><td>0.0002</td><td>0.0002</td><td>0.0001</td><td>0.0002</td><td>0.0002</td><td>0.0002</td><td>0.0002</td><td>0.0001</td><td>0.0003</td><td>0.0003</td><td>0.0002</td><td>0.0002</td><td>0.0003</td><td>0.0002</td><td>0.0002</td><td>0.0002</td></tr>
<tr><td>办事人员</td><td>0.0000</td><td>0.0002</td><td>0.0000</td><td>0.0001</td><td>0.0001</td><td>0.0001</td><td>0.0003</td><td>0.0003</td><td>0.0004</td><td>0.0003</td><td>0.0003</td><td>0.0001</td><td>0.0001</td><td>0.0003</td><td>0.0005</td><td>0.0005</td></tr>
<tr><td>个体工商户</td><td>0.0000</td><td>0.0000</td><td>0.0002</td><td>0.0002</td><td>0.0003</td><td>0.0002</td><td>0.0002</td><td>0.0001</td><td>0.0001</td><td>0.0000</td><td>0.0000</td><td>0.0001</td><td>0.0001</td><td>0.0001</td><td>0.0002</td><td>0.0003</td></tr>
<tr><td>商业服务人员</td><td>0.0003</td><td>0.0002</td><td>0.0002</td><td>0.0002</td><td>0.0003</td><td>0.0002</td><td>0.0003</td><td>0.0005</td><td>0.0006</td><td>0.0004</td><td>0.0004</td><td>0.0003</td><td>0.0003</td><td>0.0003</td><td>0.0005</td><td>0.0008</td></tr>
<tr><td>产业工人</td><td>0.0066</td><td>0.0065</td><td>0.0063</td><td>0.0036</td><td>0.0032</td><td>0.0019</td><td>0.0024</td><td>0.0027</td><td>0.0127</td><td>0.0107</td><td>0.0093</td><td>0.0047</td><td>0.0041</td><td>0.0026</td><td>0.0037</td><td>0.0037</td></tr>
<tr><td>农业劳动者</td><td>0.0443</td><td>0.0466</td><td>0.0437</td><td>0.0420</td><td>0.0354</td><td>0.0166</td><td>0.0163</td><td>0.0159</td><td>0.0824</td><td>0.0811</td><td>0.0753</td><td>0.0685</td><td>0.0562</td><td>0.0264</td><td>0.0283</td><td>0.0254</td></tr>
<tr><td>城乡无业/失业/半失业者</td><td>0.0000</td><td>0.0001</td><td>0.0000</td><td>0.0001</td><td>0.0001</td><td>0.0011</td><td>0.0009</td><td>0.0006</td><td>0.0000</td><td>0.0001</td><td>0.0001</td><td>0.0001</td><td>0.0002</td><td>0.0017</td><td>0.0016</td><td>0.0010</td></tr>
<tr><td>组内</td><td>0.0519</td><td>0.0542</td><td>0.0508</td><td>0.0465</td><td>0.0397</td><td>0.0203</td><td>0.0207</td><td>0.0204</td><td>0.0970</td><td>0.0935</td><td>0.0861</td><td>0.0749</td><td>0.0621</td><td>0.032</td><td>0.0355</td><td>0.0323</td></tr>
<tr><td>组间</td><td>0.1875</td><td>0.1687</td><td>0.1712</td><td>0.1859</td><td>0.1981</td><td>0.2802</td><td>0.2286</td><td>0.2261</td><td>0.2787</td><td>0.2564</td><td>0.2587</td><td>0.2805</td><td>0.2910</td><td>0.3688</td><td>0.3340</td><td>0.3274</td></tr>
<tr><td>层迭</td><td>-0.0384</td><td>-0.0237</td><td>-0.0306</td><td>-0.0521</td><td>-0.0672</td><td>-0.1456</td><td>-0.1000</td><td>-0.0985</td><td>0.0128</td><td>0.0061</td><td>-0.0081</td><td>-0.0433</td><td>-0.0677</td><td>-0.1290</td><td>-0.0828</td><td>-0.0895</td></tr>
</table>

续表

	阶 层	个体人力资本								教育年限							
		1989年	1991年	1993年	1997年	2000年	2004年	2006年	2009年	1989年	1991年	1993年	1997年	2000年	2004年	2006年	2009年
相对贡献(%)	国家与社会管理者	0.09	0.11	0.10	0.12	0.09	0.03	0.03	0.04	0.09	0.12	0.11	0.14	0.11	0.03	0.03	0.04
	企业经营者	0.00	0.00	0.00	0.00	0.00	0.04	0.03	0.02	0.00	0.00	0.01	0.00	0.00	0.05	0.03	0.03
	高级专业技术人员	0.06	0.05	0.06	0.05	0.05	0.10	0.10	0.12	0.05	0.04	0.05	0.04	0.05	0.09	0.08	0.11
	一般专业技术工作者	0.10	0.10	0.07	0.09	0.09	0.09	0.11	0.18	0.09	0.08	0.06	0.06	0.08	0.08	0.08	0.08
	办事人员	0.11	0.10	0.08	0.11	0.12	0.11	0.18	0.11	0.10	0.09	0.09	0.11	0.12	0.12	0.17	0.18
	个体工商户	0.02	0.00	0.01	0.05	0.05	0.05	0.11	0.33	0.01	0.00	0.01	0.05	0.04	0.04	0.08	0.09
	商业服务人员	0.15	0.12	0.11	0.10	0.16	0.12	0.20	1.80	0.15	0.12	0.11	0.09	0.11	0.10	0.18	0.30
	产业工人	3.28	3.29	3.28	1.98	1.86	1.20	1.62	10.71	3.26	2.99	2.76	1.51	1.45	0.97	1.29	1.35
	农业劳动者	22.02	23.40	22.81	23.28	20.77	10.70	10.93	0.38	21.22	22.78	22.36	21.96	19.71	9.71	9.86	9.42
	城乡无业/失业/半失业者	0.00	0.03	0.02	0.03	0.05	0.69	0.57	13.79	0.00	0.03	0.03	0.04	0.07	0.62	0.57	0.37
	组内	25.83	27.20	26.56	25.81	23.26	13.13	13.88	152.80	24.98	26.26	25.58	24.00	21.75	11.81	12.38	11.96
	组间	93.30	84.69	89.42	103.09	116.14	180.85	153.09	-66.60	71.73	72.01	76.83	89.87	101.98	135.61	116.40	121.18
	层选	-19.12	-11.89	-15.98	-28.90	-39.40	-93.98	-66.90	3.29	1.73	-2.42	-13.87	-23.74	-47.42	-28.87	-33.14

本不平等基尼系数为 0.196，是 10 个阶层中人力资本不平等程度最高的阶层，其次为个体工商户，其内部的人力资本不平等程度基尼系数为 0.1719，城乡无业（失业、半失业）者阶层的内部人力资本差异程度最小，其内部人力资本基尼系数为 0.1216。从时间变化看，1989—2009 年，10 个阶层中只有城乡无业（失业、半失业）者阶层的内部人力资本不平等程度上升，其人力资本基尼系数从 0.1216 上升到 0.1455，其他 9 个阶层内部的人力资本差异程度在进一步缩小。到 2009 年，人力资本内部不平等最高的阶层排在第一位的为城乡无业（失业、半失业）者，第二位的为商业服务人员，排在第三位的为产业工人，而国家与社会管理者阶层、高级专业技术人员阶层和企业经营者阶层属于内部人力资本不平等程度最小的 3 个社会阶层。

各阶层对人力资本不平等的贡献方面，1989 年，对于人力资本不平等绝对贡献最大的 3 个阶层依次分别为农业劳动者、产业工人和商业服务人员，绝对贡献额分别为 0.0443、0.0066 和 0.0003，对应的相对贡献分别为 22.02%、3.28% 和 0.15%。到 2009 年，人力资本不平等绝对贡献最大的前 3 个阶层依次为农业劳动者、产业工人和城乡无业（失业、半失业）者，商业服务人员则退居至第四位，对应的相对贡献分别为 10.71%、1.8%、0.38% 和 0.33%。也就是说 20 年中，中国社会阶层中，农业劳动者和产业工人的人力资本状况并没有得到显著改变，在各阶层中依然处于劣势，由于年长的农业劳动者或产业工人大多文化水平较低，而年轻的农业劳动者多数以小学文化或初中文化水平为主，并且往往是家庭人数多的农村家庭其劳动力受教育水平更低，因此，农业劳动者之间的人力资本水平差距一直难以缩小。

此外，我们发现，1989—2009 年，尽管全部劳动者的人力资本基尼系数从 0.201 下降到 0.148，而且组内不平等绝对贡献从 0.0519 下降到了 0.0204，但组间的人力资本不平等程度却在加深，组间不平等绝对贡献额从 1989 年的 0.1875 上升到 2009 年的 0.2261。相对贡献也显示，组内不平等的相对贡献从 25.83% 下降到 13.79%，组间不平等的相对贡献则从 93.3% 上升到 152.8%。综合来看，尽管人力资本基尼系数整体上有所下降，但各阶层间的人力资本差距却在加大。

阶层内部教育年限不平等方面，1989 年，各阶层内部教育不公平程度最大的分别是农业劳动者、商业服务人员和产业工人，一般专业技术工作者、高级专业技术人员和城乡无业（失业、半失业）者为3个阶层内部人力资本差距最小的阶层。到2009年，城乡无业（失业、半失业）者、农业劳动者和商业服务人员这3个阶层成为内部教育程度不公平最大的阶层。令人感到很意外的是，城乡无业（失业、半失业）者成为内部受教育程度最不公平的阶层，其实际原因，我们认为是，20年来，一方面随着教育的普及，年轻劳动力的文化水平普遍提高，另一方面则说明，由于就业问题，部分受教育程度较高的劳动者群体也加入到了失业群体中，如果1989年劳动者失业是因为文化水平较低，其失业形态更多地表现为非自愿性失业，那么近年来的失业问题既有经济方面的原因，也有劳动者自身因素，即既存在非自愿性失业，也存在自愿性失业。

各阶层对教育年限不平等的贡献方面，尽管组内教育年限不平等的相对贡献从1989年的24.98%下降到2009年的11.96%，但组间教育年限不平等的相对贡献却从71.73%上升到121.18%，其不平等绝对贡献也从0.2787上升到0.3274。尽管整体上，劳动者之间的受教育年限不平等基尼系数从1989年的0.389下降到2009年的0.27，但这主要是由于各阶层内部的教育年限不平等程度的下降，而实际上各阶层之间的受教育年限的差距是在扩大的。从这个角度看，小学或初中的义务教育使得农业劳动者、商业服务人员和产业工人内部的文化水平差异在缩小，从表8-5可以明显看出，这3个阶层的平均受教育年限20年中增加了2.3年左右，而与此同时，国家与社会管理者、高级专业技术人员、一般专业技术工作者的受教育年限提高到15年左右，平均提高了3.2年左右。

表8-5　　　　　各阶层平均受教育年限　　　　　单位：年

阶层	1989年	1991年	1993年	1997年	2000年	2004年	2006年	2009年
国家与社会管理者	9.87	10.63	11.78	11.30	12.81	14.26	14.56	14.94
企业经营者	7.46	8.80	8.58	10.29	9.58	12.12	12.22	11.88
高级专业技术人员	14.82	15.54	15.20	14.42	14.56	15.09	15.77	16.00
一般专业技术工作者	12.11	12.53	12.65	12.56	13.62	14.20	15.54	15.50
办事人员	9.57	10.10	10.40	11.81	12.46	13.58	14.62	13.93
个体工商户	7.17	7.95	7.63	8.28	8.98	8.74	8.55	8.77
商业服务人员	7.06	7.58	8.25	8.27	9.17	9.74	9.96	9.72
产业工人	7.17	7.79	8.07	8.60	8.97	9.59	9.43	9.35
农业劳动者	4.60	5.00	5.28	5.58	6.09	6.44	6.36	6.60

续表

阶 层	1989年	1991年	1993年	1997年	2000年	2004年	2006年	2009年
城乡无业（失业、半失业）者	4.62	4.98	5.08	4.88	6.78	6.65	6.72	6.37
总平均	6.26	6.68	6.97	7.27	7.91	8.61	8.84	8.97

（2）个体社会资本不平等分解

各阶层社会资本不平等分解结果见表8-6。

表8-6　　　　各阶层社会资本不平等分解

	阶 层	1989年	1991年	1993年	1997年	2000年	2004年	2006年	2009年
基尼系数	国家与社会管理者	0.0809	0.1046	0.1011	0.1375	0.0938	0.0000	0.0000	0.0000
	企业经营者	0.0000	0.0000	0.0000	0.0000	0.0000	0.0000	0.0000	0.0000
	高级专业技术人员	0.1264	0.0833	0.1358	0.1392	0.1021	0.1850	0.1907	0.1712
	一般专业技术工作者	0.2023	0.1968	0.1897	0.1803	0.1418	0.2935	0.2251	0.2857
	办事人员	0.3223	0.2967	0.3250	0.3033	0.3096	0.4579	0.4783	0.5154
	个体工商户	0.9727	0.0000	0.9789	0.0000	0.9746	0.0000	0.0000	0.9950
	商业服务人员	0.5424	0.5275	0.5632	0.5954	0.7981	0.9412	0.9321	0.9040
	产业工人	0.5092	0.5010	0.5340	0.5859	0.7020	0.9541	0.9630	0.9313
	农业劳动者	0.9955	0.9995	0.9997	0.9983	0.9963	0.9985	0.9984	0.9990
	城乡无业/失业/半失业/者	0.5714	0.7619	0.8947	0.8000	0.9500	0.0000	0.9375	0.0000
绝对贡献	国家与社会管理者	0.0005	0.0009	0.0008	0.0015	0.0009	0.0000	0.0000	0.0000
	企业经营者	0.0000	0.0000	0.0000	0.0000	0.0000	0.0000	0.0000	0.0000
	高级专业技术人员	0.0002	0.0001	0.0002	0.0003	0.0004	0.0016	0.0015	0.0016
	一般专业技术工作者	0.0007	0.0006	0.0005	0.0007	0.0007	0.0019	0.0017	0.0017
	办事人员	0.0012	0.0010	0.0010	0.0016	0.0019	0.0031	0.0043	0.0039
	个体工商户	0.0000	0.0000	0.0000	0.0000	0.0001	0.0000	0.0000	0.0000
	商业服务人员	0.0019	0.0015	0.0015	0.0014	0.0013	0.0006	0.0012	0.0024
	产业工人	0.0400	0.0383	0.0396	0.0267	0.0215	0.0054	0.0051	0.0092
	农业劳动者	0.0039	0.0005	0.0003	0.0018	0.0039	0.0016	0.0015	0.0009
	城乡无业/失业/半失业/者	0.0000	0.0000	0.0000	0.0000	0.0000	0.0000	0.0000	0.0000
	组内	0.0484	0.0429	0.0439	0.0339	0.0307	0.0143	0.0153	0.0197
	组间	0.6924	0.7065	0.7234	0.7483	0.778	0.8676	0.8379	0.8383
	层迭	0.0235	0.0258	0.0211	0.0170	0.0030	-0.0349	-0.0011	-0.0081

续表

	阶　　层	1989年	1991年	1993年	1997年	2000年	2004年	2006年	2009年
相对贡献(%)	国家与社会管理者	0.07	0.11	0.10	0.19	0.11	0.00	0.00	0.00
	企业经营者	0.00	0.00	0.00	0.00	0.00	0.00	0.00	0.00
	高级专业技术人员	0.03	0.02	0.03	0.03	0.05	0.19	0.18	0.19
	一般专业技术工作者	0.09	0.08	0.06	0.08	0.09	0.22	0.20	0.20
	办事人员	0.16	0.13	0.13	0.20	0.24	0.36	0.50	0.46
	个体工商户	0.00	0.00	0.00	0.00	0.01	0.00	0.00	0.01
	商业服务人员	0.25	0.19	0.19	0.17	0.17	0.07	0.14	0.28
	产业工人	5.23	4.94	5.03	3.34	2.64	0.64	0.59	1.08
	农业劳动者	0.50	0.06	0.04	0.22	0.48	0.19	0.18	0.11
	城乡无业/失业/半失业/者	0.00	0.00	0.00	0.00	0.00	0.00	0.00	0.00
	组内	6.33	5.54	5.57	4.24	3.79	1.69	1.80	2.32
	组间	90.59	91.14	91.76	93.63	95.84	102.44	98.33	98.63
	层迭	3.08	3.32	2.67	2.12	0.37	-4.12	-0.13	-0.90

阶层内部社会资本不平等方面，1989年，内部社会资本不公平程度最高的3个阶层依次为农业劳动者、个体工商户和商业服务人员，需要指出的是，尽管城乡无业（失业、半失业）者内部的社会资本不平等程度很高，但由于1989年该阶层的样本量只有13个，因而还不能断定该阶层内部的社会资本不平等程度的高低。1989年，高级专业技术人员、国家与社会管理者和企业经营者属于3个内部社会资本比较均匀的阶层。整体上看，弱势阶层的内部社会资本差异程度较大。2009年，农业劳动者、个体工商户、产业工人和商业服务人员4个阶层内部的差异程度较大。城乡无业（失业、半失业）者、国家与社会管理者和企业经营者成为3个内部社会资本不平等程度最低的阶层，很显然，城乡无业（失业、半失业）者内部个体几乎不拥有任何社会资本，大量的社会资本掌握在国家与社会管理者和企业经营者手中。

各阶层对社会资本不平等的贡献方面，1989年，各阶层中对社会资本不平等贡献最大的是产业工人、农业劳动者和商业服务人员，3个阶层对社会资本不公平的相对贡献合计达到5.98%，到2009年，产业工人、办事人员和商业服务人员成为对社会资本不公平影响最大的3个阶层，合计相对贡献达到1.82%。显然产业工人、办事人员和商业人员内部开始出现一定的分层。值得注意的是，社会资本组内基尼系数所占比重并不高，1989年，10个阶层对社会资本不平等的相对贡献（组内相对贡献）为6.33%，到2009年进一步降为2.32%。而社会阶层之间的社会不平等程度却在进一步加深，社会资本组间基尼系数相对贡献由1989年的90.59%上升到2009年的98.63%。综合来看，1989—2009年，中国社会资本不平等更多地体现为不同阶层之间的社会资本不平等，并且这一差距在进一步扩大。

第二节 机会公平性

一 机会公平测度方法

自从Roemer（1998）提出机会不平等概念后，关于不平等的研究视角延伸到机会不平等的测度与分解上。机会不平等测度的方法与不平等测度的方法相类似，主要有指数法和回归法两种，以下就两种方法分别进行简单阐述。

1. 指数法

（1）机会不平等指数

Lefranc等（2008）通过随机占优分析，提出了机会不平等基尼指数，其思路是，按照环境变量进行环境类型划分，将个体划分到相应的环境类型中，然后比较各类环境中个体的收入水平，构建相应的机会不平等指数如下：

$$GO(X) = \frac{1}{\mu}\sum_{i=1}^{k}\sum_{j>i}\left[p_i p_j |\mu_j(1-G_j) - \mu_i(1-G_i)|\right]$$

$$= \frac{1}{2\mu}\sum_{i=1}^{k}\sum_{j=1}^{k}\left[p_i p_j |\mu_j(1-G_j) - \mu_i(1-G_i)|\right] \quad (8.2)$$

式中，$GO(X)$为机会不公平指数，p_i为某类环境下的个体占总体的比重，μ_i、G_i分别为第i类环境下该类群体的收入均值和收入基尼系数，μ为所有个体的收入均值。显然，机会不平等的计算与基尼系数的计算类似，但其值小于基尼系数（Lefranc，2008）。从构造思路看，该方法难点在于环境类型的划分，显然，环境变量越多，则相同环境类型的划分越困难。事实上，Lefranc（2008）在其研究论文中，也只是针对按单个环境变量（受教育年限）进行了环境划分。但该方法的好处是，如果只研究特定的群体分类，如按职业分类，则可以进行群体间的机会不公平分解。对于给定的机会不平等指数，其子群分解如下：

$$GO(X) = GO^W + GO^B + R$$
$$= \frac{1}{\mu}\sum_{i=1}^{k}\sum_{j>i}p_ip_j|\mu_i-\mu_j| + \sum_{i=1}^{k}\sum_{j>i}p_ip_j|G_i-G_j|$$
$$+ \frac{1}{\mu}\sum_{i=1}^{k}\sum_{j>i}p_ip_j|G_i(\mu_i-\mu)-G_j(\mu_j-\mu)| \quad (8.3)$$

（2）人类机会指数

de Barros 等（2009）提出用人类机会指数（Human Opportunity Index，HOI）测度机会不平等。人类机会指数由两部分构成，一部分是基本机会的覆盖面，即个体的平均机会，假如 100 个个体有某种机会需要，而该机会能覆盖的个体数只有 10 个，则每个个体获得该机会的平均概率为 10%，即机会覆盖率为 10%，所谓的基本机会是指一系列商品或服务的子集，如教育、安全饮水、免疫等与个体收入增长密切相关的基本商品或服务。人类机会指数的第二个构成成分是这些均等的机会如何分布的，即实际的机会覆盖分布是否与外部环境有关。人类机会指数计算公式如下：

$$HOI = \bar{p}(1-D) \quad (8.4)$$

式中，$\bar{p}$ 为基本机会的覆盖率，即平均机会，$\bar{p} = \sum_{j=1}^{n}w_jp_j$，其中 w_j 为第 j 类群体的人口比重，对于个体而言，$w_j = \frac{1}{n}$，p_j 为第 j 类群体的机会获得率，例如，以医疗保障而言，假如有 A、B、C 三类群体，各类人口数分别为 50、100、200 人，享有的医保人数分别为 30、20、20 人，则 p_A、p_B、p_C 分别为 60%、20% 和 10%。D（$0 \leq D \leq 1$）为差别指数（Dissimilarity Index），即 D 指数。从公式 8.4 可以看出，人类机会指数的本质含义是假如只有一个机会，每个个体能获得该机会的概率。显然 $HOI = 1$，即 100% 的人都获得了机会，此种情形下，机会是均等的。当 $HOI = 0$，即没有任何人获得机会，此种情形下，机会也是均等的。只有机会指数在 0 和 1 之间，表明机会是不均等的。D 指数的计算公式为：

$$D = \frac{1}{2\bar{p}}\sum_{j=1}^{n}w_j|p_j-\bar{p}| \quad (8.5)$$

从人类机会指数的计算方式可以看出,需要估计个体的机会获得率 p_i,具体做法是:

第一步,采用 Logistic 回归模型:

$$P = \frac{\exp(\beta_0 + \sum_{k=1}^{m} x_{ki}\beta_k)}{1 + \exp(\beta_0 + \sum_{k=1}^{m} x_{ki}\beta_k)} \quad (8.6)$$

估计个体获得某种机会的概率 p_i,其中 x_{ki} 为环境变量。

第二步,计算平均机会 $\bar{p} = \sum_{j=1}^{n} w_j \hat{p}_j$,这里 w_j 为第 j 类群体的人口比重,若为个体,则 $w_j = \frac{1}{n}$。

第三步,计算差别指数 $D = \frac{1}{2\bar{p}} \sum_{j=1}^{n} w_i |\hat{p}_j - \bar{p}|$。

第四步,计算人类机会指数 $HOI = \bar{p}(1 - D)$ (Molinas et al., 2010)。

通过以上计算,就可以计算出某种机会指数,如果某种机会需要从多个维度去考虑,则需要对这些维度分别计算机会指数,然后进行简单平均得到综合机会指数(Overall Human Opportunity Index)。事实上,差别指数已经指明了机会不平等程度,并且差别指数越大,表明机会不平等程度越大,因此研究差别指数也很直观。

从机会不平等指数与人类机会指数的构建思路可以看出,两种方法实际上是互补的,机会不平等指数适用于连续变量或二分变量的机会不公平测度,人类机会指数则适用于二分类变量的机会不公平测度。但人类机会指数较机会不公平指数的一个显著优点是,人类机会指数可以明确地指出某类群体的机会指数为多大,而这在机会不平等指数中并不能有所揭示,机会不平等只能揭示群体间或群体内的机会不平等程度有多大,但并不能给出各群体的机会指数。事实上,对于连续变量而言,可以通过研究需要将连续变量转换为二分变量,然后再进行该变量的机会指数测算。

2. 回归法

由于环境类型的变量选择存在诸多争议,其划分标准也存在诸多困难,学者转而寻求回归角度的机会不平等测度方法,由于回归法对于环境变量的选择个数没有限制,也不存在环境类型划分的问题,因此其优越性显而易见。个人收入水平受两种因素的影响，第一类因素是努力水平，第二类因素是环境变量等非努力因素。即个体收入函数可表示为：

$$y_i = f(C_i, E_i, \varepsilon_i) \tag{8.7}$$

其中 C_i、E_i 分别为个体 i 的环境变量和个人努力变量，且 $E_i = E(C_i, v_i)$，即个人努力水平与所处的环境有关，ε_i、v_i 为随机性因素。

机会平等主义者认为，只有那些因环境等非努力因素不同而造成的收入不平等才是有害的，那些非环境因素（努力水平）造成的收入不平等则是无害的，不应成为政策关注的重点。为了关注因环境不同而造成的收入不平等，我们需要通过比较实际收入（actual income）的不平等程度 $I(y^a)$ 与非环境因素的反事实收入（counterfactual income）不平等程度 $I(y^c)$ 的差异，或者直接计算非努力程度因素情况下的收入不平等程度 $I(y^e)$，则 $I(y^a) - I(y^c)$ 或 $I(y^e)$ 即为机会不平等的测度（Ramos，2009）。在收入函数形式上，Bourguignon 等（2007）采用了对数线性收入函数模型：

$$\ln y_i = C_i\alpha + E_i\beta + \mu_i, \mu_i \perp C_i \tag{8.8}$$

$$E_i = BC_i + v_i, v_i \perp C_i \tag{8.9}$$

由此得到：

$$\ln y_i = C_i(\alpha + \beta B) + v_i\beta + \mu_i = C_i\psi + \varepsilon_i \tag{8.10}$$

估计上式得到估计参数，进而可求得反事实收入 $\tilde{y}_i = \exp(\bar{C}_i\hat{\psi} + \hat{\varepsilon}_i)$。则机会不平等为 $I(y) - I(\tilde{y})$，机会不平等对收入不平等的贡献（机会不平等总效应）为：

$$\Theta_I = \frac{I(y) - I(\tilde{y})}{I(y)} \tag{8.11}$$

该总效应包括直接效应和间接效应。设：

$$y_i^d = \bar{C}_i\hat{\alpha} + E_i\hat{\beta} + \hat{\mu}_i = \bar{C}_i\hat{\alpha} + (\hat{B}\bar{C}_i + \hat{v}_i)\hat{\beta} + \hat{\mu}_i \tag{8.12}$$

则机会不平等的直接效应为：

$$\Theta_I^d = \frac{I(y^d)}{I(y)} \tag{8.13}$$

机会不平等间接效应为：

$$\Theta_I^{ind} = \Theta_I - \Theta_I^d = \frac{I(y) - I(\tilde{y}) - I(y^d)}{I(y)} \tag{8.14}$$

Ferreira 和 Gignoix（2011）提出用反事实收入的方差和实际收入的方差比作为机会不平等的测度，即 $IOP = \dfrac{\text{var}(\tilde{y})}{\text{var}(y)} = \dfrac{\text{var}(\bar{C_i}\psi)}{\text{var}(y)}$，并且指出方程的因变量并不一定是收入，也可以是其他变量，针对不同的因变量可以采取相应的回归方程，从而可以测算不同经济变量的机会不平等。Ferreira 和 Gignoix（2011）的机会不平等指数的一个很大优点是可以将环境变量对机会不平等的绝对贡献分离出来，并且贡献的总和即为机会不平等指数，即

$$IOP = [\text{var}(y)] - 1 \left[\sum_j \psi_j^2 \text{var} C_j + \frac{1}{2} \sum_k \sum_k \psi_k \psi_j \text{cov}(C_k, C_j) \right]$$

$$= \sum_j IOP_j = \sum_j \left\{ [\text{var}(y)]^{-1} \left[\psi_j^2 \text{var} C_j + \frac{1}{2} \sum_k \psi_k \psi_j \text{cov}(C_k, C_j) \right] \right\}$$

(8.15)

综合来看，Lefranc（2008）的机会指数法显然有其直观的优点，但也存在两个缺点：一是环境类型的划分与环境变量的选择密切相关，而环境变量选择的不同意味着环境类型的划分不同，从研究角度看，环境类型的划分就缺乏一定的标准性，不同的学者可以选取不同的环境变量，从而使得研究缺乏可比性；二是该指标只能反映不同环境类型下的机会不平等程度，不能反映各类环境下机会程度的绝对度量，即机会程度到底有多大。de Barros（2009）的人类机会指数能明确指出各类群体的机会指数，即可以直观地看出各类群体的机会大小程度，并且在此基础上，可以进一步对机会不平等进行度量和分解。但人类机会指数在计算过程中，需要借助 Logistic 回归模型以计算个体机会概率，因此其模型的选择至关重要，即模型的计量问题都将引起机会指数的测度偏差。采用回归法进行机会不平等测度，由于采用的是测算反事实收入分布与实际收入分布两个指标的不公平程度，并进而计算机会不平等，因此采用回归法进行收入分布拟合时，对于方程的形式和环境自变量个数没有任何限制，这是其主要的优点，并且由于环境变量属于客观变量，因此其系数估计是无偏的，从而测算出的机会不平等指数较为合理。但由于对于环境变量的个数没有限制，随着环境变量个数的变化，同样的环境变量对于机会不平等的贡献是变化的，这显然使得研究缺乏可比性。此外，回归法也不能直接测定某个群体的机会程度到底有多大。

二　机会公平测度结果

由于 Ferreira 和 Gignoix（2011）的机会不平等测度可以依据环境变量进行机会不平等分解，因此，这里采用 Ferreira 和 Gignoix（2011）的方法进行研究。环境变量选择户主性别、户主职业、户主文化程度、户主婚姻、家庭规模、家庭人均收入和家庭所在地 7 个变量。在具体机会种类即机会变量选择方面，本书选取高等教育机会公平性、政府工作机会公平性（是否在政府事业单位工作）、医疗机会公平性（是否有医保）进行研究。其中，高等教育公平性选择当年 19—27 岁的个体作为样本进行研究，具体见表 8 - 7。

表 8 - 7　　　　　　　机会公平性环境变量与机会变量

环境变量	取　值	机会变量	取　值
户主职业	是否是国家与社会管理者或企业经营者，1 = 是，0 = 否	高等教育	19—27 岁时最高学历是否为大专及以上，1 = 是，0 = 否
户主文化程度	户主受教育年限	政府工作	是否在政府或事业单位工作，1 = 是，0 = 否
户主婚姻	1 = 已婚，0 = 其他	医疗保障	1 = 有，0 = 无
家庭规模	家庭总人数		
家庭人均收入	总收入/家庭规模		
家庭所在地	1 = 城镇，0 = 农村		
本人性别	1 = 男，0 = 女		

采用回归法对 1989—2009 年中国的机会不平等度量，结果见表 8 - 8。

1. 高等教育机会不平等指数

1989—2009 年，中国高等教育机会不平等程度逐步走低（见图 8 - 1），1989 年高等教育机会不平等指数为 0.5359，到 2009 年下降到 0.3478。也就是说，对于任何适龄人口而言，不考虑其家庭背景或所处自然环境如何，只要肯积极努力，还是有同等机会进入高等学府进行深造的。但如果考虑个人所处的家庭环境不同，其进入高等学府的机会还是存在差异的，即家庭环境因素一直在影响着个人接受高等教育的机会。从环境因素对高等教育机会不平等影响程度看，1989 年，对高等教育机会不平等影响最大的因素为城乡因素和户主职业因素，其中城乡因素对高等教育机会不平等指数的相对贡献达 74.08%，说明那些地处农村，自然环境

第八章 中国利贫与利群增长差异影响因素的公平性

表8-8 机会不平等指数及分解

年份 贡献水平	1989年 绝对贡献	1989年 相对贡献(%)	1991年 绝对贡献	1991年 相对贡献(%)	1993年 绝对贡献	1993年 相对贡献(%)	1997年 绝对贡献	1997年 相对贡献(%)	2000年 绝对贡献	2000年 相对贡献(%)	2004年 绝对贡献	2004年 相对贡献(%)	2006年 绝对贡献	2006年 相对贡献(%)	2009年 绝对贡献	2009年 相对贡献(%)
高等教育机会																
户主职业	0.0644	12.02	0.1409	29.41	0.0849	22.59	0.1361	25.96	0.0204	5.58	0.0462	14.65	0.1153	32.04	0.0881	25.33
户主文化程度	0.0237	4.43	0.0053	1.10	0.0040	1.08	0.0018	0.35	0.0002	0.06	0.0021	0.67	0.0078	2.17	0.0082	2.37
户主婚姻	0.0206	3.85	0.0167	3.49	0.0002	0.05	0.0048	0.92	0.0028	0.77	0.0012	0.39	0.0044	1.21	0.0009	0.25
家庭规模	0.0038	0.70	0.0301	6.28	0.0113	3.00	0.0290	5.52	0.0278	7.62	0.0534	16.92	0.1039	28.86	0.1295	37.23
家庭人均收入	0.0224	4.17	0.0497	10.38	0.0515	13.72	0.0587	11.19	0.0431	11.81	0.0095	3.00	0.0381	10.57	0.0020	0.56
家庭所在地	0.3970	74.08	0.2355	49.13	0.2230	59.34	0.2878	54.89	0.2390	65.50	0.1905	60.37	0.0903	25.08	0.1050	30.19
本人性别	0.0040	0.75	0.0010	0.22	0.0009	0.23	0.0061	1.17	0.0315	8.65	0.0126	4.00	0.0003	0.07	0.0142	4.07
机会不平等指数	0.5359		0.4792		0.3758		0.5244		0.3648		0.3156		0.3599		0.3478	
政府工作机会																
户主职业	0.0468	10.72	0.0646	14.25	0.0661	14.49	0.0822	15.77	0.0915	18.09	0.0840	16.15	0.1078	21.01	0.0913	17.90
户主文化程度	0.0260	5.94	0.0312	6.89	0.0354	7.77	0.0359	6.89	0.0470	9.29	0.0735	14.12	0.0947	18.45	0.0915	17.94
户主婚姻	0.0098	2.25	0.0104	2.30	0.0125	2.74	0.0116	2.23	0.0146	2.88	0.0170	3.27	0.0191	3.72	0.0214	4.19
家庭规模	0.0178	4.07	0.0257	5.66	0.0311	6.81	0.0311	5.97	0.0338	6.67	0.0365	7.02	0.0256	4.99	0.0314	6.15
家庭人均收入	0.0100	2.29	0.0158	3.49	0.0073	1.60	0.0177	3.39	0.0223	4.41	0.0342	6.57	0.0078	1.51	0.0059	1.15

续表

年 份	1989年 绝对贡献	1989年 相对贡献(%)	1991年 绝对贡献	1991年 相对贡献(%)	1993年 绝对贡献	1993年 相对贡献(%)	1997年 绝对贡献	1997年 相对贡献(%)	2000年 绝对贡献	2000年 相对贡献(%)	2004年 绝对贡献	2004年 相对贡献(%)	2006年 绝对贡献	2006年 相对贡献(%)	2009年 绝对贡献	2009年 相对贡献(%)
贡献水平	0.3079	70.52	0.2935	64.76	0.2921	64.04	0.3370	64.67	0.2937	58.05	0.2723	52.33	0.2549	49.69	0.2666	52.29
家庭所在地																
本人性别	0.0183	4.20	0.0121	2.66	0.0116	2.55	0.0056	1.07	0.0031	0.61	0.0028	0.53	0.0032	0.62	0.0020	0.38
机会不平等指数	0.4367		0.4533		0.4562		0.5210		0.5060		0.5203		0.5129		0.5100	
医疗保障机会																
户主职业	0.0440	11.89	0.0585	15.01	0.0624	16.57	0.0710	24.08	0.0630	19.77	0.0522	18.16	0.0109	15.38	−0.0008	−4.99
户主文化程度	0.0141	3.81	0.0183	4.69	0.0240	6.39	0.0191	6.47	0.0220	6.92	0.0258	8.97	0.0173	24.33	0.0007	4.88
户主婚姻	0.0039	1.05	0.0050	1.29	0.0063	1.67	0.0046	1.55	0.0056	1.76	0.0046	1.61	0.0022	3.14	0.0023	14.85
家庭规模	0.0212	5.74	0.0265	6.80	0.0327	8.69	0.0208	7.04	0.0224	7.03	0.0298	10.36	0.0180	25.30	0.0005	3.02
家庭人均收入	0.0190	5.15	0.0313	8.03	0.0216	5.73	0.0281	9.53	0.0447	14.02	0.0489	17.01	0.0087	12.26	0.0013	8.25
家庭所在地	0.2623	70.94	0.2461	63.15	0.2247	59.69	0.1500	50.84	0.1597	50.14	0.1252	43.55	0.0131	18.39	0.0101	66.49
本人性别	0.0053	1.42	0.0040	1.03	0.0048	1.26	0.0014	0.49	0.0012	0.37	0.0010	0.35	0.0009	1.21	0.0011	7.50
机会不平等指数	0.3698		0.3897		0.3765		0.2950		0.3185		0.2875		0.0712		0.0153	

恶劣的农村家庭的孩子进入高校就学的机会较低。户主的职业对子女能否进入高校就学也存在较大影响，其对子女接受高等教育机会不平等的贡献达到 12.02%。

到 2009 年，随着适龄学生进入高校机会不平等程度的进一步下降，影响高等教育入学机会的不平等因素有所变化，其主要影响因素依次为家庭规模、城乡因素和户主职业，三者对高等教育机会不平等的相对贡献分别为 37.23%、30.19% 和 25.33%。家庭规模成为主要影响因素，其原因在于，由于中国家庭整体上有小型化趋势，那些独生子女家庭的孩子更容易接受到更好水平的教育，而农村中尤其是自然环境恶劣的那些家庭人口比较多的家庭，其在给子女提供更好的教育上被其他家庭拉开了距离。

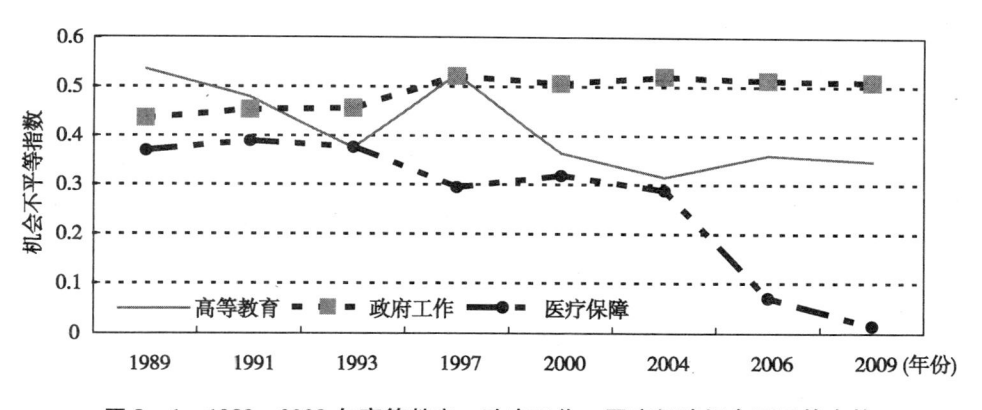

图 8-1 1989—2009 年高等教育、政府工作、医疗保障机会不平等走势

2. 从事政府或事业单位工作机会公平性

1989—2009 年，个体进入政府或事业单位工作的机会不平等程度有所增加。1989 年，从事政府或事业单位工作的机会不平等指数为 0.4367，2004 年为 0.5203，2009 年略微下降到 0.51。造成工作机会不平等上升的主要原因是城乡因素、户主文化程度和户主职业。

1989 年，城乡因素和户主职业是影响子女进入政府机关工作机会不平等的主要因素，二者对子女进入政府机关工作机会不平等的相对贡献分别为 70.52% 和 10.72%。到 2009 年，随着进入政府机关工作机会不平等程度的进一步加深，其机会不平等主要影响因素演变为城乡因素、户主文化程度和户主职业类型，三者对子女进入政府机关工作机会不平等的相对贡献分别为 52.29%、17.94% 和 17.9%，即城乡因素仍为首位影响因素，但户主文化程度的重要性开始显现，与户主的职业的重要性相当。从某种角度上讲，这是一种好现象，说明政府机关或事业单位正转型为智力密集型单位，有助于社会管理水平的提高。从表 8-9 可以看出，1989 年 72.6% 的政府或事业单位工作人员来自城镇，只有 27.4% 的人员来自农村。到 2009 年，依然有 69.6% 的政府机关或事业单位人员来自城镇。

表 8-9　城乡与职业关系（1 = 在政府或事业单位工作，0 = 否，%）

年份	城乡	职业 0	职业 1
1989	农村	81.4	27.4
	城镇	18.6	72.6
1991	农村	82.9	29.3
	城镇	17.1	70.7
1993	农村	84.5	32.3
	城镇	15.5	67.7
1997	农村	85.3	27.1
	城镇	14.7	72.9
2000	农村	86.1	31.4
	城镇	13.9	68.6
2004	农村	80.4	29.3
	城镇	19.6	70.7
2006	农村	80.7	31.6
	城镇	19.3	68.4
2009	农村	79.8	30.4
	城镇	20.2	69.6

那些父母在国家机关工作或为企业经营者以及高级专业技术人员家庭的子女更有机会进入政府机关或事业单位工作（见表 8-10）。1989 年，父母在政府机关单位工作的，有 55% 的家庭的子女也进入了政府或事业单位工作，而父母不在政府机关单位工作的，只有 20.3% 家庭子女有机会进入政府机关工作。到 2009 年，父母在政府机关单位工作的，仍有 50.5% 的家庭的子女也进入了政府或事业单位工作，而父母不在政府机关单位工作的，却只有 13.8% 家庭子女有机会进入政府机关工作，其比例进一步走低，说明在子女进入政府机关单位工作方面，那些父母在政府机关单位工作的人更具优势。

表8-10　父母职业与子女职业关系（1=在政府或事业单位工作，0=否，%）

年份	父母职业	子女职业	
		0	1
1989	0	79.7	20.3
	1	45.0	55.0
	合计	77.4	22.6
1991	0	81.2	18.8
	1	46.8	53.2
	合计	78.6	21.4
1993	0	82.6	17.4
	1	48.8	51.2
	合计	79.9	20.1
1997	0	84.6	15.4
	1	57.0	43.0
	合计	82.2	17.8
2000	0	84.5	15.5
	1	45.6	54.4
	合计	81.6	18.4
2004	0	87.6	12.4
	1	57.8	42.2
	合计	85.0	15.0
2006	0	87.7	12.3
	1	53.9	46.1
	合计	85.0	15.0
2009	0	86.2	13.8
	1	49.5	50.5
	合计	83.5	16.5

3. 医疗保障机会公平性

1989—2009年，个体享受医疗保障的机会不平等指数从0.3698下降到0.0153，每个人接受医保的机会不平等程度大为降低。1989年，影响医保机会公平性的主要因素为城乡因素和户主职业因素，对医保机会不平等指数的相对贡献分别为70.94%和11.89%。由于1989年只有部分城镇人口享有医疗保障，因此城乡人口之间的医保机会不公平相对比较严重，城乡因素自然成为医保机会公平性的首位因素，户主职业因素存在影响表明，那些父母在国家机关或事业单位工作的人员较其他人群而言更能享受到医疗保障，考虑到医疗保障作为一种政府提供的福利，显然这些人群在公共福利享受机会上均高于其他人群。

值得肯定的是，到 2009 年，父母的职业因素对于医保机会不平等的影响消失，也就是说，医疗保障已经覆盖到了绝大多数人群。但是，城乡因素依然是个体间医保机会不平等的首要因素，其对医保机会不平等的相对贡献仍高达 66.49%，也就是说，尽管到 2009 年，中国的医疗保障覆盖面十分广泛，但在农村依然有不少成年人由于各种各样的原因还没有享受到医疗保障。

需要注意的是，2009 年，户主的婚姻状况成为影响子女是否享受医保的第二位因素，对医保机会不平等的相对贡献为 14.85%，也就是说，为了提高全民享受医疗保障水平，工作重点应该放在那些地处农村的单身户主家庭上，使得这些家庭的成员能够享受到农村医保。

第三节　本章小结

本章主要对影响家庭收入增长或个体收入增长的人力资本、政治资本、自然资本和医疗保障的不公平程度进行了度量与分解。在此基础上，对接受高等教育、进入政府机关或事业单位工作和享受医保的机会不平等程度进行了度量。主要结论如下。

（1）家庭规模小型化在城市中表现得更为明显，而农村则体现相对较弱。中国近 20 年来的城市化实质上是农村家庭成员的城市化，而非农村家庭的城市化。

（2）中国家庭人力资本的均衡性在增强，家庭人力资本不平等程度会进一步降低，但中国贫困家庭与非贫困家庭的劳动力平均文化水平的差异在进一步扩大。到 2009 年，城乡无业（失业、半失业）者、商业服务人员和产业工人为人力资本内部不平等最高的 3 个阶层。20 年中，各阶层间的人力资本差距在加大，并且农业劳动者和产业工人的人力资本状况并没有得到显著改变，在各阶层中依然处于劣势。

（3）穷人与富人之间的家庭社会资本差距也在扩大，农业劳动者、个体工商户、产业工人和商业服务人员等弱势阶层的内部社会资本差异程度较大,大量的社会资本掌握在国家与社会管理者和企业经营者手中。

(4) 1989—2009 年,中国高等教育机会不平等程度逐步走低。在早期如 1989 年,城乡因素和户主职业因素是造成高等教育机会不公平的主要因素。地处农村,自然环境恶劣的农村家庭的孩子进入高校就学的机会较低。但在后期如 2009 年,家庭规模、城乡因素和户主职业成为造成高等教育机会不平等的主要因素,那些家庭规模小的独生子女家庭的孩子从小更容易接受到更好的教育,从而进入高等院校的机会大大高于那些人口较多的农村家庭孩子。

(5) 1989—2009 年,个体进入政府或事业单位工作的机会不平等程度有所增加。在早期即 1989 年,造成工作机会不平等程度上升的主要原因是城乡因素和户主职业。到 2009 年,由于进入政府机关工作机会不平等程度加剧,其机会不平等主要影响因素演变为城乡因素、户主文化程度和户主职业类型。那些父母在国家机关工作或为企业经营者以及高级专业技术人员家庭的子女更有机会进入政府机关或事业单位工作。

(6) 1989—2009 年,中国医疗保障覆盖面得到快速扩张,个体享受医疗保障的机会不平等程度大为降低,但中国农村家庭真正得到实惠却是始于 2006 年以后。此外,在医疗保障覆盖面较低的时期,城乡因素和户主职业对于个体接受医保机会不平等有重要影响。随着医保覆盖到绝大多数人群,城乡因素和户主的婚姻状况成为影响个体接受医保机会不平等的主要影响因素。未来的医保工作重点应该放在让那些地处农村的单身户主家庭的人员能够享受到农村医保。

第九章

结论与政策启示

第一节 主要结论

本书以贫困人口与非贫困人口以及十个社会阶层作为研究对象,从利贫增长和利群增长视角,以效应分解、趋同、因素研究以及公平性研究等路径对中国经济增长中贫困与非贫困人口的经济地位变迁以及十个社会阶层经济地位的变化进行了深入分析。研究发现,经济增长对于不同群体的影响存在较大差异,不同群体在分享经济增长成果方面也彼此异同,其原因也十分复杂,并且具有时变性的特点。具体来说,在家庭层面和个体层面的有关利贫增长和利群增长的主要研究结论如下。

1. 改革开放以来,中国绝对贫困发生率下降显著,相对贫困发生率在上升,贫困发生率对于贫困线的高低十分敏感,并且消费贫困高于收入贫困。

以1美元为绝对贫困线标准,1989—2009年,中国绝对贫困发生率从29.1%下降到8.1%,绝对贫困程度有了大幅度下降。与此同时,以相对贫困线衡量的中国相对贫困发生率则从1989年的18.1%上升到2009年的30.1%,相对贫困程度有所加深。鉴于中国农村人口比重占多数的现实,中国的贫困状况更多地与农村贫困变动密切相关。另外,中国低收入家庭较多,导致贫困发生率对于贫困线的高低十分敏感,并且农村低收入家庭更多的现实表明,农村贫困发生率对贫困线的提高更为敏感。这表明,在进行利贫增长效应分解时,必须考虑贫困线的变动效应。此外,中国消费贫困发生率要高于收入贫困发生率,并且农村的消费贫困发生率也高于城镇的消费贫困发生率。

2. 中国农村家庭的长期贫困与暂时贫困发生率均高于城镇,前8年为贫困家庭摆脱绝对贫困的关键时期,并且中国脱贫家庭维持非贫困状态的能力较弱。

研究表明，中国城镇和农村均存在一定程度的暂时性贫困和长期性贫困，但农村在这两类贫困的发生率上均高于城镇。从脱贫难易程度看，贫困家庭在前8年脱离贫困的机会要大于其后各年，其原因在于，8年后仍未脱贫的家庭更多地陷入长期贫困，属于极度贫困家庭，自主脱贫能力极为有限。但在整体上，中国家庭的脱贫比例远高于进入贫困的家庭比例，两者综合的结果，使得中国绝对贫困发生率在下降。

值得注意的是，中国脱贫家庭维持非贫困状态的能力较弱，绝大多数贫困家庭脱贫后进入中低富裕家庭，进入高收入阶层的机会较小，家庭越贫困，脱贫后进入高收入层的机会越小。此外，已脱贫家庭中仍存在一定的返贫现象，前两年为返贫高发年份，其后返贫概率下降。

3．1989—2009年，中国经济增长为低度利富式增长，呈现出一定的阶段性和地域性。

研究结果表明，1989—2009年，中国穷人收入增加了6.4倍，而同期富人的收入增加了9.96倍，经济增长明显呈现出利富特征。以相对贫困线为标准，利贫增长指数计算结果表明，这20年的经济增长是低度利富的。从不同时间段看，经济增长表现出利贫增长—利富增长—利贫增长的阶段性特征。在早期，即1989—1991年，经济的发展十分有利于穷人，属高度利贫增长，穷人的收入增长快于富人，社会不平等程度有所下降。但在1991年之后，经济发展开始转向利富式增长，其中1991—1997年为低度利富式增长，1997—2000年为高度利富式增长，2000—2006年为中度利富式增长，这期间，经济增长使得社会收入差距扩大，收入不平等程度上升。2006—2009年，经济又开始呈现出低度利贫的特征，但这种经济增长的利贫程度仍然很弱。整体测度结果表明，低度利富式的经济增长，导致社会收入不平等程度在加剧。

从城乡角度看，经济增长在城镇中表现出中度利富式增长特征，农村则呈现出低度利富式增长特征。城乡不同对象在分享经济增长益处方面存在一定差异，农村富人在经济增长中受益程度低于城镇富人，城镇穷人在经济增长中受益程度低于农村穷人，但不论在城镇还是在农村，经济增长都更有利于富人。

4．绝对贫困下降，其中收入分配恶化和贫困线提高抵消了约一半的经济增长减贫效应；相对贫困上升，其中经济增长贫困减贫效应基本上为贫困线提高所抵消。

以1美元为贫困标准，1989—2009年中国经济增长使得实际贫困发生率下降了21个百分点，但如果不考虑收入分配恶化和贫困线的提高，则实际的贫困发生率应当下降45.4个百分点，经济增长近一半的减贫效应为收入分配恶化和贫困线提高所抵消。此外，中国相对贫困发生率从1989年的18.1%增加到2009年的30.1%，其中纯经济增长本可以使得相对贫困发生率下降42.1个百分点，但由于相对贫困线的提高，使得相对贫困发生率上升39.3个百分点，二者基本相互抵消，而因收入分配恶化导致相对贫困发生率上升14.8个百分点。20年来，相对贫困发生率的提高幅度与收入分配效应基本持平。

研究结果显示，在经济增长减贫效应方面，农村绝对贫困和相对贫困的下降幅度远高于城镇，但由于城镇收入分配不公平程度比农村更为严重，收入分配效应使得农村绝对贫困发生率和相对贫困发生率上升的幅度小于城镇。同样，由于农村整体收入水平低于城镇，贫困线的提高使得农村绝对贫困发生率和相对贫困发生率提高的幅度要高于城镇。

5. 省际收入水平和贫困发生率并不呈现绝对β收敛。

以相对贫困线为贫困标准，绝对趋同检验表明，各省之间的人均收入和贫困发生率并没有呈现出绝对β收敛，也就是说，中国目前阶段的地区收入差距和贫困差异将长期存在。检验结果显示，7个省份之间的人均收入呈现双峰俱乐部趋同，江苏、山东、湖南、广西等沿海地区属于高收入水平组，河南、湖北和贵州等内陆省份则属于低收入水平组。此外，省际贫困人口之间的收入水平为单峰趋同，但在早期（1989—1993年），各省贫困人口之间的人均收入没有显著差异，1997年以后（2006年除外），各省贫困人口之间的收入也开始出现显著差异。省际富人之间的人均收入也呈单峰趋同，但在各个时期，省际富人之间的平均收入一直存在显著差异。

6. 家庭收入增收影响因素方面，户主文化程度、户主年龄、家庭规模、劳动力文化水平、社会资本、家庭财产、自然环境以及公共物品对家庭增收具有显著影响，户主性别、户主婚姻状况对家庭增收无显著影响，劳动力数量、城乡分割只对中低收入家庭增收起显著影响。

研究结果显示，户主文化程度越高，家庭规模越小，家庭收入水平就越高。那些父母文化程度较高，家庭规模较小的家庭一般拥有较高的和稳定的收入来源，因而经济收入水平较高。此外，中国家庭正向小家庭化方向发展，2009年户均人数为3.32人，家庭户主仍以男性为主，并且单身户主家庭比重在增加，丧偶家庭比重也在上升，原因在于在人均寿命提高的情况下，男女平均寿命提高的幅度不同。家庭的小型化，意味着更多的年轻家庭，而这些家庭总体的文化水平较高，相应地，家庭整体收入水平也较高。另外，户主年龄的大小对于家庭收入水平的高低也具有显著影响。

社会资本方面，家庭中是否有成员在政府机关或事业单位工作，对于整个家庭的收入高低具有显著影响。由于这类阶层掌握较多的政治资源和社会关系网络资源，因而能促进家庭收入水平的提高。如果家庭中有成员为企业管理者，则这些家庭更有可能进入社会收入顶层。

家庭财产对于家庭收入的提高也具有显著影响，但需要指出的是，已有研究认为房屋所有权对家庭增收具有显著影响的结论，其正确性是值得商榷的，房屋所有权的变化实际上要反映出房屋价值的变化才能说明家庭收入确实在增加，其本质反映的是家庭财产对家庭增收的影响，而不是房屋所有权本身对家庭增收的影响。

中国家庭的主要收入来源与户主性别、户主的婚姻状况不具有明显相关性。劳动力人数对于中低收入家庭的收入增长有显著影响，对于最富裕的家庭而言，其收入水平的高低与劳动力人数无关，更可能与家庭中某个成员所从事的职业有关，但劳动力文化水平对于各收入阶层家庭的增收均具显著影响。

高收入家庭的收入增长并不因家庭位于城市或农村而有所差异，只是与其他自然环境条件密切相关，自然环境改善较城乡因素而言，在家庭增收中更具现实意义，下山脱贫较城镇化而言更具减贫意义。

研究表明，医疗保险普及对于农村家庭增收具有重要意义，由于医疗保险实际上可视为一种政府提供的公共物品，因此，对于政府而言，考虑到政府对农村欠债过多，加强农村地区公共物品的提供，对农村家庭增收具有一定的紧迫性。

7. 1989—2009年，国家与社会管理者、企业经营者和高级专业技术人员为最高受益阶层，一般专业技术人员和办事人员为中等受益阶层，个体工商户和产业工人为平级受益阶层，商业服务人员、农业劳动者和城乡无业失业者为非受益阶层。

1989—2009 年，中国经济发展表现出明显的利群性，其中，国家与社会管理者、企业经营者和高级专业技术人员为最高受益阶层，收入盈余比率增加迅速，并且纯经济增长效应也最高，为最受益于经济增长的三个阶层。一般专业技术人员和办事人员为中等受益阶层，这两个阶层的收入盈余在增加，但纯经济增长效应并不高；个体工商户和产业工人为平级受益阶层，尽管存在收入盈余，但收入盈余比率在下降；商业服务人员、农业劳动者和城乡无业失业者为非受益阶层，此类阶层不仅存在收入缺口，并且与社会平均收入的差距在扩大。

从阶段性看，2000 年以前，经济发展只对农业劳动者和城乡无业失业者不利，但对于其他阶层还是有利的。但到 2000 年以后，商业服务人员成为经济增长非受益阶层，这段时期，商业服务人员、农业劳动者和城乡无业失业人员 3 个阶层为经济增长非受益阶层，其他阶层则属于受益阶层。

从收入增速看，1989—2009 年，首先企业经营者的整体收入增长最快，其次为高级专业技术人员、一般专业技术人员、办事人员、国家与社会管理者，经济增长强烈地有利于这 5 类群体。其主要原因在于，从计划经济向市场经济转型的过程中，由于这些阶层拥有经济增长所需要的特定的人力资源、政治资源和市场资源等各类要素资源，因而能充分享受市场经济的益处。产业工人、商业服务人员、个体工商户、农业劳动者和城乡无业（失业、半失业）者的收入增长均小于全社会平均收入增长。此外，在早期，由于刚从计划经济向市场经济转型，个体工商户收入水平提高较快，赚钱难度较小，但在后期，随着市场经济的发展和完善，市场竞争加剧，个体工商户的收入增长困难开始显现。

8. 十个社会阶层之间的收入水平呈现俱乐部趋同。

中国社会阶层在收入水平上呈现俱乐部趋同现象，其中第一俱乐部为高收入俱乐部，包括国家与社会管理者、企业经营者、高级专业技术人员和个体工商户；第二俱乐部为中等收入俱乐部，包括一般专业技术工作者、办事人员、商业服务人员和产业工人；第三俱乐部为低收入俱乐部，包括农业劳动者和城乡无业（失业、半失业）者。

9. 个体收入的增加与户主特征不具有显著关系，家庭规模只对中等收入家庭成员的增收有显著影响，城乡因素只对中低收入阶层增收有显著影响，家庭财富则是家庭成员增收的有力支撑。

家庭禀赋方面，户主性别、文化程度、年龄和婚姻状况对于家庭其他成员的收入增长没有显著影响。家庭人数的多少对于极度贫困的家庭而言，并不影响家庭成员的收入增长，对于极度贫困家庭而言，由于每个个体几乎都无收入来源，因此增加或减少家庭成员显然与个体收入增长无关。同样，家庭人数的多少对于高收入家庭而言，不会影响家庭中某个成员的收入增长。也就是说，家庭人数的多少只对中等收入家庭成员的收入增长有显著影响。

家庭财富状况对于个体的收入增长具有显著影响，财产殷实的家庭能给予个体更多的资源和资金支持，从而有利于个体把握各种收入增长机会，特别是那些具有投资门槛的机会。

城乡因素是中低收入阶层增收的显著影响因素，对高收入阶层而言，并不存在城乡壁垒，其原因在于高收入阶层的收入来源与城乡无关，例如对于企业管理者而言，企业业务遍及全国各地，相当于其利润来源实现了地域多元化，显然城乡因素的影响便不存在了。此外，由于收入来源为农业且来源单一，农村低收入阶层增收的困难程度要大大高于城镇低收入阶层。对于城镇和农村的中等收入阶层而言，由于收入来源更多来自非农业收入，因而二者的增收机会是相同的。尽管城乡因素对不同收入阶层的影响存在差异，但以水源类型为代表的自然环境对不同收入水平个体的增收均具显著影响，因而，自然环境的不平等是收入不平等的一个重要影响因素。

10. 文化程度、年龄对于个体增收具有显著影响，性别、婚姻只对中等收入群体的增收有显著影响，最具收益性的社会资本来自政府机关或事业单位。

研究表明，文化程度对不同收入层次个体的增收均具显著影响，并且中低收入群体的教育收益率要大于中上收入群体的教育收益率，教育水平只是高收入群体的必要条件而非充分条件，即并不是教育水平越高就一定能达到收入顶层，但要达到收入顶层，必须具备一定的教育年限。

年龄大小对于不同收入水平群体的收入增长均具有显著影响，由于年龄大小是个体资本积累的一个间接衡量，因而其在不同收入水平中都具有显著影响作用。由此说明，积累性因素的不平等体现的是时间投入的不平等，非积累性因素的不平等体现的是社会机会的不平等。

此外，性别变量只是对中等收入群体的收入变化起显著影响，对于低收入个体或高收入个体而言，性别并不是其收入高低的影响因素。个体婚姻状况对于中低收入个体的收入增加具有显著影响，但对于极度贫困或相对富裕个体的收入增长没有显著影响，其原因在于，贫困者的结婚对象往往也是家庭不富裕的人，即所谓的门当户对。对高收入个体而言，其结婚与否也不会影响其收入增长。

来自政府机关或企事业顶层的网络关系是最能带来收益性的社会资本，对低收入群体而言，如能进入上述单位工作，则收入水平会得到大幅度提升。但对于那些处于收入水平60%—80%分位的群体而言，是否在政府或事业单位工作并非是显著影响因素，即对于中上收入阶层而言，其收入来源可能来自非工作单位因素。但对于顶层收入者（90%分位及以上）而言，由于为政府官员或企业管理者，因而其网络关系能给其带来高的收入水平。

11. 城镇在家庭规模小型化方面快于农村，家庭人力资本均衡性在增强，社会资本不平等程度在上升，医疗保障得到基本普及。

1989—2009年，无论在城镇或农村，家庭正呈现出小型化态势，但在城市中表现得尤为明显，从另一个角度看，中国当前的城市化更多的是由于农村家庭成员进入城市的结果，而不是农村家庭进入城市的结果，即当前的城市化更多地表现为农民城市化，而非农户城市化。

家庭小型化的一个重要影响是，中国家庭之间的人力资本不平等程度进一步下降，人力资本均衡性得到加强，但贫困家庭与非贫困家庭之间的劳动力文化水平差异在进一步扩大，其家庭社会资本不平等程度也在加深，农业劳动者、个体工商户、产业工人和商业服务人员等弱势阶层内部社会资本差异增大，而国家与社会管理者和企业经营者则掌握了大量的社会资本。

各社会阶层之间的人力资本差距在扩大，农业劳动者和产业工人的人力资本状况并没有得到显著改变，在各阶层中依然处于劣势。城乡无业（失业、半失业）者、商业服务人员和产业工人为内部人力资本不平等最高的三个阶层。

从自然环境看，自然环境恶劣、人口多的家庭孩子需要得到更好的教育，孤寡家庭的生计应成为国家扶持弱势群体的重点。在医疗保障方面，尽管医保水平已有大幅度提高，但未来的医保重点应放在农村单身户主家庭上。

12. 高等教育机会不平等程度下降，进入政府或事业单位工作的机会不平等程度有所增加，享受医疗保障的机会不平等程度大为降低。

中国高等教育机会不平等程度下降，这得益于各级教育机构的大力发展。在早期如 1989 年，城乡因素和户主职业不同是影响孩子接受高等教育机会的最主要因素，自然环境恶劣的农村家庭孩子接受高等教育机会较低。近年来，家庭规模、城乡因素和户主职业显著影响孩子接受高等教育的机会，家庭规模小、父母职业收入高的城镇家庭更易得到接受高等教育的机会。

工作机会上，不同个体进入政府或事业单位工作的机会不平等程度有所加深。在早期，城乡因素和职业是影响子女进入政府或事业单位工作的主要因素。到后期如 2009 年，父母文化程度的重要性开始显现，城乡因素、父母文化程度和父母职业成为影响子女进入政府或事业单位工作的主要因素。那些父母在国家机关工作或为企业经营者以及高级专业技术人员家庭的子女更有机会进入政府机关或事业单位工作。

由于医疗覆盖水平的提高，个体享受医保的机会不公平程度大为降低。在早期，城乡因素和户主职业对于个体能否享受到医保具有显著影响。在后期，随着医保的基本覆盖，城乡因素和户主婚姻状况成为个体享受医保的主要影响因素，也就是说，近年来，那些未参与医保的群体基本上为地处农村的孤寡家庭及其成员。

第二节　政策启示

1. 推行利贫经济增长战略

经济发展的最终成果要为绝大多数低收入群体所分享，要求低收入群体的收入增长率要快于高收入群体，如此，群体间的收入差距将呈现先扩大、后下降的倒 U 形走势，这要求经济增长具有利贫的特征。由于产业工人、商业服务人员、农业劳动者和无业失业人员为 4 个经济地位最低的社会阶层。推行利贫经济增长战略应考虑经济政策的群体效应，即经济发展政策应以上述 4 个阶层的收入更快增加为前提，分类制定相应的收入增长政策及措施。就农业劳动者而言，短期内可以通过种子技术、农技服务网络、小农信贷等方式支持小农生产的发展，当然这些农民增收措施并不能确保农民收入增长快于其他阶层，在此情况下，可以通过财政转移支付等收入再分配手段提高农民收入；长期内，通过城镇化战略实现农民向市民的转变，从而为农民赢取更大的收入增长机会。也就是说，政府可以鼓励农民以进城经商的形式而非以进城务工的形式促进经济增长的利贫。对于产业工人和商业服务人员而言，也应采取相应的利贫增长策略。总体来说，利贫增长要求一揽子经济增长政策能以弱势群体为覆盖对象，不应忽视经济增长中的收入分配。研究表明，金融发展、贸易开放、缩减政府规模能更快地促进经济增长，但由于这些政策红利很少波及弱势群体，此类政策实施效果与弱势群体相关性较小，往往导致不平等的上升。因此，政府对内投资，尤其是诸如与弱势群体自身密切相关的投资应向此类群体倾斜，如教育和基础设施投资应向农村地区倾斜。

2. 实现非破坏性公平增长的经济发展目标

自改革开放以来，在以经济建设为中心的发展战略指引下，GDP一直作为衡量各级政府政绩的一个重要指标，认为发展经济就是发展GDP，长期盲目追求GDP这一单纯的经济指标，而忽视了其他如生态指标和社会指标，市场经济的发展也只注重经济成本，忽视生态成本和社会成本，自然环境和生态环境得到极大破坏，社会环境也不尽如人意。随着人们对于生态和自然环境破坏的容忍度降低，出现了绿色GDP的发展理念，绿色GDP是在考虑自然资源与环境影响之后一个国家或地区的最终经济成果。但这一理念仅考虑自然环境和生态环境，还未能将社会环境纳入经济发展的目标之中。从自然角度和生态角度，要求经济发展是非破坏性的，是可持续的。从社会角度，则要求经济增长是公平的，这种公平若以结果来衡量，则要求包括收入水平等其他生活质量指标是不存在不平等现象的。也就是说，经济发展应是非破坏性的公平增长，这应成为经济发展的核心目标，而不是唯GDP是论。越来越多的有识之士认为，社会发展的终极目标是人民幸福，认为应该以幸福社会作为经济和社会发展的核心目标。事实上，经济的发展是效率与公平的取舍问题，在注重可持续发展的同时，效率与公平是否真如鱼与熊掌一样不可兼得？我们认为，效率可以通过市场机制得到解决，公平问题则可以通过非市场手段得到解决，其中制度设计是关键，制度设计要确保游戏规则对所有个体而言是公平的。这也确保了每个个体在分享经济增长成果方面具有同等的机会，由于机会不平等往往造成结果的不平等，因此制度的设计还要确保机会公平。

3. 推进择业公平，消除阶层固化壁垒

阶层固化是由于社会阶层之间的流动性减少，子女在很大程度上继承父母的阶层地位。我国目前仍存在一定的职业阶层固化现象，尤其是父母在国家机关工作，或者为企业经营者以及高级专业技术人员的子女更有机会进入政府机关或事业单位工作。现实中对于阶层固化的最直接反映就是大量的"富二代""官二代""星二代"等与社会进步发展相背离的奇怪现象，造成这一现象的直接原因就是择业的不公平，导致"拼爹"的现象出现。本书研究表明，造成工作机会不平等上升的主要原因是城乡因素、户主文化程度和户主职业。城乡择业的不平等需要通过城镇化得以解决，户主文化程度需要通过高等教育普及并假以时日来实现均衡化，而户主职业对于子女阶层地位的固化则需要通过推进择业公平来实现。通过推进择业公平，消除社会地位不平等的代际传递，真正实现时间公平与机会公平，尊重个人努力，唾弃不劳而获。

由于不同的阶层意味着占有资源和机会的不平等，因此从某种角度而言，消除阶层固化壁垒意味着对利益集团的利益进行重新分配，因此其难度远远高于消除城乡壁垒和父母文化水平差异。全社会应形成通过合法努力获取财富的良好氛围，而不是那种世袭制度的延伸。从这个角度看，推进社会资本公平具有重要的现实意义。而通过推进择业公平，全社会形成一种财富与勤奋的等号连接，而不是财富与腐败的现实联想，因此，形成尊重财富即尊重勤奋的良好社会风尚，对于人类社会的进步具有不可估量的推动力。就政策角度而言，在不平等现实前提下，需要尽快进行纠偏，纠偏并不意味着以平等纠偏不平等，需要以不平等纠偏不平等，即以面向受益阶层的不平等转向面向受损阶层的不平等，即机会更多地偏向受损阶层，如此方能尽快弥补不平等鸿沟，在此之后才能实行公平的择业政策。

4. 实现家庭城镇化，消除自然环境不平等

由于我国农村人口规模庞大，通过城市化方式吸收农村人口将使得城市不堪重负，城镇化成为一条农村人口转移的重要通道。尽管有诸多学者对城镇化的重要性、方式和途径作了不同研究，然而对于城镇化对象本身的研究却十分缺乏，多数文献集中在农民工的市民化研究上，缺乏农村家庭城镇化的研究。事实上，当前我国的城镇化只是家庭个别成员的城镇化，即只有个别家庭成员工作与生活于城镇之中，而其他家庭成员依然在农村从事农业生产和农村生活。从城镇化角度而言，整个家庭由生活在农村转向生活在城镇，对于家庭增收具有重要意义。然而，家庭成员的城镇化而非家庭城镇化的现实表明，农村家庭想要整体摆脱城乡束缚，依然困

难重重。对于家庭增收而言，自然环境比城乡因素更为重要，因此，城镇化的方向，必须以自然环境作为重要考量，而非简单地以农村来界定，也就是说，在城镇化的发展方向上，优先对于自然环境恶劣的家庭进行整体搬迁。而要实现这一目标，城镇化对象的本身，即农村家庭的实际状况必然需要考虑，不能单纯为城镇化而城镇化，城镇化必须考虑这些家庭在城镇中的生存能力和发展能力，其中生存能力尤其需要值得政策关注。不能简单地认为，将贫困家庭集中到城镇就可以实现这些家庭的自然收入增长，由于贫困家庭更多地意味着是某种能力的缺失，因此，城镇化需注重家庭生存能力和发展能力的培养。由于自然环境恶劣的家庭其收入来源单一，城镇化首先需要降低其生活成本，确保其有一定的收入来源，然后才能通过以时间换空间的方式，实现城镇化家庭生活状况的根本改观。

5. 推进教育公平，提高家庭人力资本存量

人力资本对于个体和家庭的增收不言而喻，然而，本书研究显示，贫困人口与非贫困人口，不同的阶层之间存在着较大的教育不平等。教育不平等既有数量方面的不平等，也有质量方面的不平等。在早期，数量不平等与质量不平等均表现得较为严重，主要体现在农村和自然环境恶劣地区的家庭的孩子入学机会少，教育质量不高，从而使得大部分的孩子成为初中一代和高中一代，甚至是小学一代。其主要原因就是由于教育资源的分布不均衡引起的。当前，随着各级教育能力的提高，特别是高等教育毛入学率的提高，不同家庭孩子接受高等教育的机会不平等程度大为下降。然而，教育质量的不平等程度依然十分严重，优质教育教学资源依然集中在城市，广大的农村地区优质教育资源依然匮乏，农村教育水平与城市教育水平不能相提并论。在大学招生中，一流大学的招生依然存在浓厚的地方保护主义色彩。近年来，初中和高中教育质量的不平等已经传递到了不同家庭在接受优质高等教育方面的不平等，高水平大学中的寒门学子越来越少。从这个角度看，解决小学、初中和高中阶段的教育质量不平等已然十分迫切。在这方面，韩国和芬兰推进教育公平的经验值得借鉴，韩国已实现了高教育普及率、高质量、高均衡的教育均衡，其主要做法是扶持弱势群体，优先在农村实施义务教育，即财政资源优先投向经济欠发达的地区，为解决教育内部的不平等，通过取消中学入学考试，实行教师轮岗制度及高校入学预备考试等措施，并且在财政措施上向教学质量较差的中学倾斜，极大地推进了教育内部的不平等。芬兰则通过九年制一贯教育，通

过分权教育管理体制，地方负责教育，中央负责财政投入，平衡各地教学条件等措施推进教育公平（皮拥军，2007）。整体看来，对于推进教育公平的重要措施就是对弱势群体加以扶持，在这方面，财政扶持除了从教育硬件设施方面对弱势群体进行扶持外，还需要从软件方面对弱势群体进行财政扶持，无疑韩国的教师轮岗制度值得借鉴，那些在艰苦地区轮岗的教师应该得到更多的经济支持。

6. 加强农村公共物品与准公共物品提供，推进公共资源均享

农村纯公共物品具有非竞争性和非排他性的特点，如农业政策、义务教育、江河治理等，农村准公共物品具有不完全的非竞争性和非排他性特点，诸如农业技术培训、农村基础设施建设等。研究表明，农村公共服务和基础设施状况对于农村快速发展具重要影响，公共物品的提供能有效地促进当地的经济发展，进而对家庭住户的收入增长产生重要影响。长期以来，我国在公共物品供给中严重地倾向城镇，农村公共产品供给严重不足，占据人口多数的众多农民未能享受公共服务的种种益处。因此，为了促进经济利贫增长，在公共物品提供过程中，很有必要向农村地区作出倾斜。当然，由于农村经济发展的多层次性，不同的公共物品在其中所起的作用也各自不同，农户对于公共物品的需求也呈现出较大的差异（刘小锋，2009）。因此，在加强农村公共物品与准公共物品提供的同时，必须强调合理规划、分类提供的原则，依据不同农村地区的经济发展水平，提供对当地经济发展更为有效的关键公共物品与准公共物品。如此，方能完全发挥公共物品的经济推进效应，做到有的放矢。

以上是笔者对于实现经济利贫增长的浅显思考，其合理性也许值得商榷，但无论如何，转变经济发展的思维方式，转向利贫增长能够使得我们对于经济发展的初衷进行重新认知，如此便能开拓经济发展视野，最终实现经济增长成果为人人均享的人类发展目标。

附　录

附录1　省际人均收入及位序

单位：元

年	1989 均值	1989 位序	1991 均值	1991 位序	1993 均值	1993 位序	1997 均值	1997 位序	2000 均值	2000 位序	2004 均值	2004 位序	2006 均值	2006 位序	2009 均值	2009 位序
省份																
全省人口																
江 苏	1521	2	1537	1	2174	3	4468	1	5462	1	7994	1	8090	2	12781	3
山 东	1227	4	1258	5	1792	4	3465	4	4535	3	5267	3	8599	1	13332	2
河 南	1045	6	1050	7	1150	7	2656	7	3094	7	4115	7	4745	7	7066	7
湖 北	1035	7	1279	4	1648	5	3088	5	3362	6	4559	4	6465	4	11560	4
湖 南	1448	3	1408	2	2178	2	4211	2	4689	2	6793	2	7551	3	13471	1
广 西	1525	1	1285	3	2315	1	3822	3	4266	4	4227	6	4851	6	8231	6
贵 州	1077	5	1225	6	1515	6	2669	6	3594	5	4341	5	5208	5	8293	5
贫困人口																
江 苏	365	2	375	3	484	1	1007	1	1158	1	1330	1	1439	3	2202	2

续表

年份 省份	1989 均值	1989 位序	1991 均值	1991 位序	1993 均值	1993 位序	1997 均值	1997 位序	2000 均值	2000 位序	2004 均值	2004 位序	2006 均值	2006 位序	2009 均值	2009 位序
山东	344	6	342	7	450	5	750	7	784	6	1275	2	1492	1	2021	6
河南	327	7	364	5	436	7	947	4	926	5	1039	7	1294	7	1884	7
湖北	353	3	406	1	473	2	943	5	991	4	1228	4	1478	2	2202	2
湖南	353	3	371	4	443	6	800	6	734	7	1152	6	1327	5	2040	4
广西	368	1	362	6	459	4	963	2	1038	3	1275	2	1307	6	2277	1
贵州	350	5	393	2	473	2	962	3	1040	2	1180	5	1434	4	2039	5
非贫困人口																
江苏	1624	3	1691	1	2396	3	5090	1	6642	1	9984	1	11281	2	16316	3
山东	1383	4	1407	5	2110	4	4545	3	5968	3	7474	3	11703	1	17246	2
河南	1248	6	1272	7	1514	7	3637	6	4985	5	7171	5	8860	5	12496	6
湖北	1202	7	1393	6	1982	5	3665	5	4847	7	6700	6	9582	4	16010	4
湖南	1626	2	1627	2	2465	2	4891	2	6161	2	8900	2	10205	3	17366	1
广西	1700	1	1530	4	2572	1	4466	4	5309	4	6041	7	6984	7	11833	7
贵州	1374	5	1532	3	1829	6	3590	7	4878	6	7360	4	8760	6	14263	5

附录 2　群体间收入均值差异检验

	1989 样本量	1989 秩均值	1991 样本量	1991 秩均值	1993 样本量	1993 秩均值	1997 样本量	1997 秩均值	2000 样本量	2000 秩均值	2004 样本量	2004 秩均值	2006 样本量	2006 秩均值	2009 样本量	2009 秩均值
国家与社会管理者	245	4804	276	5213	232	4602	281	4640	249	5013	103	3430	104	3506	115	3504
企业经营者	42	4938	49	5151	57	4561	51	4766	53	4942	131	3383	99	3365	101	3453
高级专业技术人员	183	4904	156	5184	162	4196	159	4516	235	4909	200	3702	194	3688	222	3761
一般专业技术工作者	264	4063	249	4458	195	3820	237	4108	268	4585	184	3410	192	3250	189	3318
办事人员	302	4337	274	4718	240	4094	302	4305	324	4600	214	3342	253	3261	261	3117
个体工商户	110	4494	45	5538	99	5000	190	4980	199	4513	144	2833	192	2648	201	2814
商业服务人员	356	3668	311	3915	277	3745	267	3947	315	3864	205	2675	252	2365	334	2213
产业工人	1636	3973	1566	4303	1416	4011	1156	4110	1105	4334	678	2875	731	2807	786	2667
农业劳动者	3841	2974	3977	2853	3617	2578	3605	2453	3520	2331	2000	1579	1917	1614	1965	1729
城乡无业失业半失业者	14	4851	141	2521	122	2636	146	2123	193	1990	514	1207	446	1079	360	1262
卡方	670.5		1225.1		1095.9		1594.9		2199.5		1900.1		1732.3		1359.9	
P值	0.000		0.000		0.000		0.000		0.000		0.000		0.000		0.000	

附录

附录3　群体间收入增长率均值差异检验

	1989—1991 样本量	1989—1991 秩均值	1989—1993 样本量	1989—1993 秩均值	1989—1997 样本量	1989—1997 秩均值	1989—2000 样本量	1989—2000 秩均值	1989—2004 样本量	1989—2004 秩均值	1989—2006 样本量	1989—2006 秩均值	1989—2009 样本量	1989—2009 秩均值
国家与社会管理者	21	732	21	734	18	706	19	770	11	679	19	775	22	977
企业经营者	38	784	34	871	35	631	35	705	25	760	33	665	39	932
高级专业技术人员	24	738	25	724	16	775	24	864	23	867	24	858	26	1055
一般专业技术工作者	27	719	28	693	22	628	27	897	20	880	26	813	29	1030
办事人员	29	857	27	869	20	721	25	848	22	760	24	722	31	926
个体工商户	64	732	66	694	58	645	60	666	45	621	51	624	70	888
商业服务人员	68	766	66	748	47	614	52	718	38	611	48	597	74	784
产业工人	190	671	181	694	156	585	168	677	144	632	144	639	201	796
农业劳动者	784	675	757	646	650	548	711	586	679	520	649	528	816	691
城乡无业/失业/半失业者	137	680	141	645	18	706	131	541	119	491	113	436	153	526
卡方	12.722		24.304		26.545		63.049		84.066		86.040		112.212	
P值	0.176		0.004		0.002		0.000		0.000		0.000		0.000	

附录4　　　　　　　　　　个体收入影响因素分位数回归估计

变量名	分位	系数	标准误	t值	P值.	变量名	分位	系数	标准误	t值	P值.
	0.1	1.364	1.600	0.852	0.394		0.1	10.345	0.854	12.108	0.000
	0.2	2.482	1.092	2.272	0.023		0.2	9.954	0.535	18.604	0.000
	0.3	2.211	1.047	2.111	0.035		0.3	9.575	0.472	20.272	0.000
	0.4	2.373	1.017	2.334	0.020		0.4	9.473	0.409	23.148	0.000
C	0.5	1.298	0.951	1.366	0.172	C	0.5	9.435	0.387	24.368	0.000
	0.6	2.143	0.980	2.186	0.029		0.6	9.569	0.462	20.691	0.000
	0.7	2.090	0.910	2.297	0.022		0.7	9.674	0.564	17.145	0.000
	0.8	1.197	0.936	1.279	0.201		0.8	9.585	0.495	19.363	0.000
	0.9	1.561	0.828	1.886	0.059		0.9	10.296	0.663	15.527	0.000
	0.1	-0.269	0.256	-1.050	0.294		0.1	-0.128	0.086	-1.476	0.140
	0.2	-0.050	0.228	-0.219	0.827		0.2	-0.109	0.066	-1.664	0.096
	0.3	0.005	0.190	0.025	0.980		0.3	-0.055	0.050	-1.092	0.275
	0.4	0.030	0.185	0.160	0.873		0.4	-0.040	0.042	-0.950	0.342
sex_hz	0.5	-0.013	0.179	-0.070	0.944	sex_hz	0.5	-0.062	0.046	-1.358	0.175
	0.6	0.082	0.186	0.443	0.658		0.6	-0.052	0.043	-1.208	0.227
	0.7	0.192	0.170	1.132	0.258		0.7	-0.044	0.055	-0.793	0.428
	0.8	0.274	0.164	1.671	0.095		0.8	-0.029	0.062	-0.470	0.639
	0.9	0.096	0.128	0.748	0.455		0.9	-0.011	0.120	-0.089	0.929
	0.1	0.022	0.020	1.084	0.279		0.1	-0.004	0.005	-0.802	0.423
	0.2	0.006	0.015	0.368	0.713		0.2	-0.002	0.003	-0.537	0.591
	0.3	0.013	0.015	0.882	0.378		0.3	0.002	0.003	0.591	0.554
	0.4	0.016	0.015	1.040	0.299		0.4	0.002	0.002	0.953	0.341
edu_hz	0.5	0.004	0.013	0.284	0.776	edu_hz	0.5	0.001	0.002	0.368	0.713
	0.6	0.013	0.012	1.094	0.274		0.6	0.001	0.003	0.570	0.569
	0.7	0.006	0.012	0.475	0.635		0.7	0.000	0.003	0.060	0.952
	0.8	0.001	0.015	0.100	0.920		0.8	0.002	0.003	0.754	0.451
	0.9	0.001	0.013	0.107	0.915		0.9	0.003	0.004	0.831	0.406
	0.1	0.007	0.009	0.730	0.465		0.1	0.001	0.002	0.502	0.615
	0.2	0.006	0.006	1.043	0.297		0.2	0.001	0.001	0.495	0.621
	0.3	0.006	0.007	0.783	0.434		0.3	0.002	0.001	1.312	0.190
	0.4	0.003	0.006	0.440	0.660		0.4	0.003	0.001	2.297	0.022

续表

面板分位数回归						截面分位数回归（2009）				
变量名	分位	系数	标准误	t值	P值	变量名	分位	系数	标准误	t值	P值
age_hz	0.5	0.002	0.006	0.274	0.784	age_hz	0.5	0.002	0.001	1.854	0.064
	0.6	0.001	0.006	0.114	0.910		0.6	0.002	0.001	1.350	0.177
	0.7	0.001	0.005	0.238	0.812		0.7	0.003	0.001	2.237	0.025
	0.8	-0.001	0.005	-0.135	0.892		0.8	0.002	0.001	1.776	0.076
	0.9	0.002	0.005	0.338	0.736		0.9	-0.001	0.001	-0.788	0.431
	0.1	0.030	0.188	0.158	0.874		0.1	-0.028	0.067	-0.421	0.674
	0.2	-0.096	0.180	-0.535	0.593		0.2	-0.030	0.042	-0.701	0.484
	0.3	-0.207	0.151	-1.372	0.170		0.3	0.019	0.041	0.460	0.646
	0.4	-0.171	0.154	-1.109	0.267		0.4	0.005	0.023	0.215	0.830
marriage_hz	0.5	-0.091	0.162	-0.562	0.574	marriage_hz	0.5	-0.030	0.024	-1.252	0.211
	0.6	-0.162	0.182	-0.891	0.373		0.6	-0.010	0.040	-0.262	0.794
	0.7	-0.234	0.168	-1.390	0.165		0.7	0.003	0.047	0.065	0.948
	0.8	-0.234	0.172	-1.358	0.175		0.8	0.026	0.039	0.654	0.513
	0.9	-0.182	0.138	-1.323	0.186		0.9	0.019	0.037	0.501	0.617
	0.1	-0.052	0.037	-1.410	0.159		0.1	-0.162	0.026	-6.248	0.000
	0.2	-0.049	0.024	-2.023	0.043		0.2	-0.144	0.015	-9.542	0.000
	0.3	-0.053	0.019	-2.753	0.006		0.3	-0.149	0.012	-12.00	0.000
	0.4	-0.057	0.023	-2.530	0.011		0.4	-0.154	0.010	-15.98	0.000
size_hm	0.5	-0.051	0.020	-2.512	0.012	size_hm	0.5	-0.153	0.010	-14.79	0.000
	0.6	-0.043	0.021	-2.039	0.042		0.6	-0.154	0.010	-14.85	0.000
	0.7	-0.063	0.019	-3.307	0.001		0.7	-0.152	0.012	-12.86	0.000
	0.8	-0.055	0.023	-2.371	0.018		0.8	-0.167	0.012	-14.13	0.000
	0.9	-0.020	0.022	-0.906	0.365		0.9	-0.176	0.009	-18.85	0.000
	0.1	-0.390	0.176	-2.216	0.027		0.1	-0.056	0.050	-1.120	0.263
	0.2	-0.269	0.153	-1.759	0.079		0.2	-0.047	0.034	-1.380	0.168
	0.3	-0.133	0.126	-1.056	0.291		0.3	-0.060	0.028	-2.110	0.035
	0.4	-0.045	0.132	-0.341	0.733		0.4	-0.055	0.026	-2.100	0.036
sex_sef	0.5	0.016	0.120	0.132	0.895	sex_sef	0.5	-0.052	0.025	-2.075	0.038
	0.6	0.119	0.124	0.954	0.340		0.6	-0.046	0.027	-1.664	0.096
	0.7	0.204	0.133	1.528	0.127		0.7	-0.042	0.033	-1.277	0.202
	0.8	0.294	0.113	2.608	0.009		0.8	-0.041	0.033	-1.232	0.218

续表

变量名	面板分位数回归					变量名	截面分位数回归（2009）				
	分位	系数	标准误	t值	P值		分位	系数	标准误	t值	P值
marriage_sef	0.9	0.144	0.092	1.554	0.120	marriage_sef	0.9	-0.015	0.043	-0.356	0.722
	0.1	-0.012	0.176	-0.069	0.945		0.1	0.002	0.050	0.046	0.963
	0.2	0.026	0.163	0.157	0.875		0.2	-0.050	0.026	-1.871	0.061
	0.3	0.140	0.154	0.909	0.363		0.3	-0.064	0.030	-2.113	0.035
	0.4	0.131	0.146	0.899	0.369		0.4	-0.071	0.030	-2.362	0.018
	0.5	0.177	0.170	1.038	0.299		0.5	-0.065	0.034	-1.908	0.057
	0.6	0.233	0.186	1.249	0.212		0.6	-0.058	0.031	-1.859	0.063
	0.7	0.341	0.178	1.923	0.055		0.7	-0.046	0.029	-1.562	0.118
	0.8	0.333	0.175	1.903	0.057		0.8	-0.042	0.026	-1.586	0.113
	0.9	0.348	0.127	2.746	0.006		0.9	-0.014	0.042	-0.328	0.743
edu_sef	0.1	0.047	0.019	2.415	0.016	edu_sef	0.1	0.044	0.010	4.606	0.000
	0.2	0.062	0.014	4.522	0.000		0.2	0.036	0.005	6.675	0.000
	0.3	0.064	0.012	5.407	0.000		0.3	0.031	0.005	6.823	0.000
	0.4	0.056	0.011	4.922	0.000		0.4	0.030	0.004	7.217	0.000
	0.5	0.059	0.010	5.864	0.000		0.5	0.029	0.004	8.090	0.000
	0.6	0.049	0.010	4.927	0.000		0.6	0.028	0.004	7.796	0.000
	0.7	0.055	0.011	5.196	0.000		0.7	0.026	0.005	5.624	0.000
	0.8	0.052	0.013	4.088	0.000		0.8	0.025	0.004	5.502	0.000
	0.9	0.058	0.011	5.140	0.000		0.9	0.017	0.007	2.388	0.017
age_sef	0.1	0.115	0.040	2.910	0.004	age_sef	0.1	-0.050	0.019	-2.584	0.010
	0.2	0.096	0.025	3.792	0.000		0.2	-0.032	0.011	-2.902	0.004
	0.3	0.103	0.024	4.295	0.000		0.3	-0.021	0.011	-2.011	0.044
	0.4	0.109	0.024	4.498	0.000		0.4	-0.013	0.010	-1.295	0.195
	0.5	0.137	0.023	6.005	0.000		0.5	-0.004	0.010	-0.402	0.687
	0.6	0.119	0.023	5.171	0.000		0.6	-0.004	0.011	-0.384	0.701
	0.7	0.119	0.021	5.776	0.000		0.7	-0.006	0.012	-0.499	0.618
	0.8	0.148	0.022	6.679	0.000		0.8	0.001	0.011	0.093	0.926
	0.9	0.145	0.021	6.793	0.000		0.9	-0.002	0.015	-0.123	0.902
	0.1	-0.778	0.454	-1.716	0.086		0.1	0.457	0.195	2.343	0.019
	0.2	-0.502	0.267	-1.877	0.061		0.2	0.285	0.110	2.587	0.010
	0.3	-0.578	0.271	-2.133	0.033		0.3	0.189	0.106	1.781	0.075

续表

变量名	\multicolumn{5}{c	}{面板分位数回归}	\multicolumn{5}{c}{截面分位数回归（2009）}
变量名	分位	系数	标准误	t值	P值	变量名	分位	系数	标准误	t值	P值
agesq_sef	0.4	-0.610	0.266	-2.298	0.022	agesq_sef	0.4	0.111	0.095	1.163	0.245
	0.5	-0.937	0.246	-3.807	0.000		0.5	0.033	0.097	0.344	0.731
	0.6	-0.741	0.246	-3.017	0.003		0.6	0.036	0.107	0.338	0.735
	0.7	-0.768	0.228	-3.371	0.001		0.7	0.072	0.127	0.566	0.572
	0.8	-1.089	0.241	-4.516	0.000		0.8	0.011	0.106	0.102	0.919
	0.9	-1.078	0.225	-4.785	0.000		0.9	0.036	0.140	0.255	0.799
gov_sef	0.1	0.029	0.158	0.181	0.856	gov_sef	0.1	0.279	0.076	3.678	0.000
	0.2	-0.001	0.116	-0.011	0.991		0.2	0.187	0.054	3.462	0.001
	0.3	-0.132	0.103	-1.273	0.203		0.3	0.136	0.044	3.052	0.002
	0.4	-0.094	0.096	-0.979	0.328		0.4	0.104	0.039	2.658	0.008
	0.5	-0.093	0.088	-1.051	0.293		0.5	0.062	0.036	1.735	0.083
	0.6	-0.141	0.075	-1.893	0.059		0.6	0.029	0.040	0.722	0.470
	0.7	-0.219	0.082	-2.673	0.008		0.7	-0.014	0.050	-0.284	0.777
	0.8	-0.315	0.088	-3.580	0.000		0.8	-0.077	0.055	-1.399	0.162
	0.9	-0.318	0.098	-3.259	0.001		0.9	-0.144	0.074	-1.949	0.051
job_self	0.1	0.325	0.183	1.775	0.076	job_self	0.1	0.030	0.122	0.245	0.807
	0.2	0.300	0.125	2.405	0.016		0.2	0.092	0.088	1.047	0.295
	0.3	0.217	0.115	1.895	0.058		0.3	0.082	0.068	1.205	0.228
	0.4	0.150	0.127	1.178	0.239		0.4	0.119	0.062	1.925	0.054
	0.5	0.028	0.138	0.201	0.841		0.5	0.137	0.058	2.339	0.019
	0.6	0.114	0.136	0.841	0.400		0.6	0.138	0.063	2.179	0.029
	0.7	0.117	0.125	0.940	0.347		0.7	0.193	0.073	2.639	0.008
	0.8	0.148	0.108	1.373	0.170		0.8	0.121	0.077	1.576	0.115
	0.9	0.046	0.178	0.259	0.795		0.9	0.385	0.213	1.808	0.071
own_house	0.1	0.409	0.175	2.342	0.019	own_house	0.1	0.391	0.105	3.739	0.000
	0.2	0.484	0.107	4.505	0.000		0.2	0.395	0.087	4.531	0.000
	0.3	0.527	0.137	3.838	0.000		0.3	0.334	0.097	3.451	0.001
	0.4	0.410	0.132	3.098	0.002		0.4	0.284	0.065	4.334	0.000
	0.5	0.486	0.096	5.069	0.000		0.5	0.281	0.065	4.301	0.000
	0.6	0.445	0.075	5.954	0.000		0.6	0.271	0.063	4.286	0.000
	0.7	0.543	0.073	7.486	0.000		0.7	0.315	0.070	4.517	0.000

续表

变量名	面板分位数回归					变量名	截面分位数回归（2009）				
	分位	系数	标准误	t值	P值		分位	系数	标准误	t值	P值
	0.8	0.559	0.083	6.735	0.000		0.8	0.311	0.127	2.458	0.014
	0.9	0.563	0.110	5.124	0.000		0.9	0.185	0.111	1.663	0.097
	0.1	0.191	0.091	2.097	0.036		0.1	0.109	0.028	3.828	0.000
	0.2	0.301	0.085	3.539	0.000		0.2	0.131	0.019	7.047	0.000
	0.3	0.285	0.054	5.253	0.000		0.3	0.132	0.015	8.650	0.000
	0.4	0.271	0.055	4.955	0.000		0.4	0.138	0.015	9.414	0.000
value_appl	0.5	0.296	0.052	5.682	0.000	value_appl	0.5	0.148	0.023	6.486	0.000
	0.6	0.293	0.050	5.908	0.000		0.6	0.173	0.024	7.187	0.000
	0.7	0.285	0.039	7.343	0.000		0.7	0.187	0.026	7.152	0.000
	0.8	0.272	0.037	7.271	0.000		0.8	0.193	0.032	6.023	0.000
	0.9	0.267	0.053	5.067	0.000		0.9	0.327	0.060	5.448	0.000
	0.1	0.002	0.111	0.022	0.983		0.1	0.125	0.070	1.781	0.075
	0.2	-0.047	0.098	-0.476	0.634		0.2	0.131	0.054	2.405	0.016
	0.3	-0.023	0.100	-0.230	0.818		0.3	0.088	0.040	2.192	0.029
	0.4	-0.155	0.105	-1.473	0.141		0.4	0.077	0.031	2.480	0.013
urban	0.5	-0.132	0.109	-1.203	0.229	Urban	0.5	0.078	0.033	2.365	0.018
	0.6	-0.133	0.093	-1.434	0.152		0.6	0.060	0.043	1.395	0.163
	0.7	-0.141	0.088	-1.590	0.112		0.7	0.051	0.041	1.243	0.214
	0.8	-0.115	0.094	-1.220	0.222		0.8	0.031	0.047	0.672	0.502
	0.9	-0.111	0.100	-1.105	0.269		0.9	0.056	0.072	0.774	0.439
	0.1	0.306	0.099	3.097	0.002		0.1	0.176	0.061	2.868	0.004
	0.2	0.169	0.072	2.360	0.018		0.2	0.180	0.039	4.644	0.000
	0.3	0.213	0.059	3.598	0.000		0.3	0.201	0.038	5.330	0.000
	0.4	0.240	0.065	3.719	0.000		0.4	0.149	0.031	4.870	0.000
water	0.5	0.240	0.056	4.261	0.000	Water	0.5	0.114	0.031	3.657	0.000
	0.6	0.214	0.059	3.648	0.000		0.6	0.099	0.033	3.029	0.003
	0.7	0.241	0.050	4.822	0.000		0.7	0.067	0.038	1.757	0.079
	0.8	0.197	0.051	3.878	0.000		0.8	0.074	0.040	1.866	0.062
	0.9	0.096	0.050	1.924	0.054		0.9	-0.012	0.052	-0.228	0.819
	0.1	0.684	0.110	6.226	0.000		0.1	0.061	0.088	0.697	0.486
	0.2	0.579	0.070	8.304	0.000		0.2	0.083	0.068	1.220	0.223

续表

变量名	面板分位数回归					截面分位数回归 (2009)				
	分位	系数	标准误	t值	P值.	变量名	分位	系数	标准误	t值	P值.
Insur_sef	0.3	0.576	0.064	9.052	0.000	Insur_sef	0.3	0.152	0.055	2.779	0.006
	0.4	0.616	0.062	10.011	0.000		0.4	0.124	0.061	2.037	0.042
	0.5	0.583	0.057	10.303	0.000		0.5	0.081	0.046	1.742	0.082
	0.6	0.583	0.056	10.448	0.000		0.6	0.068	0.058	1.174	0.240
	0.7	0.581	0.057	10.193	0.000		0.7	0.091	0.050	1.816	0.069
	0.8	0.576	0.057	10.146	0.000		0.8	0.145	0.057	2.561	0.011
	0.9	0.593	0.051	11.717	0.000		0.9	0.168	0.071	2.357	0.019

附录5　家庭人均收入影响因素分位数回归估计

变量名	面板分位数回归					截面分位数回归 (2009)				
	分位	系数	标准误	t值	P值.	变量名	分位	系数	标准误	t值	P值.
C	0.1	2.673	1.183	2.259	0.024	C	0.1	7.104	1.068	6.653	0.000
	0.2	3.187	0.910	3.502	0.000		0.2	8.048	0.787	10.232	0.000
	0.3	2.829	0.926	3.055	0.002		0.3	8.200	0.649	12.629	0.000
	0.4	3.182	0.782	4.068	0.000		0.4	8.374	0.703	11.906	0.000
	0.5	3.533	0.769	4.594	0.000		0.5	8.933	0.649	13.757	0.000
	0.6	3.483	0.688	5.065	0.000		0.6	9.341	0.563	16.591	0.000
	0.7	3.145	0.713	4.408	0.000		0.7	9.184	0.634	14.487	0.000
	0.8	3.309	1.020	3.243	0.001		0.8	8.883	0.690	12.864	0.000
	0.9	3.401	0.922	3.689	0.000		0.9	9.969	1.049	9.504	0.000
SEX_HZ	0.1	-0.092	0.116	-0.793	0.428	SEX_HZ	0.1	-0.082	0.102	-0.803	0.422
	0.2	0.010	0.011	0.935	0.350		0.2	-0.041	0.068	-0.602	0.547
	0.3	0.056	0.031	1.812	0.070		0.3	-0.053	0.054	-0.967	0.334
	0.4	-0.348	0.270	-1.290	0.197		0.4	-0.068	0.060	-1.150	0.250
	0.5	-0.011	0.085	-0.128	0.898		0.5	0.000	0.062	0.005	0.996
	0.6	-0.176	0.024	-7.295	0.000		0.6	-0.002	0.058	-0.036	0.971
	0.7	0.140	0.051	2.766	0.006		0.7	-0.019	0.067	-0.286	0.775
	0.8	0.026	0.007	3.830	0.000		0.8	-0.023	0.073	-0.320	0.749
	0.9	0.095	0.014	6.938	0.000		0.9	-0.080	0.085	-0.947	0.344
	0.1	0.010	0.011	0.935	0.350		0.1	0.024	0.011	2.237	0.025

续表

变量名	面板分位数回归					变量名	截面分位数回归（2009）				
	分位	系数	标准误	t值	P值		分位	系数	标准误	t值	P值
EDU_HZ	0.2	0.014	0.012	1.184	0.237	EDU_HZ	0.2	0.015	0.008	1.798	0.072
	0.3	0.011	0.011	1.023	0.307		0.3	0.013	0.008	1.685	0.092
	0.4	0.009	0.011	0.853	0.394		0.4	0.018	0.006	2.950	0.003
	0.5	0.010	0.012	0.825	0.410		0.5	0.022	0.006	3.827	0.000
	0.6	0.011	0.011	1.034	0.301		0.6	0.021	0.005	3.805	0.000
	0.7	0.006	0.008	0.676	0.499		0.7	0.014	0.006	2.244	0.025
	0.8	0.000	0.010	-0.010	0.992		0.8	0.012	0.006	1.877	0.061
	0.9	0.004	0.012	0.344	0.731		0.9	-0.003	0.010	-0.248	0.804
AGE_HZ	0.1	0.056	0.031	1.812	0.070	AGE_HZ	0.1	0.028	0.022	1.285	0.199
	0.2	0.055	0.024	2.269	0.023		0.2	0.007	0.018	0.401	0.688
	0.3	0.077	0.024	3.130	0.002		0.3	0.011	0.015	0.709	0.479
	0.4	0.069	0.021	3.381	0.001		0.4	0.015	0.016	0.940	0.347
	0.5	0.069	0.020	3.468	0.001		0.5	0.004	0.015	0.232	0.817
	0.6	0.076	0.018	4.197	0.000		0.6	-0.001	0.013	-0.068	0.946
	0.7	0.091	0.019	4.834	0.000		0.7	0.010	0.014	0.736	0.462
	0.8	0.092	0.024	3.851	0.000		0.8	0.026	0.014	1.852	0.064
	0.9	0.102	0.023	4.402	0.000		0.9	0.016	0.024	0.696	0.487
AGESQ_HZ	0.1	-0.348	0.270	-1.290	0.197	AGESQ_HZ	0.1	-0.294	0.356	-0.824	0.410
	0.2	-0.291	0.204	-1.430	0.153		0.2	-0.021	0.306	-0.069	0.945
	0.3	-0.445	0.201	-2.212	0.027		0.3	-0.064	0.250	-0.255	0.799
	0.4	-0.394	0.172	-2.293	0.022		0.4	-0.090	0.268	-0.335	0.738
	0.5	-0.390	0.172	-2.264	0.024		0.5	0.093	0.249	0.372	0.710
	0.6	-0.468	0.157	-2.977	0.003		0.6	0.147	0.210	0.701	0.484
	0.7	-0.578	0.159	-3.643	0.000		0.7	-0.045	0.225	-0.202	0.840
	0.8	-0.586	0.213	-2.747	0.006		0.8	-0.330	0.225	-1.468	0.142
	0.9	-0.685	0.217	-3.161	0.002		0.9	-0.170	0.368	-0.461	0.645
MARRIAGE_HZ	0.1	-0.011	0.085	-0.128	0.898	MARRIAGE_HZ	0.1	-0.051	0.080	-0.635	0.526
	0.2	-0.040	0.097	-0.414	0.679		0.2	-0.001	0.048	-0.031	0.976
	0.3	-0.059	0.081	-0.736	0.462		0.3	-0.012	0.033	-0.368	0.713
	0.4	0.025	0.063	0.393	0.694		0.4	-0.017	0.033	-0.497	0.619
	0.5	0.019	0.052	0.359	0.720		0.5	-0.025	0.035	-0.706	0.481

续表

面板分位数回归						截面分位数回归 (2009)					
变量名	分位	系数	标准误	t值	P值	变量名	分位	系数	标准误	t值	P值
	0.6	0.001	0.059	0.018	0.986		0.6	-0.032	0.034	-0.927	0.354
	0.7	-0.007	0.065	-0.110	0.913		0.7	-0.046	0.043	-1.091	0.275
	0.8	-0.011	0.065	-0.164	0.869		0.8	-0.026	0.047	-0.556	0.578
	0.9	0.001	0.078	0.013	0.990		0.9	-0.045	0.048	-0.928	0.353
	0.1	-0.176	0.024	-7.295	0.000		0.1	-0.287	0.026	-11.095	0.000
	0.2	-0.205	0.023	-9.083	0.000		0.2	-0.281	0.019	-14.764	0.000
	0.3	-0.206	0.023	-8.999	0.000		0.3	-0.266	0.020	-13.408	0.000
	0.4	-0.197	0.019	-10.176	0.000		0.4	-0.253	0.019	-13.644	0.000
SIZE_HM	0.5	-0.200	0.019	-10.798	0.000	SIZE_HM	0.5	-0.235	0.015	-15.256	0.000
	0.6	-0.194	0.020	-9.880	0.000		0.6	-0.238	0.013	-18.747	0.000
	0.7	-0.196	0.020	-9.613	0.000		0.7	-0.249	0.017	-14.771	0.000
	0.8	-0.196	0.019	-10.483	0.000		0.8	-0.253	0.016	-15.889	0.000
	0.9	-0.207	0.022	-9.210	0.000		0.9	-0.262	0.022	-11.780	0.000
	0.1	0.140	0.051	2.766	0.006		0.1	0.229	0.060	3.805	0.000
	0.2	0.147	0.052	2.808	0.005		0.2	0.203	0.038	5.347	0.000
	0.3	0.122	0.048	2.557	0.011		0.3	0.180	0.035	5.154	0.000
	0.4	0.119	0.040	3.001	0.003		0.4	0.174	0.032	5.460	0.000
LABOUR_HM	0.5	0.132	0.033	4.014	0.000	LABOUR_HM	0.5	0.160	0.029	5.598	0.000
	0.6	0.127	0.028	4.455	0.000		0.6	0.166	0.027	6.127	0.000
	0.7	0.109	0.038	2.864	0.004		0.7	0.155	0.034	4.572	0.000
	0.8	0.094	0.037	2.504	0.012		0.8	0.103	0.037	2.799	0.005
	0.9	0.056	0.044	1.266	0.206		0.9	0.081	0.045	1.789	0.074
	0.1	0.026	0.007	3.830	0.000		0.1	-0.012	0.005	-2.624	0.009
	0.2	0.026	0.006	4.089	0.000		0.2	-0.004	0.004	-0.897	0.370
	0.3	0.020	0.006	3.298	0.001		0.3	-0.005	0.004	-1.278	0.202
	0.4	0.022	0.005	4.399	0.000		0.4	-0.008	0.003	-2.291	0.022
AGE_LAB	0.5	0.019	0.005	3.936	0.000	AGE_LAB	0.5	-0.006	0.003	-1.871	0.062
	0.6	0.018	0.005	3.450	0.001		0.6	-0.005	0.003	-1.831	0.067
	0.7	0.013	0.006	2.248	0.025		0.7	-0.007	0.003	-2.180	0.029
	0.8	0.013	0.005	2.400	0.016		0.8	-0.008	0.004	-2.149	0.032
	0.9	0.009	0.007	1.262	0.207		0.9	-0.009	0.005	-1.617	0.106

续表

变量名	面板分位数回归					变量名	截面分位数回归 (2009)				
	分位	系数	标准误	t值	P值		分位	系数	标准误	t值	P值
EDU_LAB	0.1	0.095	0.014	6.938	0.000	EDU_LAB	0.1	0.026	0.011	2.223	0.026
	0.2	0.089	0.013	6.604	0.000		0.2	0.037	0.009	3.917	0.000
	0.3	0.088	0.012	7.551	0.000		0.3	0.035	0.009	3.842	0.000
	0.4	0.083	0.011	7.365	0.000		0.4	0.027	0.007	3.676	0.000
	0.5	0.073	0.013	5.770	0.000		0.5	0.019	0.007	2.936	0.003
	0.6	0.068	0.012	5.683	0.000		0.6	0.015	0.007	2.275	0.023
	0.7	0.069	0.012	5.919	0.000		0.7	0.020	0.007	2.724	0.007
	0.8	0.070	0.011	6.323	0.000		0.8	0.019	0.008	2.317	0.021
	0.9	0.062	0.013	4.955	0.000		0.9	0.032	0.013	2.523	0.012
GOV_NUM	0.1	-0.139	0.051	-2.721	0.007	GOV_NUM	0.1	0.202	0.044	4.647	0.000
	0.2	-0.230	0.054	-4.247	0.000		0.2	0.136	0.029	4.663	0.000
	0.3	-0.222	0.052	-4.269	0.000		0.3	0.103	0.026	3.980	0.000
	0.4	-0.215	0.048	-4.485	0.000		0.4	0.077	0.026	3.024	0.003
	0.5	-0.182	0.052	-3.536	0.000		0.5	0.059	0.026	2.261	0.024
	0.6	-0.191	0.042	-4.513	0.000		0.6	0.036	0.029	1.253	0.210
	0.7	-0.215	0.047	-4.584	0.000		0.7	-0.011	0.034	-0.317	0.752
	0.8	-0.178	0.066	-2.690	0.007		0.8	-0.037	0.043	-0.855	0.393
	0.9	-0.182	0.067	-2.720	0.007		0.9	-0.126	0.047	-2.675	0.008
ADMIN_NUM	0.1	-0.104	0.141	-0.738	0.461	ADMIN_NUM	0.1	0.024	0.075	0.322	0.748
	0.2	-0.036	0.111	-0.324	0.746		0.2	0.062	0.064	0.982	0.326
	0.3	-0.122	0.103	-1.179	0.239		0.3	0.066	0.051	1.312	0.190
	0.4	-0.114	0.111	-1.034	0.301		0.4	0.094	0.058	1.635	0.102
	0.5	-0.015	0.095	-0.157	0.875		0.5	0.091	0.047	1.921	0.055
	0.6	-0.104	0.081	-1.292	0.197		0.6	0.110	0.047	2.359	0.018
	0.7	-0.126	0.096	-1.315	0.189		0.7	0.099	0.079	1.256	0.209
	0.8	-0.011	0.128	-0.089	0.929		0.8	0.246	0.097	2.520	0.012
	0.9	-0.040	0.157	-0.254	0.799		0.9	0.370	0.143	2.588	0.010
	0.1	0.108	0.044	2.439	0.015		0.1	0.172	0.032	5.452	0.000
	0.2	0.111	0.034	3.254	0.001		0.2	0.116	0.019	6.234	0.000
	0.3	0.110	0.031	3.526	0.000		0.3	0.096	0.017	5.607	0.000
	0.4	0.107	0.029	3.715	0.000		0.4	0.072	0.022	3.224	0.001

续表

面板分位数回归						截面分位数回归（2009）				
变量名	分位	系数	标准误	t值	P值.	变量名	分位	系数	标准误	t值	P值.
GIFT	0.5	0.124	0.031	3.929	0.000	GIFT	0.5	0.059	0.025	2.402	0.016
	0.6	0.124	0.025	4.919	0.000		0.6	0.069	0.023	3.006	0.003
	0.7	0.108	0.022	4.950	0.000		0.7	0.081	0.023	3.461	0.001
	0.8	0.088	0.027	3.291	0.001		0.8	0.064	0.022	2.922	0.004
	0.9	0.074	0.022	3.289	0.001		0.9	0.038	0.036	1.070	0.285
	0.1	0.296	0.101	2.940	0.003		0.1	0.355	0.101	3.517	0.000
	0.2	0.318	0.085	3.741	0.000		0.2	0.248	0.100	2.480	0.013
	0.3	0.368	0.091	4.022	0.000		0.3	0.267	0.075	3.549	0.000
	0.4	0.348	0.079	4.405	0.000		0.4	0.223	0.083	2.693	0.007
OWN_HOUSE	0.5	0.356	0.082	4.342	0.000	OWN_HOUSE	0.5	0.223	0.062	3.595	0.000
	0.6	0.273	0.071	3.822	0.000		0.6	0.252	0.070	3.594	0.000
	0.7	0.352	0.061	5.765	0.000		0.7	0.217	0.097	2.244	0.025
	0.8	0.478	0.075	6.381	0.000		0.8	0.126	0.138	0.913	0.362
	0.9	0.506	0.121	4.192	0.000		0.9	0.096	0.119	0.805	0.421
	0.1	0.104	0.045	2.288	0.022		0.1	0.062	0.029	2.113	0.035
	0.2	0.130	0.058	2.249	0.025		0.2	0.092	0.022	4.279	0.000
	0.3	0.183	0.062	2.946	0.003		0.3	0.095	0.018	5.384	0.000
	0.4	0.225	0.056	4.026	0.000		0.4	0.096	0.018	5.403	0.000
VALUE_APPL	0.5	0.250	0.052	4.808	0.000	VALUE_APPL	0.5	0.096	0.019	4.952	0.000
	0.6	0.266	0.051	5.274	0.000		0.6	0.125	0.024	5.120	0.000
	0.7	0.276	0.041	6.692	0.000		0.7	0.130	0.030	4.364	0.000
	0.8	0.268	0.055	4.863	0.000		0.8	0.137	0.043	3.230	0.001
	0.9	0.298	0.061	4.849	0.000		0.9	0.223	0.061	3.638	0.000
	0.1	0.061	0.021	2.901	0.004		0.1	0.073	0.023	3.249	0.001
	0.2	0.041	0.028	1.431	0.153		0.2	0.063	0.017	3.603	0.000
	0.3	0.061	0.034	1.774	0.076		0.3	0.064	0.023	2.807	0.005
	0.4	0.065	0.030	2.140	0.032		0.4	0.058	0.032	1.786	0.074
VALUE_TRAFF	0.5	0.076	0.033	2.282	0.023	VALUE_TRAFF	0.5	0.103	0.028	3.654	0.000
	0.6	0.113	0.040	2.844	0.005		0.6	0.096	0.031	3.100	0.002
	0.7	0.105	0.048	2.194	0.028		0.7	0.169	0.041	4.167	0.000
	0.8	0.125	0.073	1.698	0.090		0.8	0.154	0.037	4.210	0.000

续表

变量名	分位	系数	标准误	t值	P值	变量名	分位	系数	标准误	t值	P值
			面板分位数回归						截面分位数回归(2009)		
VALUE_AGR	0.9	0.183	0.076	2.393	0.017	VALUE_AGR	0.9	0.207	0.043	4.864	0.000
	0.1	0.074	0.036	2.040	0.041		0.1	-0.002	0.030	-0.053	0.958
	0.2	0.065	0.024	2.751	0.006		0.2	0.025	0.028	0.883	0.378
	0.3	0.077	0.021	3.725	0.000		0.3	0.016	0.025	0.648	0.517
	0.4	0.071	0.015	4.820	0.000		0.4	0.030	0.020	-1.543	0.123
	0.5	0.057	0.016	3.580	0.000		0.5	0.046	0.019	2.426	0.015
	0.6	0.055	0.017	3.307	0.001		0.6	0.038	0.014	2.771	0.006
	0.7	0.051	0.027	1.838	0.066		0.7	0.033	0.016	2.075	0.038
	0.8	0.045	0.032	1.398	0.162		0.8	0.035	0.026	1.376	0.169
	0.9	0.053	0.048	1.096	0.273		0.9	0.017	0.030	0.555	0.579
URBAN	0.1	-0.103	0.109	-0.951	0.342	URBAN	0.1	0.148	0.067	2.222	0.026
	0.2	-0.008	0.095	-0.080	0.936		0.2	0.074	0.050	1.488	0.137
	0.3	-0.061	0.085	-0.713	0.476		0.3	0.112	0.049	2.282	0.023
	0.4	-0.124	0.081	-1.521	0.128		0.4	0.040	0.043	0.927	0.354
	0.5	-0.192	0.078	-2.447	0.014		0.5	0.051	0.037	1.379	0.168
	0.6	-0.199	0.082	-2.426	0.015		0.6	0.060	0.041	1.475	0.140
	0.7	-0.117	0.095	-1.232	0.218		0.7	0.059	0.050	1.182	0.237
	0.8	-0.114	0.088	-1.296	0.195		0.8	0.055	0.061	0.898	0.369
	0.9	-0.186	0.121	-1.530	0.126		0.9	0.078	0.078	0.997	0.319
WATER	0.1	0.089	0.075	1.195	0.232	WATER	0.1	0.234	0.065	3.570	0.000
	0.2	0.074	0.071	1.037	0.300		0.2	0.143	0.041	3.481	0.001
	0.3	0.104	0.059	1.766	0.077		0.3	0.097	0.042	2.304	0.021
	0.4	0.158	0.055	2.896	0.004		0.4	0.146	0.043	3.380	0.001
	0.5	0.151	0.049	3.121	0.002		0.5	0.132	0.036	3.651	0.000
	0.6	0.173	0.052	3.335	0.001		0.6	0.100	0.035	2.875	0.004
	0.7	0.130	0.051	2.530	0.011		0.7	0.115	0.043	2.678	0.008
	0.8	0.130	0.061	2.147	0.032		0.8	0.038	0.046	0.819	0.413
	0.9	0.211	0.071	2.975	0.003		0.9	0.026	0.066	0.395	0.693
	0.1	0.236	0.034	6.943	0.000		0.1	0.106	0.057	1.855	0.064
	0.2	0.220	0.025	8.876	0.000		0.2	0.136	0.037	3.643	0.000
	0.3	0.201	0.022	8.972	0.000		0.3	0.117	0.029	4.060	0.000

续表

面板分位数回归						截面分位数回归 (2009)					
变量名	分位	系数	标准误	t值	P值.	变量名	分位	系数	标准误	t值	P值.
	0.4	0.188	0.021	9.124	0.000		0.4	0.102	0.028	3.692	0.000
INSUR_NUM	0.5	0.194	0.019	10.420	0.000	INSUR_NUM	0.5	0.104	0.023	4.447	0.000
	0.6	0.177	0.019	9.170	0.000		0.6	0.091	0.022	4.097	0.000
	0.7	0.173	0.022	7.931	0.000		0.7	0.100	0.028	3.618	0.000
	0.8	0.163	0.029	5.640	0.000		0.8	0.098	0.034	2.884	0.004
	0.9	0.185	0.031	6.014	0.000		0.9	0.074	0.038	1.947	0.052

参 考 文 献

[1] Adam, R. H., & Jane, J. H., Sources of income inequality and poverty in rural Pakistan. International Food Policy Research Institute Research Report 102. Washington DC: IFPRI, 1995.

[2] Aghion, P., Caroli, E., & Garcia - Penalosa, C., Inequality and economic growth: the perspectives of the new growth theories. Journal of Economic Literature, 1999, 37 (4).

[3] Amiel, Y., The subjective approach to the measurement of income inequality. In Silber J. (Ed.) Handbook on Income Inequality Measurement. Dewenter: Kluwer, 1999.

[4] Amiel, Y., & Cowell, F. A., Distributional orderings and the transfer principle: a re - examination. Research on Economic Inequality, 1998 (8).

[5] Amiel, Y., & Cowell, F., Thinking about inequality: personal judgement and income distribution. Cambridge: Cambridge University Press, 1999.

[6] Anselin, L., Spatial econometrics: methods and models. London: Kluwer, 1988.

[7] Arneson, R., Equality and Equal Opportunity for Welfare. Philosophical Studies, 1989, 56 (1).

[8] Atkinson, A., Bringing income distribution in from the cold. Economic Journal, 1997, 107 (3).

[9] Atkinson, A., On the measurement of inequality. Journal of Economic Theory, 1970 (2).

[10] Atkinson, A., On the measurement of poverty. Econometrica, 1987,

55（4）.

[11] Atkinson, A., Poverty inBritain and the reform of social security. Cambridge: Cambridge University Press, 1969.

[12] Atkinson, A., The Economics of inequality. Oxford : Clarendon Press, 1983.

[13] Atkinson, A., & Brandolini, A., Global world inequality: absolute, relative or intermediate. Presented at the 28th General conference of the International Association in Income and Wealth, Cork, Ireland, August 2004.

[14] Bain, K., & Hicks, N., Building social capital and reaching out to excluded groups: the challenge of partnerships. Paper presented at CELAM meeting on The Struggle against Poverty towards the Turn of the Millennium, Washington DC, 1998.

[15] Bane, M. J., & Eillwood, D. T., Slipping into and out of poverty: the dynamics of spells. Journal of Human Resources, 1986, 21（1）.

[16] Barro, R., Economic growth in a cross section of countries. National Bureau of Economic Research Working Paper, 1990.

[17] Barro, R., & Sala – i – Martin, X., Convergence. The Journal of Political Economy, 1992, 100（2）.

[18] Barro, R., & Sala – i – Martin, X., Economic growth and convergence across the United States. NBER Working Paper, 1990.

[19] Bashtannyk, D. M., & Hyndman, R. J., Bandwidth selection for kernel conditional density estimation. Computational Statistics & Data Analysis, 2001, 36（3）.

[20] Baumol, W., Productivity growth, convergence, and welfare: what the long – run data show. American Economic Review, 1986, 76（12）.

[21] Ben – David, D., Convergence clubs and subsistence economies. Journal of Development Economics, 1998, 55（1）.

[22] Bhagwati, J. N., Poverty and public policy. World Development, 1988, 16（5）.

[23] Bhattacharya, N., & Mahalanobis, B., Regional disparity in household consumption in India. American Statistical Association Journal,

1967, 62 (1).

[24] Bourguignon, F., Decomposable income inequality measures. Econometrica, 1979, 47 (4).

[25] Bourguignon, F., The growth elasticity of poverty reduction. In Eicher, T., & Turnovsky S. (Eds.), Inequality and growth. Cambridge: MIT Press, 2003.

[26] Bourguignon, F., & Chakravarty, S., Measurement of multidimensional poverty. Journal of Economic Inequality, 2003 (1).

[27] Bourguignon, F., & Christian, M., Inequality among world citizens: 1820—1992. American Economic Review, 2002, 92 (4).

[28] Bourguignon, F., Ferreira, F. H., & Menendez, M., Inequality of opportunity in Brazil. Review of Income Wealth, 2007, 53 (4).

[29] Bruno, M., Ravallion, M., & Squire, L., Equity and growth in developing countries: old and new perspectives on the policy issues. InTanzi V., & Chu K. Income distribution and high - quality growth. Cambridge: MIT Press, 1998.

[30] Campa, M., & Webb, R., Mobility and poverty dynamics in the 1990s. Paper presented at IDS/IFPRI workshop on poverty dynamics, Institute of Development Studies, University of Sussex, 1999.

[31] Checchi, D., Ichino, A., & Rustichini, A., More equal but less mobile? Education financing and intergenerational mobility in Italy and the US. Journal of Public Economics, 1999, 74 (3).

[32] Chenery, H., Ahluwalia, M. S., Duloy, J. H., et al., Redistribution with growth: policies to improve income distribution in developing countries in the context of economic growth. Oxford: Oxford University Press, 1974.

[33] Cliff, A., & Ord, K., Testing for spatial autocorrelation among regression residual. Geographic Analysis, 1972, 4 (3).

[34] Coleman, J. S., Social capital in the creation of human capital. American Journal of Sociology, 1988, 94 (3).

[35] Cowell, F. A., Measurement of inequality, in Atkinson A. B., & Bourguignon F. Handbook of Income Distribution, North Holland, Am-

sterdam, 2000.

[36] Cowell, F. A., Measures of distributional change: an axiomatic approach. Review of Economic Studies, 1985, 52 (1).

[37] Cowell, F. A., Measuring inequality. Oxford: Philip Allen, 1977.

[38] Cowell, F. A., On the structure of additive inequality measures. Review of Economic Studies, 1980, 47 (3).

[39] Cowell, F. A., & Kuga, K., Additivity and the entropy concept: an axiomatic approach to inequality measurement. Journal of Economic Theory, 1981, 25 (1).

[40] Dalton, H., The measurement of the inequality of incomes. Economic Journal, 1920, 30 (9).

[41] Dasgupta, P., Sen, A., & Starrett, D., Notes on the measurement of inequality. Journal of Economic Theory, 1973, 6 (2).

[42] Dc Long, J. B., Productivity growth, convergence, and welfare: comment. The American Economic Review, 1988, 78 (5).

[43] Donoho, D., Chen, S., & Saunders, M., Atomic decomposition by basis pursuit. SIAM Journal on Scientific Computing, 1998, 20 (1).

[44] Duclos, J., & Wodon, Q., What is pro poor?. CIRPEE Working Paper, 2004.

[45] Dworkin, Ronald., What is equality. Philosophy and Public Affairs, 1981, 10 (4).

[46] Easterly, W., & Levine, R., What have we learned from a decade of empirical research on growth? It's not factor accumulation: stylized facts and growth models. The World Bank Economic Review, 2001, 15 (2).

[47] Ebert, U., Measurement of inequality: an attempt at unifcation and generalization. Society Choice and Welfare, 1988, 5 (2-3), 147-169.

[48] Fei, J. C. H., Ranis, G., & Kuo, S. W. Y., Growth and the family distribution of income by factor components. Quarterly Journal of Economics, 1978, 92 (1).

[49] Ferreira, F., & Gignoix, J., The measurement of educational inequality: achievement and opportunity. World Bank Policy Research Working Paper, 2001.

[50] Fields, G., & Yoo, G., Falling labour income inequality in Korea's economic growth: patterns and underlying causes. Review of Income and Wealth, 2000, 46 (2).

[51] Filmer, D., & Pritchett, L. H., Estimating wealth effects without expenditure data or tears: an application to educational enrollments in states of india. Demography, 2001, 38 (1).

[52] Fisher, G. M., The development and history of the poverty thresholds. Social Security Bulletin, 1992, 55 (4).

[53] Foster, J., Absolute versus relative poverty. The American Economic Review, 1998, 88 (2).

[54] Foster, J., & Shorrocks, A., Poverty orderings. Econometrica, 1988, 56 (1).

[55] Foster, J., Greer J., & Thorbecke, E., A class of decomposable poverty measures. Econometrica, 1984, 52 (3).

[56] Fuchs, V., Comment on measuring the size of the low – income population. in Soltow, L. (ed.) Six papers on the size dis – tribution of wealth and income. New York: National Bureau of Economic Research, 1969.

[57] Fukuyama, F., Trust the social virtues and the creation of prosperity. New York : New York Free Press, 1995.

[58] Gaiha, R., & Deolaiker, A. B., Persistent, expected and innate poverty: estimates for semi – arid rural south India. Cambridge Journal of Economics, 1993, 17 (4).

[59] Galor, O., Convergence? Inferences from theoretical models. Economic Journal, 1996, 106 (5).

[60] Garfinkel, I., & Haveman, R., Earnings capacity and the target efficiency of alternative transfer programs. The American Economic Review, 1974, 64 (2).

[61] Gini, C., Variabilita e mutabilita. Journal of the Royal Statistical Society, 1913, 76 (3).

[62] Goedhart, T., Halberstadt, V., Kapteyn, A., *et al.*, The poverty line: concept and measurement. The Journal of Human Resources, 1977, 12 (4).

[63] Grosse, M., Harttgen, K., & Klasen, S., Measuring pro-poor progress toward the non-income millennium development goals. WIDER Research Paper, 2006.

[64] Hall, R., & Jones, C., Why do some countries produce so much more output per workers than others? Quarterly Journal of Economics, 1999, 114 (1).

[65] Harrison, E., & Seidl, C., Acceptance of distributional axioms: experimental findings. In Eichhorn W. (Ed.) Models and measurement of welfare and inequality. Berlin, Heidelberg: Springer-Verlag, 1994.

[66] Hild, M., & Voorhoeve, A., Equality of opportunity and opportunity dominance. Economics and Philosophy, 2004, 20 (1).

[67] Hulme, D., & Shepherd, A., Conceptualizing chronic poverty. World Development, 2003, 31 (3).

[68] Jalan, J., & Ravallion, M., Is transient poverty different? Evidence from rural China. Journal of Development Studies, 2000, 36 (6).

[69] Jalan, J., & Ravallion, M., Transient poverty in postreform rural China. Journal of Comparative Economics, 1998, 26 (2).

[70] Kakwani, N., Issues in setting absolute poverty kines. Manila: Asian Development Bank, 2003.

[71] Kakwani, N., & Son, H. H., Pro-poor growth: Concepts and measurement with country case studies. The Pakistan Development Review, 2003, 42 (4).

[72] Kakwani, Nanak, Pernia, E., What is pro-poor growth? Asian Development Review, 2000, 18 (1).

[73] Kimenyi, Mwangi, S., Economic reforms and pro-poor growth: lessons forafrica and other developing regions and economies in transition. University of Connecticut Working Papers, 2006.

[74] Klasen, S., Economic growth and poverty reduction: measurement issues using income and nonincome indicators. World Development, 2008, 36 (3).

[75] Klasen, S., In search of the holy grail: how to achieve pro-poor growth. In Tungodden B., & Stern N. (Eds.), Towards pro-poor

policies. Proceedings from the ABCDE Europe conference, Washington, DC, 2004.

[76] Klenow, P. J., & Rodriguez - Clare, A., The neoclassical revival in growth economics: Has it gone too far? in Bernanke, B., & Rotemberg, J. (Eds.) NBER Macroeconomics Annual. Cambridge: MIT Press, 1997.

[77] Koenker, R., Quantile regression for longitudinal data. Journal of Multivariate Analysis, 2004, 91 (1).

[78] Koenker, R., & Bassett, G. S., Regression quantiles. Econometrica, 1978, 46.

[79] Kraay, A., When is growth pro - poor? Cross - country evidence. World Bank Policy Research Working Paper, 2004.

[80] Krishna, A., & Shrader, E., Cross - cultural measures of social capital: a tool and results from India and Panama. Social Capital Initiative Working Paper, 2000.

[81] Lamache, C. E., Quantile regression for panel data. Champaign: University of Illinois Press, 2006.

[82] Lambert, P. J., & Aronson, J. R., Inequality decomposition analysis and the Gini coefficient revisited. Economic Journal, 1993, 103 (9).

[83] Lefranc, Arnaud, Pistolesi, N., & Trannoy, A., Inequality of opportunities vs. inequality of outcomes: are western societies all alike?. The Review of Income and Wealth, 2008, 54 (4).

[84] Li, H., Squire, L., & Zou, H., Explaining international and intertemporal variations in income inequality. Economic Journal, 1998, 108 (1).

[85] Litchfield, J., Inequality methods and tools. Unpublished manuscript, London School of Economics, 1999.

[86] Loury, G., A dynamic theory of racial income differences. in Wallace, P. A., & LeMund, A. (eds.) Women, Minorities, and Employment Discrimination, MA: Lexington books, 1977.

[87] Mankiw, R. G., Romer, D., & Weil, D. N., A contribution to the empirics of economic growth. Quarterly Journal of Economics, 1992, 107

(2).

[88] Mayshar, J., Yitzhaki, S., Dalton – improving indirect tax reform. The American Economic Review, 1995, 85 (4).

[89] McCulloch, N., & Baulch, B., Simulating the impact of policy on chronic and transitory poverty in Rural Pakistan. Journal of Development Studies, 2000, 36 (6).

[90] McLachlan, G. J., & David, P., Finite mixture models. New York: Wiley, 2000.

[91] Mehta, A. K., & Shah, A., Chronic poverty in india: overview study. CPRC Working Paper, 2001.

[92] Michael, O., & Stephen, J., Poverty in the EC: estimates for 1975, 1980, and 1985. in Teekens R., & Bernard M. S. (eds.) Analysing poverty in the European Community: Policy issues, research options, and data sources. Luxembourg: Office of Official Publi – cations of the European Communities, 1990.

[93] Michael, R., & Gugerty, M. K., Does economic growth reduce poverty?. Technical Paper, Harvard Institute for International Development, March 1997.

[94] Molinas, V., Jose, R., Barros, R., *et al.*, Do our children have chance?: The 2010 human opportunity report for latin america and the caribbean. Washington, D. C.: The World Bank, 2010.

[95] Moran, P. A. P., A Test for the serial independence of residuals. Biometrika, 1950, 37 (2).

[96] Moran, P. A. P., Notes on continuous stochastic phenomena. Biometrika, 1950, 37 (1).

[97] Morduch, J., & Sicular, T., Rethinking inequality decomposition, with evidence from rural China. Economic Journal, 2002, 112 (1).

[98] Paes de Barros, R., Measuring inequality of opportunities in Latin America and the caribbean. Washington, D. C.: The World Bank, 2009.

[99] Parente, S., & Prescott, E., Barriers to riches, MIT Press: Cambridge MA, 2000.

[100] Persson, T., & Tabellini, G., Is inequality harmful to growth?. A-

merican Economic Review, 1994, 84 (3).

[101] Pryer, J., The impact of adult ill – health on household income and nutrition inKhulna, Bangladesh. Environment and Urbanisation, 1993, 5 (2).

[102] Putnam, R., The prosperous community: social capital and public life. The American Prospect, 1993, 13 (4).

[103] Pyatt, G., On the interpretation and disaggregation of Gini coefficients. Economic Journal, 1976, 86 (4).

[104] Pyatt, G., Chen, C. N., & FEI, J., The distribution of income by factor components. Quarterly Journal of Economics, 1980, 95 (11).

[105] Quah, D., Empirics for economic growth and convergence. European Economic Review, 1996, 40 (6).

[106] Ramos, X., & Van De Gaer, D., Empirical evidence on inequality of opportunity. Working Paper, 2009.

[107] Ravallion, M., A poverty – inequality trade – off? Journal of Economic Inequality, 2005, 3 (2).

[108] Ravallion, M., Can high inequality developing countries escape absolute poverty?. Economics Letters, 1997, 56 (1).

[109] Ravallion, M., Can high inequality developing countries escape absolute poverty?. Economics Letters, 1997, 56 (1).

[110] Ravallion, M., Growth inequality and poverty: looking beyond averages. World Development, 2001, 29 (11).

[111] Ravallion, M., Poverty lines in theory and practice [EB/OL]. http://econ.worldbank.org/external/default/main, 2012 – 03 – 10.

[112] Ravallion, M., Poverty lines. in Larry Blume and Steven Durlauf (eds.), The New Palgrave Dictionary of Economics. London: Palgrave Macmillan, 2008.

[113] Ravallion, M., & Chen, S., What can new survey data tell us about recent changes in distribution and poverty?. World Bank Economic Review, 1997, 11 (2).

[114] Ravallion, M., & Datt, G., Why has economic growth been more pro – poor in some states of India than others?. Journal of Development Eco-

nomics, 2002, 68 (2).

[115] Ravallion, M., & Shaohua, C., Measuring pro - poor growth. Economics Letters, 2003, 78 (1).

[116] Roemer, J., A pragmatic theory of responsibility for the egalitarian planner. Philosophy and Public Affairs, 1993, 22 (2).

[117] Roemer, J. E., Aaberge, R., Colombino, U., et al., To what extent do fiscal regimes equalize opportunities for income acquisition among citizens?. Journal of Public Economics, 2003, 87 (3).

[118] Roemer, J., Equality of opportunity. Cambridge: Harvard University Press, 1998.

[119] Scitovsky, T., The joyless economy. Oxford: Oxford University Press, 1978.

[120] Seekings, J., Social stratification and inequality insouth Africa at the end of apartheid. CSSR Working Paper, 2003.

[121] Sen, A., On economic inequality. London: Oxford University Press, 1973.

[122] Sen, A., Poverty: an ordinal approach to measurement. Econometrica, 1976, 44 (2).

[123] Sen, A., Poverty: an ordinal approach to measurement. Econometrica, 1976, 44 (3).

[124] Shorrocks, A. F., Inequality decomposition by factor components. Econometrica, 1982, 50 (1).

[125] Shorrocks, A. F., Inequality decomposition by population subgroups. Econometrica, 1984, 52 (6).

[126] Shorrocks, A. F., The class of additive decomposable inequality measures. Econometrica, 1980, 48 (3).

[127] Shorrocks, A. F., & Foster, J. E., Transfer sensitive inequality measures. The Review of Economic Studies, 1987, 54 (3).

[128] Shorrocks, A. F., & Slottje, D., Approximating unanimity orderings: an application to Lorenz dominance. Journal of Economics, 2002, 9 (1).

[129] Silverman, B. W., Density estimation for statistics and data analysis.

London: Chapman and Hall, 1986.

[130] Solow, R. M., A contribution to the theory of economic growth. Quarterly Journal of Economics, 1956, 70 (2).

[131] Son., & Hwa, H., A note on pro-poor growth. Economics Letters, 2004, 82 (3).

[132] Tibshirani, R., Regression shrinkage and selection via the lasso. Journal of the Royal Statistical Society, Series B, 1996, 58 (1).

[133] Timmer, P., How well do the poor connect to the growth process?. Mimeo. University of California, SanDiego, 1997.

[134] Van Praag, B., J. Spit, H. Van de Stadt., A Comparison between the food ratio poverty line and the leyden poverty line. Review of Economics and Statistics, 1982, 64 (4).

[135] Walder, Andrew., Income determination and market opportunity in ruralChina, 1978-1996. Journal of Comparative Economics, 2002, 30 (2).

[136] Watts, H., An economic definition of poverty. In Moynihan D. P. (ed.) On Understanding Poverty: Perspectives from the Social Sciences, New York: Basic Books, 1968.

[137] World Bank., Introduction to poverty analysis. New York: The World Bank, 2005. http://siteresources.wordbank.org/PGLP/resources/povertyManual.pdf.

[138] World Bank., The world development index. Washington DC: The World Bank, 2007.

[139] World Bank., World development report: attacking poverty. New York: Oxford Univerty Press, 2000.

[140] World Bank., World development report: poverty. New York: Oxford Univerty Press, 1990.

[141] Zheng, B., Aggregate poverty measures. Journal of Economic Surveys, 1997, 11 (2).

[142] 包晓霞:《中国西北贫困地区农户的社会资本特征——基于400份农户问卷调查的初步分析》,《甘肃社会科学》2012年第4期。

[143] 陈光金:《中国农村贫困的程度、特征与影响因素分析》,《中国农

村经济》2008年第9期。

[144] 陈鸣：《反贫困：还有很长的路要走》，《红旗文稿》2005年第2期。

[145] 陈绍华：《中国经济的增长和贫困的减少——1990—1999年的趋势研究》，《财经研究》2001年第9期。

[146] 陈文超：《消费视野下农民阶层结构的分析——基于一个村庄的研究》，中国社会学学术年会论文，2006年。

[147] 池振合、杨宜勇：《贫困线研究综述》，《经济理论与经济管理》2012年第7期。

[148] 段华明：《中国不发达地区农村社会的阶层结构》，《甘肃理论学刊》1990年第5期。

[149] 段景辉、陈建宝：《我国城乡家庭收入差异影响因素的分位数回归解析》，《经济学家》2009年第9期。

[150] 段庆林：《中国农民收入增长的影响因素研究》，《广东社会科学》2002年第6期。

[151] 樊怀玉、郭志仪：《贫困论：贫困与反贫困的理论与实践》，民族出版社2002年版。

[152] 冯素杰：《论经济高速增长中的相对贫困》，《现代财经》2006年第1期。

[153] 高梦滔、姚洋：《农户收入差距的微观基础：物质资本还是人力资本？》，《经济研究》2006年第12期。

[154] 高树兰：《取消农业税后农民收入的现状分析与增收措施探讨》，《经济论坛》2007年第6期。

[155] 龚维斌：《我国农民群体的分化及其走向》，《国家行政学院学报》2003年第3期。

[156] 韩明谟：《农村社会学》，北京大学出版社2002年版。

[157] 胡兵：《经济增长、收入分配对农村贫困变动的影响》，《财经研究》2005年第8期。

[158] 黄建伟、喻洁：《失地农民关键自然资本的丧失、补偿及其对收入的影响研究——基于七省一市的实地调研》，《探索》2010年第4期。

[159] 纪超：《省域城乡收入差距的空间计量分析》，《农业经济》2010

年第 9 期。

[160] 纪宏、阮敬：《基于收入分布的利贫增长测度及其分解》，《经济与管理研究》2007 年第 8 期。

[161] 康晓光：《中国贫困反贫困理论》，广西人民出版社 1995 年版。

[162] 李谷成：《冯中朝和范丽霞：教育、健康与农民收入增长——来自转型期湖北省农村的证据》，《中国农村经济》2006 年第 1 期。

[163] 李敬强、徐会奇：《收入来源与农村居民消费：基于面板数据的结论与启示》，《经济经纬》2009 年第 6 期。

[164] 李静、杨国涛和孟令杰：《贫困线：理论、应用及争议》，《农业经济》2006 年第 7 期。

[165] 李炯：《浙江居民收入差距特征及经济社会影响》，《中共浙江省委党校学报》2004 年第 4 期。

[166] 李瑞林、陈新：《取消农业税后西部地区农民增收问题研究——来自云、贵、川 300 个农户的调查》，《农村经济》2009 年第 8 期。

[167] 李树茁、杨绪松和任义科等：《农民工的社会网络与职业阶层和收入：来自深圳调查的发现》，《当代经济科学》2007 年第 29 卷第 1 期。

[168] 李颖、王尤贵：《基于收入来源的我国省际间农村居民收入差距变动分析》，《农村经济》2006 年第 6 期。

[169] 李佑静：《社会各阶层收入差距及影响因素研究——对重庆市的调查分析》，《西部论坛》2010 年第 20 卷第 6 期。

[170] 林伯强：《中国的经济增长、贫困减少与政策选择》，《经济研究》2003 年第 12 期。

[171] 林后春：《当代中国农民阶级阶层分化研究综述》，《社会主义研究》1991 年第 1 期。

[172] 刘成斌：《非农化视角下的浙江省农村社会分层》，《中国人口科学》2005 年第 5 期。

[173] 刘福成：《我国农村居民贫困线的测定》，《农业经济问题》1998 年第 5 期。

[174] 刘国恩、Dow, W. H.、傅正鸿、Akin, J.：《中国的健康人力资本与收入增长》，《经济学》（季刊）2004 年第 4 卷第 1 期。

[175] 刘建平：《贫困线测定方法研究》，《山西财经大学学报》2003 年

第 25 卷第 4 期。

[176] 刘林平、张春泥：《农民工工资：人力资本、社会资本、企业制度还是社会环境？——珠江三角洲农民工工资的决定模型》，《社会学研究》2007 年第 6 期。

[177] 刘小锋：《基于农户视角的农村公共产品需求研究——以福建省为例》，博士学位论文，浙江大学，2009 年。

[178] 陆学艺：《当代中国社会阶层的分化与流动》，《江苏社会科学》2003 年第 4 期。

[179] 陆学艺：《重新认识农民问题——十年来中国农民的变化》，《社会学研究》1989 年第 6 期。

[180] 骆祚炎：《利用线性支出系统 ELES 测定贫困线》，《统计与决策》2006 年第 9 期。

[181] 马新文、冯睿：《用扩展线性支出模型测量西安市贫困线研究》，《软科学》2005 年第 6 期。

[182] 皮拥军：《OECD 国家推进教育公平的典范——韩国和芬兰》，《比较教育研究》2007 年第 2 期。

[183] 任国强：《人力资本对农民非农就业与非农收入的影响研究——基于天津的考察》，《南开经济研究》2004 年第 3 期。

[184] 尚卫平、姚智谋：《多维贫困测度方法研究》，《财经研究》2005 年第 31 卷第 12 期。

[185] 申海：《中国区域经济差距的收敛性分析》，《数量经济技术经济研究》1999 年第 8 期。

[186] 沈坤荣、张璟：《中国农村公共支出及其绩效分析——基于农民收入增长和城乡收入差距的经验研究》，《管理世界》2001 年第 3 期。

[187] 盛来运：《农民收入增长格局的变动趋势分析》，《中国农村经济》2005 年第 5 期。

[188] 世界银行：《1990 年世界发展报告》（中译本），中国财政经济出版社 1990 年版。

[189] 宋元梁、肖卫东：《中国城镇化发展与农民收入增长关系的动态计量经济分析》，《数量经济技术经济研究》2005 年第 9 期。

[190] 宋镇修：《中国农村社会学》，黑龙江人民出版社 1989 年版。

[191] 唐运舒、于彪:《贫困线几种测量方法的实证比较》,《当代经济管理》2009 年第 31 卷第 5 期。

[192] 唐忠新:《贫富分化的社会学研究》,天津人民出版社 1998 年版。

[193] 万广华、张茵:《收入增长与不平等对我国贫困的影响》,《经济研究》2006 年第 6 期。

[194] 万广华:《不平等的度量与分解》,《经济学》(季刊) 2008 年第 8 卷第 1 期。

[195] 万广华:《解释中国农村区域间的收入不平等:一种基于回归方程的分解方法》,《经济研究》2004 年第 8 期。

[196] 万能、原新:《1978 年以来中国农民的阶层分化:回顾与反思》,《中国农村观察》2009 年第 4 期。

[197] 王凤:《我国农民收入增长决定因素的经济学分析》,《经济学家》2005 年第 5 期。

[198] 王刘玉、高军:《当代中国社会阶层分化现状及其走势》,《学术交流》2009 年第 6 期。

[199] 王生云:《基于非匿名性的利贫增长测度》,《经济问题》2010 年第 6 期。

[200] 王生云:《利贫增长测度研究述评》,《统计研究》2012 年第 7 期。

[201] 王生云:《中国农村长期贫困程度、特征与影响因素》,《经济问题》2011 年第 11 期。

[202] 王小林、Sabina Alkire:《中国多维贫困测量:估计和政策含义》,《中国农村经济》2009 年第 12 期。

[203] 王卓:《论中国城市化进程中的贫困问题》,《经济体制改革》2004 年第 6 期。

[204] 王祖详:《中国农村贫困评估研究》,《管理世界》2006 年第 3 期。

[205] 温涛、王煜宇:《农业贷款、财政支农投入对农民收入增长有效性研究》,《财经问题研究》2005 年第 2 期。

[206] 夏庆杰:《中国城镇贫困的变化趋势和模式:1988—2002》,《经济研究》2007 年第 9 期。

[207] 肖富群:《人力资本要素对农户收入影响的次序性——基于广西农村的调查数据》,《软科学》2010 年第 6 期。

[208] 肖文涛:《我国社会转型期的城市贫困问题研究》,《社会学研究》

1997 年第 5 期。

[209] 谢光国:《制约农民收入增长的因素分析和对策》,《农业经济问题》2001 年第 3 期。

[210] 谢勇:《基于人力资本和社会资本视角的农民工就业境况研究——以南京市为例》,《中国农村观察》2009 年第 5 期。

[211] 谢周亮:《转型期我国个人收入差异的影响因素研究——基于人力资本和社会资本的分析》,博士学位论文,南开大学,2009 年。

[212] 邢鹂、樊胜根、罗小朋等:《中国西部地区农村内部不平等状况研究——基于贵州住户调查数据的分析》,《经济学》(季刊)2008 年第 8 卷第 1 期。

[213] 徐现祥、舒元:《物质资本、人力资本与中国地区双峰趋同》,《世界经济》2005 年第 1 期。

[214] 严振书、程元恒:《八大社会阶层的划分及存在的结构性问题》,《中共四川省委党校学报》2010 年第 1 期。

[215] 杨灿明、郭慧芳和孙群力:《我国农民收入来源构成的实证分析——兼论增加农民收入的对策》,《财贸经济》2007 年第 2 期。

[216] 杨云彦、石智雷:《中国农村地区的家庭禀赋与外出务工劳动力回流》,《人口研究》2012 年第 7 期。

[217] 余芳东:《世界银行推算的中国购买力平价结果及其问题》,《经济界》2008 年第 4 期。

[218] 岳昌君、刘燕萍:《教育对不同群体收入的影响》,《北京大学教育评论》2006 年第 4 卷第 2 期。

[219] 岳希明、李实、王萍萍等:《透视中国农村贫困》,经济科学出版社 2007 年版。

[220] 张建华、陈立中:《总量贫困测度研究述评》,《经济学》(季刊)2006 年第 3 期。

[221] 张立冬:《收入流动性与贫困的动态发展:基于中国农村的经验分析》,《农业经济问题》2009 年第 6 期。

[222] 张全红、张建华:《中国农村贫困变动:1981—2005——基于不同贫困线标准和指数的对比分析》,《统计研究》2010 年第 2 期。

[223] 张全红:《中国农村贫困变动:1981—2005》,《统计研究》2010 年第 27 卷第 2 期。

[224] 张宛丽:《中国社会阶级阶层研究20年》,《社会学研究》2000年第1期。

[225] 张翼、薛进军:《中国的阶层结构与收入不平等》,《甘肃社会科学》2009年第1期。

[226] 周彬彬:《向贫困挑战》,人民出版社1991年版。

[227] 周建华:《我国农村贫困人口人力资本投资分析》,《财经问题研究》2011年第7期。

[228] 周批改:《改革以来农民分化研究的回顾与商榷》,《前沿》2002年第11期。

[229] 周逸先、崔玉平:《农村劳动力受教育与就业以及家庭收入的相关分析》,《中国农村经济》2001年第4期。

[230] 周正、周旭亮:《取消农业税对我国农民减负的实证研究》,《学术交流》2009年第11期。

[231] 朱力:《我国社会阶层结构演化的趋势》,《社会科学研究》2005年第5期。

[232] 邹农俭:《当代中国农村社会分层标准研究》,《南京师范大学学报》(社会科学版)1999年第3期。

[233] 邹薇、张芬:《农村地区收入差异与人力资本积累》,《中国社会科学》2006年第2期。